Andrew Stevenson ist ein moderner Nomade aus dem Westen, der schon seine Kindheit und Jugend in den unterschiedlichsten Ländern und Kulturen verbracht hat. Geboren in Kanada, aufgewachsen in Hongkong, Indien, Kenia, Schottland, Singapur und Malaysia, absolvierte er schließlich sein Studium an Universitäten in Kanada und Frankreich. Er hat in Kanada, Tansania, USA, Afrika und Norwegen gearbeitet, zunächst als Banker und Betriebswirtschaftler für die Vereinten Nationen, dann als Safari-Organisator und in Norwegen als Besitzer einer Firma für Abenteuertouren. Wenn er gerade nicht auf Reisen ist, schreibt er auf den Bermudas.

Von Andrew Stevenson bei Frederking & Thaler bereits erschienen:

Rund um den Annapurna

Meine Reise durch das Outback

Bibliografische Information Der Deutschen Bibliothek

Die Deutsche Bibliothek verzeichnet diese Publikation in der Deutschen Nationalbibliografie; detaillierte bibliografische Daten sind im Internet über http://dnb.ddb.de abrufbar.

NATIONAL GEOGRAPHIC ADVENTURE PRESS
Reisen · Menschen · Abenteuer
Die Taschenbuch-Reihe von
National Geographic und Frederking & Thaler

3. Auflage April 2007

Titel der Originalausgabe: Kiwi Tracks
erschienen bei Lonely Planet Publications Pty Ltd, Australien

Aus dem Englischen von Theresia Übelhör
Fotos: Andrew Stevenson
Karte: Lonely Planet
Lektorat: Gudrun Honke, Bochum
Umschlaggestaltung: Dorkenwald Grafik-Design, München
Herstellung: Büro Sieveking, München
Druck und Bindung: Clausen & Bosse, Leck
Printed in Germany

ISBN 978-3-89405-236-2
www.frederking-thaler.de

Das Papier wurde aus chlorfrei gebleichtem Zellstoff hergestellt.

Wolfgang Russo

ANDREW STEVENSON

TREKKING IN NEUSEELAND

Auf dem Milford Track und anderen Routen unterwegs

Aus dem Englischen von
Theresia Übelhör

NATIONAL GEOGRAPHIC
FREDERKING & THALER

Cape Reinga
North Cape
Cape Maria Van Dieman
Ninety Mile Beach
Karikari Peninsula
Kaitaia
Bay of Islands
Kerikeri
Paihia
Waipoua Kauri Forests
Dargaville
Little Barrier Island
Great Barrier Island
NORTHLAND
Coromandel Peninsula
AUCKLAND
Hicks Bay
Bay of Plenty
East Cape
NORDINSEL
Rotorua
Lake Taupo
Taupo
Taumarunui
Gisborne
Turangi
Lake Waikaremoana
National Park
Mt Tongariro
Mt Taranaki/ Egmont
Whanganui-Nationalpark
Mt Ngauruhoe
Tongariro-Nationalpark
Mt Ruapehu
TASMANISCHES MEER
Wanganui
Marlborough Sounds
Golden Bay
COOK STRAIT
Takaka
Abel-Tasman-Nationalpark
Karamea
Nelson
Picton
WELLINGTON
Westport
St Arnaud
Nelson-Lakes-Nationalpark
Greymouth
Kaikoura
Franz-Josef-Gletscher
Fox-Gletscher
CHRISTCHURCH
Mt Cook
Lake Tekapo
Little River
Banks Peninsula
Akaroa
Mt Aspiring
Lake Wanaka
PAZIFISCHER OZEAN
Milford Sound
Wanaka
SÜDINSEL
Glenorchy
Queenstown
Lake Te Anau
Lake Wakatipu
Dusky Sound
Te Anau
Fiordland-Nationalpark
Dunedin
Gore
Invercargill
The Catlins
Foveaux Strait
Bluff
Oban
Halfmoon Bay
Stewart Island (Rakiura)
N
0
200 km

Inhalt

Südinsel

November

Fiordland

Ich erkunde Te Anau, obwohl ich nach dem 25-stündigen Flug von London nach Christchurch noch immer unter meinem Jetlag leide und einen ganzen Tag lang getrampt bin. Schneebedeckte, zerklüftete Berge und ein windgepeitschter, vom Gletscher gespeister See bilden die Kulisse des verschlafenen städtischen Zentrums von Fiordland. Die Landschaft und die Menschen wirken eigenartig vertraut, als wäre ich gar nicht ans andere Ende der Welt geflogen. Ich könnte genauso gut in den Rocky Mountains oder in Norwegen sein.

Weil ich Hunger habe und mir kalt ist, suche ich ein Pub. Ich setze mich auf einen Barhocker, stütze mich auf den Tresen und lasse den Tag Revue passieren. Es gibt, falls überhaupt, nur noch wenige Länder auf der Welt, in denen man gefahrlos trampen kann. Gerüchteweise hatte ich gehört, dass es in Neuseeland lächerlich einfach sei, und so war es. Die Autos, darunter alte britische Modelle aus den Fünfzigern und Sechzigern, hatten beinahe Schlange gestanden, um mich mitzunehmen, als wetteiferten die gastfreundlichen Kiwis darum, mich herumzuchauffieren. Eine Fahrerin machte nicht nur einen Umweg, um mich bei der Unterkunft für Rucksacktouristen abzusetzen, sondern spendierte mir auch noch ein Essen.

Ich bin ganz aufgedreht, weil ich endlich hier bin, und habe die verräterisch aufgerissenen Augen eines Reisenden, der gerade irgendwo fern der Heimat angekommen ist. Die Kellnerin mustert mich mit dem Blick einer erfahrenen Bedienung.

»Sitzt hier jemand?«, frage ich mit der kultivierten Nonchalance eines alten Globetrotters.

Das Lokal ist leer.

»Nur los, lass ihn dir nicht streitig machen«, antwortet sie mit ausdrucksloser Miene. »Was darf's sein, Kumpel?«

»Ihr Special«, antworte ich beiläufig und versuche, nicht allzu sehr wie ein Fremder zu klingen.

»Welches Special?«

»Na, Sie wissen schon, Ihr Special.«

»Welches Special denn?«, wiederholt sie ungeduldig. Ich bemerke eine Spur Verachtung.

Ich blinzele überrascht. Hat sie mich schon durchschaut? Nervös rutsche ich an den Rand des Barhockers. Draußen steht eine Tafel, auf der für die jeweilige Tagesspezialität geworben wird. Ich spähe durchs Fenster. Leider steht die Tafel so, dass ich nichts lesen kann.

»Da draußen haben Sie eine Tafel, auf der die Spezialitäten des Tages stehen. Ich nehme das Special von heute«, erkläre ich mit einem aufgesetzt lässigen Lächeln und nicke ein paar Mal, um sie zu ermutigen. Nach der uneingeschränkten Freundlichkeit und Gastfreundschaft, die ich seit meiner Ankunft in Neuseeland erfahren habe, überrascht mich ihre offenkundige Feindseligkeit.

»Was genau steht denn da?«, fragt sie.

Ich bin mir unsicher. Ich kann mich nicht erinnern. »Irgendein Special. Ich weiß nicht genau«, gebe ich schüchtern zu. Sie hat mich durchschaut: Ich bin kein cooler Typ, der gerade mal auf ein Bier hereingekommen ist.

»Na, ich weiß auch nicht, was du willst«, sagt sie, verdreht die Augen und stemmt die Hände in die Hüften wie eine Lehrerin, die sich über den Dümmsten der Klasse lustig macht.

Ich habe gerade einen wunderbaren Tag hinter mir, und diese pampige, armstemmende Bedienung ist im Begriff, ihn mir zu versauen. Wo haben sie die nur aufgetrieben? Ich zähle bis zehn und blicke ihr direkt in die Augen, *mano a mano*. Ihre Feindseligkeit ist unmissverständlich. Wenn Blicke töten könnten, wäre ich bereits tot und läge knapp zwei Meter unter der Erde.

»Arbeiten Sie hier oder nicht?«, frage ich und fordere mein Schicksal heraus.

»Ach, komm, hör bloß auf.« Sie greift nach einer Speisekarte. »Hier, such dir aus, was du haben willst.« Sie wirft die Speisekarte auf die Theke und klopft so fest drauf, dass es mich nicht wundern würde, wenn sie sich den Finger bricht. Ich ducke mich, weil ich glaube, gleich versetzt sie mir einen Fausthieb.

»Irgendein Toast. Und ein Bier. Das Special eben«, wiederhole ich.

»Ich weiß immer noch nicht, was du willst!«

Ich weiche zurück, damit ich außer Reichweite bin, falls sie es sich mit dem Faustschlag noch anders überlegt. Entweder hat sie heute ihren schlechten Tag, oder hier liegt trotz der augenscheinlichen Gleichheit der Sprache irgendein grundlegendes interkulturelles Kommunikationsproblem vor. Vielleicht stammt sie von einem anderen Planeten, allerdings ist das ein Vorwurf, der gewöhnlich mir gemacht wird. »Sehen Sie, das ist es nicht wert. Ich gehe woanders hin.«

»Ach, Kumpel, reg dich nicht auf. Wir streiten ja nicht um eine gottverdammte Schaffarm.«

Um mir auf dem Weg zur Tür wenigstens einen Rest Würde zu bewahren, lege ich die kurze Strecke schlendernd zurück, imitiere, wie ich hoffe, glaubhaft John Waynes männlichen Gang aus einem Cowboy-Saloon, obwohl ich nur halb so groß wie John Wayne und wesentlich dünner bin. Ich werfe einen nervösen Blick auf die Tafel, um zu sehen, was mir da als Special entgeht.

»Spezialität des Tages: Getoastetes Sammie und ein Bier.«

Was zum Teufel ist ein »Sammie«? Ein hiesiger Fisch? Zu Sammie fallen mir nur die Samen ein, die Rentierhirten im Norden Skandinaviens. Ich wandere ziellos den Weg entlang, der um den malerischen See führt, aber der Ausblick kommt mir nicht mehr ganz so idyllisch vor wie noch wenige Minuten zuvor. Von der Konfrontation mit der Bedienung erschöpft, lasse ich mich in der Wanderhütte auf mein Bett fallen. Ich erzähle die Geschichte meinem australischen Zimmergenossen. Er trägt ein T-Shirt mit dem Aufdruck: »Ich unterstütze zwei Teams: die Aussies und jede Mannschaft, die gegen die Kiwis spielt.«

Er erklärt: »Ein ›Sammie‹ ist ein Sandwich.« Er legt das Kricketmagazin zur Seite, das er gelesen hat, während er sich mit der Schere seines Taschenmessers die Zehennägel schnitt. »Verdammte Kiwi-Weiber«, fährt er fort, klappt die Schere ein und die Messerklinge aus, um sich den Schmutz unter den Fingernägeln hervorzupulen. »Die haben Beine, dicker als Baumstämme. Gute genetische Anlagen für Rugbyspieler und Frauen, wie man sie auf einer Farm braucht, aber glaub bloß nicht, dass man sich in die verliebt.«

Die Kellnerin hatte mich nur gefragt, welches getoastete Sandwich ich haben wollte. Truthahn, Tunfisch, Schinken, Hühnchen, Rindfleisch oder Käse? Wahrscheinlich redete sie mit ihren neuseeländischen Stammgästen so. Wäre ich ein cooler Rugbyspieler der All Blacks, dessen Vater eine Schaffarm von über 400.000 Hektar besitzt, hätte ich wohl gedacht: »Was für eine nette Bedienung« und hätte die joviale Art geschätzt. Das nächste Mal schlage ich mit der Faust auf den Tresen. Nein, ich schlage mit meinen zwei winzigen Fäusten auf den Tresen und sage ihr klipp und klar, welche Art von Sammie ich haben will, verdammt.

Falls ich es überhaupt wage, dort noch einmal aufzukreuzen.

Milford Track

In jedem Reiseführer von Neuseeland findet sich der Hinweis, der Milford Track sei »die schönste Wanderroute der Welt«. Dieser viel zitierte Satz tauchte erstmals in einem Artikel der neuseeländischen Schriftstellerin Blanche Baughan auf, der 1908 vom Londoner *Spectator* veröffentlicht wurde. Der Milford Track verläuft durch den Fiordland-Nationalpark, von der Nordspitze des Lake Te Anau bis zum Milford Sound. Der Fiordland-Nationalpark ist Teil des Gebiets im Südwesten Neuseelands, das zum Weltnaturerbe erklärt wurde. Es umfasst Fjorde, von Gletschern geschaffene Schluchten, Seen und Hängetäler. Nach einhelliger Aussage aller Reiseführer finden sich dort die schönsten urzeitlichen Wälder der früheren kontinentalen Landmasse von Gondwanaland. Dazu gehören weite Gebiete gemäßigten Regenwalds.

Neuseeländer, so habe ich erfahren, wandern nicht etwa, sie »trampen«. Sie kennen keine Wege oder Routen, sondern »Tracks«. Ich habe vor, in den nächsten vier Monaten mindestens neun »Tracks« zu »trampen«, die in der Broschüre des DOC (neuseeländisches Department of Conservation, die Naturschutzbehörde) als »großartige Wanderrouten« bezeichnet werden. Diese Wörter sind bereits in meine Alltagssprache eingeflossen. Mit einem Rückflugticket von Auckland für Ende Februar, also in vier Monaten, habe ich reichlich Zeit für die neun großen Routen und wahrscheinlich noch für viele andere, die weniger bekannt sind.

Erwartungsfroh steigen in Te Anau 40 Milford Track Tramper in den Bus. Hätten wir die Tour nicht schon Monate im Voraus gebucht, wären wir vielleicht geneigt gewesen, sie abzusagen. Denn es schüttet wie aus Kübeln. Der Bus fährt durch den strömenden Regen zum Te Anau Downs Harbour unten am See. Dort erwartet uns ein Schiff, das wie ein uralter Dampfer aussieht. Während ich über ein schwankendes Schwimmdock darauf zulaufe, verspüre ich erste Anzeichen von Seekrankheit.

Die Mannschaft legt von dem wankenden Pier ab, und das alte, aber renovierte Boot wird von den Wellen wie ein Korken hin und her geschleudert. Müsste ich mich im Bauch dieses Schiffes übergeben, hätte dies wahrscheinlich eine Kettenreaktion unter den anderen empfindlichen Passagieren zur Folge, deshalb flüchte ich mich aufs offene Heck. Es gießt dermaßen, dass der Blick nicht auf den Horizont, sondern auf eine undurchdringliche Wasserwand fällt. Ich kann unmöglich sagen, ob ich auf den Himmel, den Regen oder den See schaue. Bald bin ich völlig durchnässt, ganz grün im Gesicht und versucht, den Rucksack zu schultern, über Bord zu springen und auf die Konsequenzen zu pfeifen.

»Ob wir den Milford Track wohl entlangwandern oder -schnorcheln?«, überlege ich laut, aber mein nicht gerade subtiler Humor verfehlt bei meinen seekranken Mitpassagieren die Wirkung.

Zwei Arten Wanderer sind auf dem Milford Track unterwegs: die »Freien«, auch die Unabhängigen genannt, und jene, die eine geführte Tour gebucht haben. Jede Gruppe besteht aus höchstens 40 Personen, die sich gleichzeitig auf den Weg machen. In den drei Nächten, die man unterwegs verbringt, übernachten die Gruppen an getrennten Orten, die jeweils einige Meilen und ein paar Stunden auseinander liegen, um mögliche Kontakte zu verhindern. Die ärmeren »Freien«, zu denen ich gehöre, teilen sich große Schlafräume mit Etagenbetten. Wir schlafen in unseren eigenen Schlafsäcken, kochen uns unser Essen aus mitgebrachten Vorräten und haben keinen Führer. Im Gegensatz dazu übernachten die wohlhabenderen geführten Wanderer in kleineren Gemeinschaftsräumen mit richtigen Betten und Bettzeug, können duschen und bekommen in Unterkünften, die um einiges größer und komfortabler sind als die DOC-Hütten, heiße Mahlzeiten serviert. Von den 80 Wanderern auf dem Schiff erkennt man die »Geführten« daran, dass sie die gleichen gelben Regenjacken mit großen Namensschildern auf der Brust tragen. Die zwei Führer versorgen sie mit Tassen heißer Schokolade und versuchen so, ihre Kunden über ihr kollektives Elend hinwegzutrösten.

Trotz gegenteiliger Befürchtungen schafft es unser antiquiertes Boot, an der anderen Seite des Sees anzulegen. Das Ufer ist mit üppiger Vegetation bedeckt, aus welcher der Regen strömt, als hätte irgendjemand da oben den Stöpsel herausgezogen. In keiner der verlockend bunten Broschüren mit dem Titel »Die schönste Wanderroute der Welt« war diese üppige Kulisse abgebildet gewesen.

Ich lasse mir Zeit, mache Dehnübungen und warte, bis die anderen Wanderer im Wald verschwinden wie bunte Fische, die am Grund eines trüben Sees zwischen den Pflanzen abtauchen. Absichtlich halte ich mich am Ende der Gruppe und bilde das Schlusslicht. Zwar bin ich begierig loszuwandern, aber ich möchte die Intensität dieses Naturerlebnisses nicht durch plappernde Mitwanderer beeinträchtigt wissen. Als ich in den Wald eintauche, stelle ich fest, dass er hauptsächlich aus alten Silber-, Rot- und Bergbuchen besteht. Die riesigen Bäume sind von parasitären Pflanzen überwuchert, und ich berühre im Vorbeigehen das Moos und die glitzernden Farne. In diesem Zauberwald herrscht ein Gefühl der Zeitlosigkeit, fast ein spiritueller Dauerzustand. Lange bevor meine behaarten Vorfahren sich von ihren Ästen schwangen, haben diese Bäume, die organischen Lungen von uns allen, dem Planeten Erde Leben eingehaucht. Trotz oder vielleicht gerade wegen der Nässe ist das eine intensive Erfahrung.

Stunden später erreiche ich die erste DOC-Hütte des Tracks, ich bin der letzte Wanderer, der ankommt. In der Hütte ist es nicht weniger feucht als draußen. Verschwitzte Wanderer stehen in langen Unterhosen vor einer Reihe Gaskocher und bereiten sich ihr Essen zu. Die Fenster sind durch die Kondensation einer Vielzahl köchelnder Speisen beschlagen. Feuchte, zum Trocknen aufgehängte Kleidungsstücke dampfen. In der engen Hütte vereinen sich die Gerüche von Essen, Stiefeln, Socken und verschwitzten Kleidern zu einer üblen Mischung. Die einzig noch freie Schlafkoje stößt fast an die Dachbalken. Ich packe meinen Schlafsack aus und breite ihn auf dem Bett aus, bevor ich mir Nudeln koche und – wegen des Proteins – eine Büchse Tunfisch untermische. Die Nudeln sind matschig und schmecken wie Babynahrung. Literweise Einschlaftee kompensieren den Flüssigkeitsverlust, den ich auf dem Weg hierher erlitten habe.

Die meisten von uns haben bereits fertig gegessen, als der Hüttenwart hereinkommt, ein älterer Mann mit schlaffer Augenpartie und großen Ohren, der Yoda aus Krieg der Sterne ähnlich sieht und einen grünen DOC-Pulli trägt. Er spricht mit leiser Stimme, die fast vom Rauschen des Wassers übertönt wird, sowohl von dem an der Hütte vorbeischießenden Fluss als auch vom Regen, der auf das Blechdach trommelt. »Ihr habt vielleicht bemerkt, dass die eine Ecke der Hütte über die Flussböschung hinausragt.« Natürlich haben wir das bemerkt. Es handelt sich um einen Hochwasser führenden, reißenden Strom. »Es besteht die Gefahr, dass die Hütte fortgeschwemmt wird«, fügt er leicht untertreibend hinzu. Jeder hört ihm gespannt zu. Ich schiebe mich schon einmal in Richtung der einzigen Tür, nur für alle Fälle. »Eine Hütte ist 1989 weggerissen worden, nachdem ähnlich heftige Regenfälle die Flussböschung unterspült hatten.« Das sagt er beinahe flüsternd, als müsse er es uns erzählen, würde es aber lieber für sich behalten. »Ich verspreche euch, dass ich euch wecke, falls eine Gefahr besteht.« Und: »Wenn ihr in der Nacht irgendetwas hört, bringt euch schleunigst in Sicherheit.«

Mit diesen beruhigenden Gedanken gehen wir zu Bett. Wir haben gar keine andere Wahl. Der Hüttenwart nimmt um zehn Uhr die

Laterne mit, und dann bleibt einem gar nichts anderes übrig, als in die Koje zu kriechen. Obwohl ich meinen Rucksack gerade etwa neun Kilometer den Berg hinaufgeschleppt habe, bin ich nicht müde. Ich denke daran, dass ich diese Reise ganz allein unternehme. Nachdem ich mein Leben fünf Jahre lang mit einem Menschen geteilt habe, den ich liebe, ist es nicht einfach, sich an den Gedanken zu gewöhnen, wieder Single und erneut auf Wanderschaft zu sein. Ich ertappe mich dabei, dass ich traurig werde und trotz des beruhigenden Stimmengewirrs, weil sich die anderen Wanderer vor dem Einschlafen miteinander unterhalten, ungesellig bin. Ich gehe ins Freie hinaus. Es hat aufgehört zu regnen, und die Silhouetten der Berge sind in der vom Fluss geschaffenen Lichtung vage zu erkennen. Die Kulisse ist romantisch, aber das macht mein gebrochenes Herz umso schwerer. Ich schlendere ein Stück in die vom Fluss entgegengesetzte Richtung, und sämtliche Geräusche werden von der dichten Vegetation geschluckt. In den düsteren Wald einzutauchen, ist, als kehre man in die dunkle Sicherheit des Mutterleibs zurück, wo mir eine unsichtbare Nabelschnur die lebenserhaltenden Nährstoffe des Waldes zuführt. Ich schlurfe über den Kiesweg und setze meine Schritte vorsichtig, damit ich nicht in einen der Entwässerungsgräben zu beiden Seiten stolpere.

Während ich auf meine Füße hinabblicke, meine ich zu sehen, dass sich in einer Wasserpfütze neben dem Weg Sterne spiegeln. Ich schaue nach oben, doch es ist nichts zu entdecken – ich kann nicht einmal durch das Blätterdach über mir blicken. Meine Neugier ist geweckt, also gehe ich auf die Knie. Kaum einen Meter vor meinem Gesicht mache ich bläuliche Punkte aus, durch überhängende Wurzeln und Erde vor den schweren Wassertropfen geschützt. Die mysteriösen blauen Lichtquellen erscheinen mir wie die Augen kleiner Feen. Ich strecke die Hand in ihre Richtung aus, um zu sehen, ob sie erschrecken, aber sie rühren sich nicht, haben keine Angst vor mir.

Das sind Glühwürmchen, zwei Zentimeter kleine Geschöpfe, die phosphoreszierende, klebrige Fäden spannen, um Nachtfalter anzulocken. In der Stille des dunklen, feuchten Regenwalds kann man sich die unerwarteten Erscheinungen als eine Versammlung von Feen erklären, auch wenn ich genau weiß, worum es sich in Wahrheit handelt.

Als ich vorsichtig in die Hütte zurückkehre, liegen alle im Bett. Ich ziehe mich aus, schlüpfe in relativ saubere und trockene atmungsaktive Unterwäsche, dann klettere ich, ohne etwas zu sehen, in mein Bett hinauf. Der erste Schnarcher legt los. Aus einer Ecke brüllt eine wütende männliche Stimme mit starkem irischen Akzent: »Menschenskind, kann man dem denn nicht endlich das Maul stopfen?« Doch stattdessen setzt heftiger Regen ein und trommelt so laut auf das Wellblechdach, dass das Schnarchen um ein Vielfaches übertönt wird.

Mitten in der Nacht wache ich auf. Kein Schimmer, kein Lichtpunkt oder gedämpfter Schatten, der einen Anhaltspunkt geben könnte. Es ist, als befände man sich mitten in der Nacht in einem dunklen Zimmer auf dem Grund eines Tintenfasses. Ich halte mir die Hand vor Augen und berühre meine Wimpern mit den Fingerspitzen, um mich zu vergewissern, dass meine Augen tatsächlich geöffnet sind.

Vor dem Zubettgehen habe ich zu viel Schlaftee getrunken, und meine Blase droht zu platzen. Ich bleibe in meinem kuscheligen Schlafsack liegen und versuche, mein drängendes Problem zu ignorieren. Als ich schließlich doch hinausgehen und pinkeln will, setze ich mich auf – mein Kopf schlägt mit Wucht an den Dachbalken. Ich falle auf meine Matratze zurück und richte mich dann vorsichtiger auf. Vergebens taste ich nach meiner Taschenlampe, die ich unter die Matratze gesteckt hatte. Es ist unmöglich, ohne Lampe etwas zu sehen, aber ich kann nicht noch mehr Zeit mit meiner Suche vergeuden: Allmählich pressiert es. Ohne auch nur das Geringste zu sehen, schiebe ich mich über den Rand meiner Koje und lasse mich langsam hinab, gehe zögernd von Bord wie ein Seemann, der sein Schiff verlässt. Mit wackelnden Zehen nach dem Holzrahmen des unteren Bettes tastend, hänge ich bedenklich an der Seite. Die Schaumstoffmatratze, an der ich mich festhalte, hebt sich langsam. Ich falle rückwärts, stürze in einen Haufen Rucksäcke, und die Matratze landet auf mir.

Die Rucksäcke dämpfen meinen Sturz, ich verfange mich aber in ihren Schulterriemen und Taillenschnallen wie in einem Spinnennetz, aus dem ich mich wie ein unbeholfenes Insekt befreie. Ich lege die Matratze und den Schlafsack wieder aufs Bett und humpele, weil ich die Beine zusammendrücke, auf den Küchen- und Essensbereich zu. Nach dem Ausgang tastend, stoße ich Aluminiumtöpfe und -pfannen von der Küchenarbeitsfläche. Endlich finde ich die Tür und stolpere in den strömenden Regen hinaus. Da ich nicht wage, mich weit zu entfernen, weil ich ja über die Flussböschung direkt neben der Hütte stürzen könnte, stelle ich mich gleich neben dem Hütteneingang breitbeinig hin und erleichtere mich ins Nichts hinein. Es fühlt sich an, als pinkele ich bei ausgeknipstem Licht unter der kalten Dusche.

Völlig durchnässt und durchgefroren lege ich blind und wackelig den Hindernislauf über Rucksäcke, Töpfe und Pfannen zurück. Ich taste vorsichtig nach dem, was ich für meinen Schlafsack halte, und ernte einen wütenden Fluch. Ich lasse mich auf den Boden fallen und tappe zum nächsten Etagenbett. Vorsichtiges Tasten mit den Fingerspitzen bestätigt mir, dass dieser Schlafsack, falls es nicht mein eigener sein sollte, zumindest leer ist. Beim Hinaufklettern trete ich dem, der im unteren Bett schläft, auf den Ellenbogen. Er flucht, schleudert mir unverständliche, orientalisch klingende Wörter im Stakkato entgegen.

Inmitten der schlafenden Wanderer führt ein Trompeter ein Solo auf. Die Mutter aller Schnarcher befindet sich in unserer Gruppe, allerdings scheint das außer mir keiner zu bemerken. Sollte die Hütte in den Fluss stürzen, hätte Yoda, der Hüttenwart, ganz schöne Probleme, alle zu wecken.

Unsere Rucksäcke sind innen alle mit schweren, wasserdichten Plastiktüten ausgekleidet, um die Feuchtigkeit abzuhalten. Sie müssen von bösartigen Plastikherstellern stammen, denn je diskreter man versucht, an den Inhalt seines Rucksacks zu gelangen, desto lauter raschelt das Plastik. Falls Yoda uns im Notfall warnen wollte, wäre die effizienteste Methode, ganz vorsichtig und ganz langsam an der Innenauskleidung eines Rucksacks zu rascheln.

Vor Tagesanbruch entschließt sich mein Bettnachbar, seine gesamte Habe durchzukramen und gewissenhaft wieder in seinen Rucksack zu räumen. Er hat nicht nur den Rucksack mit schwerem Plastik ausgekleidet, sondern anscheinend auch jeden einzelnen Gegenstand in eine Plastiktüte gewickelt. An Schlaf ist nicht zu denken, während mein Nachbar an seiner Plastikneuordnung arbeitet. Frustriert richte ich mich auf und knalle wieder mit dem Kopf gegen den Dachbalken. Als ich mich davon erholt habe, bemerke ich, dass ich in der Nacht die Innenseite meines Schlafsacks nach außen gekehrt habe.

In den Bergen hat es die ganze Nacht geschneit, und es ist kalt. Bevor wir am Morgen aufbrechen, teilt uns Yoda mit: »In der Wettervorhersage wurden Gewitter und Hagel angekündigt. Bei all dem Schnee müsst ihr euch vor Lawinen hüten. Wenn ihr ein lautes Krachen hört, so etwas wie ein Donnergrollen, dann ist es wahrscheinlich eine Lawine. Lasst euren Rucksack fallen, rennt los und sucht hinter dem nächsten großen Baum Schutz.« Wir werden wohl für den Rest unseres Lebens, wenn Gewitter angekündigt sind, unsere

Rucksäcke fallen lassen und hinter dem nächstbesten Baum in Deckung gehen.

Ich bin froh, dem Lärm und der Konfusion in der Hütte zu entkommen und wieder in die Stille des Regenwalds einzutauchen, allerdings habe ich Kopfschmerzen und eine deutlich sichtbare Wunde an der Stirn. Wieder halte ich mich am Ende der Gruppe. Nässer könnte es nicht mehr werden: Es wundert mich, dass in dem undurchsichtigen Vorhang herunterströmenden Wassers überhaupt noch genug Luft zum Atmen bleibt. Wasser fließt in Bächen den schlammigen Weg hinab, obwohl der Track gut gepflegt und auf beiden Seiten mit Entwässerungsgräben versehen ist. Ich rutsche und schlittere, und sowohl meine Stiefel als auch meine Hosenbeine sind schlammverschmiert. Wenn es weiter so schüttet, würde ich die Wanderung lieber in Anglerstiefeln fortsetzen, die bis zur Brust reichen. Hier regnet es mehr als in Norwegen, dem ich wegen des nie endenden Regens und der Dunkelheit gerade entflohen bin. In Fiordland regnet oder schneit es an zweihundert Tagen im Jahr. In Milford Sound regnet es sieben bis acht Meter pro Jahr, und der größte Teil des Niederschlags fällt während der Hochsaison für Wanderer. Den Rest des Jahres über ist es zu vereist zum Wandern.

Ein dichter Wolkenberg und hauchdünne Nebelschichten schmiegen sich an die unteren Hänge des Clinton-River-Tals. Es geht kein Wind, nicht einmal der Nebel bewegt sich. Lange Regenstreifen strömen aus senkrechten Felswänden. Die Berghänge sind von Striemen und Wunden vernarbt, dramatische Zeugen früherer Lawinenabgänge und Erdrutsche. Wir haben keine Chance. Nachdem wir den ganzen Tag donnernde Fehlalarme erlebt haben, sind wir sicher, dass uns das wahre Erlebnis dieser Wanderung nicht vergönnt sein wird.

Ich komme an einem Boot vorbei, das, obwohl mindestens ein paar hundert Meter vom Fluss entfernt, neben dem Track zur Sicherheit an einen Baum gebunden wurde, wie die Arche Noah, bereit für die Flut. Weiß hier jemand etwas, das wir nicht wissen? Falls es so weiterregnet, könnte es angeraten sein, in der Nähe des Bootes zu bleiben und dann den Fluss hinunterzurudern.

Gegen Mittag fallen Schneeflocken von mehreren Zentimeter Durchmesser wie Miniaturlawinen zu Boden. In der wunderbaren Stille des Waldes wird meine Goretex-Kapuze, die eng an meinen Ohren anliegt, zu einem Resonanzkasten. Er verstärkt den Schneefall zu dumpfen Schlägen, die zu einem scharfen Rattern – wie Artilleriefeuer – anschwellen, als plötzlich Hagel auf meinen Kopf prasselt. Bestünde auch nur die geringste Chance, die weiße Flagge zu hissen und sich den Elementen geschlagen zu geben, dann würde ich es tun. Fast den ganzen Tag bringe ich damit zu, auf meine Füße zu schauen, da das Sichtfeld unter meiner Kapuze hervor nur einen Tunnelblick auf den durchnässten Waldboden zulässt und nebliger Dampf, den meine Lungen ausstoßen, die Sicht noch weiter einengt.

Mit nassem, pappigem Schnee bedeckt, wanke ich auf die Mintaro-Hütte zu. Unterwegs treffe ich auf eine Horde Terroristen: auf ein halbes Dutzend Keas, Papageien so groß wie Eulen mit dunklem braun-grünem Gefieder und bronzefarbenen Unterflügeln. Sie äffen mich nach und stolpern den schneebedeckten Weg entlang, allerdings angeberisch und unbekümmert wie Piraten. Sie stehlen alles, was sie kriegen können, und reißen es mit ihren tödlichen, klingenscharfen Schnäbeln in Stücke. Ich passe kurze Zeit nicht auf meine Baseballkappe auf, und schon ist sie zerfleddert und findet sich wie ein warnender Hinweis auf Keas auf einem Felsen wieder. Ein anderer Kea stürzt sich in der kurzen Zeit, in der ich in der Hütte nach einem freien Bett Ausschau halte, auf meinen Rucksack und meine Stiefel. Der Lederstiefel eines anderen Wanderers liegt zerrissen und unbrauchbar da. Der Wanderer muss wohl auf einem

Bein über den Pass gehüpft sein. Ich rette meinen Rucksack und meine Stiefel, bevor der Kea allzu viel Schaden angerichtet hat.

Unsere Wandergruppe besteht aus 37 Ausländern und drei Neuseeländern. Ich setze mich neben zwei der Kiwis, zwei Frauen mittleren Alters aus Invercargill, und schließe mich ihrer Unterhaltung an. Sie reden darüber, welche Autos ihre Männer fahren, bis ich das Thema auf die Maori-Legenden über den Ursprung von Regen und Nebel lenke.

»Welche Maori-Legende soll das denn sein?«, fragt die eine und rollt das R wie eine Schottin.

»Na, diejenige von der Erschaffung der Erde und des Himmels.« Die beiden schauen mich verständnislos an. Da ich in meinem Reiseführer gerade darüber gelesen habe, habe ich die Namen noch klar im Gedächtnis, ich fasse den Text kurz zusammen und erkläre: »Laut Maori-Legende gab es am Anfang nichts, nicht einmal das Licht. Der Himmelsvater, Rangi, lebte mit der Erdmutter, Papa, in vollkommener Dunkelheit. Ihre zahlreichen Kinder – der Gott des Meeres, der Gott des Waldes, der Gott der Feldfrüchte, der Gott der Wildpflanzen – wollten aber nicht in Dunkelheit leben. Sie beschlossen, ihre Eltern zu trennen, die das Licht von ihrer Welt abhielten.« Die beiden Kiwi-Frauen schauen mich mit dem leeren Blick leicht verwirrter Menschen an. Ich komme mir bei diesem Thema im Vergleich zu meinen Zuhörerinnen wie ein Fachmann vor. »Alle Gottkinder versuchten es vergeblich, bis es dem Gott des Waldes schließlich gelang, die Eltern zu trennen, und tatsächlich, das Licht kam in ihre Welt. Die Eltern waren sehr traurig über ihre Trennung. Rangi weinte so sehr, dass ein Großteil des Landes von Wasser überflutet wurde. Selbst heute noch kann man jeden Morgen Tau auf dem Rücken von Papa sehen, ein Zeichen von Rangis Trauer. Der Nebel, der sich morgens in den Tälern bildet und zum Himmel aufsteigt, ist Papas Seufzen, weil sie sich nach ihrem Mann sehnt.«

Mir gefällt diese Geschichte, ich finde sie anrührend. Während man durch das von steilen Hängen eingefasste Tal des Clinton River wandert, erscheint einem diese Legende als eine absolut plausible Erklärung, mindestens so glaubwürdig wie jene des christlichen Gottes, der die Welt in sieben Tagen erschaffen hat.

»Ach, glauben Sie doch dieses Maorrri-Zeugs nicht. Alles Quatsch. Nur für die Tourrristen.«

Die andere Kiwi sieht mich schräg an und sagt schnell zu ihrer Freundin: »Davon habe ich keine Ahnung.« Sie wechselt das Thema und redet von den touristischen Sehenswürdigkeiten Invercargills.

Mein Blick fällt auf etwas, das wie ein Papageienfisch aussieht, der durch das beschlagene Fenster hereinschaut, als wäre es ein Aquarium: ein Kea, der mit dem Kopf nach unten an der Dachrinne hängt, ins Zimmer späht und sicherlich aus der Kälte herein und an die Unmenge von Habseligkeiten kommen möchte. Hinter dem Kea fällt Schnee, Flocken, die so groß sind, dass ich jede einzeln zwischen den Zweigen der Bäume herabfallen sehe. Der Kea macht sich nun daran, einen Stein vom Dach rollen zu lassen, holt ihn immer wieder aus der Dachrinne und trägt ihn im Schnabel zum Dachfirst hinauf, um ihn dann scheppernd über das Wellblech hinunterkullern zu lassen. Er ist wohl aus Rache, weil er nicht hereingelangen kann, wild entschlossen, uns alle in den Wahnsinn zu treiben.

In der Hütte unterhalten sich die Wanderer angeregt über den folgenden Tag und ob wir es wohl über den Pass schaffen werden. Ralph, der dritte Kiwi in unserer Gruppe, stammt aus Kerikeri. Er ist groß, athletisch und gut aussehend und hat ein paar Dosen Bier hier heraufgeschleppt. Großzügig bietet er mir eine an.

»Woher kommst du?«, fragt er mich.

»Aus Kanada.« Der Einfachheit halber erzähle ich nur einen Teil der Wahrheit.

»Cool.« Er spricht cool mit einem harten »kuh« aus, sodass es eher wie »kuh-ool« klingt. Er muss etwa Anfang vierzig sein. Mandy, seine aus England stammende Freundin, ist nur halb so alt. Er tut sich leichter als sie, mit mir zu reden, und erzählt abwechselnd unanständige Witze oder von seiner Arbeit als Mechaniker in einer Plantage für biologischen Obstanbau. Dort hat er Mandy kennen gelernt, die eigentlich Krankenschwester ist, aber als Obstpflückerin in der Plantage gearbeitet hat. »Ich hab meiner Frau gesagt, dass ich sie verlasse, sobald die Kinder alt genug sind und aus dem Haus gehen. Das hat sie mir nie abgenommen.« Er stößt mich verschwörerisch mit dem Ellenbogen an und deutet auf eine Gruppe Australierinnen, die dicht beieinander sitzen. »Weißt du, warum Aussie-Frauen Make-up und Parfüm benutzen?«

»Nein«, antworte ich arglos. Mandy verzieht das Gesicht, sie hat diesen Witz offenbar schon mehrfach gehört.

»Weil sie hässlich sind und stinken«, lacht er, als habe er es den Aussies für ihre Kommentare über Kiwi-Miezen ordentlich heimgezahlt. Wenn er auch nicht sicher ist, ob ich den Witz verstanden habe, fährt Ralph fort: »Und weißt du, warum Aussie-Kerle kein Make-up und kein Parfüm benutzen?« Ich schüttele den Kopf. »Weil sie hässlich sind und stinken, es aber nicht wissen.«

Er hat die Angewohnheit, selbst über seine Witze zu lachen und dabei das Kinn auf und ab zu bewegen, als wische er mit dem Kiefer die Kreidereste von einer Tafel. Im Laufe der folgenden Stunden erzählt er mir alles darüber, welches gebrauchte japanische Auto man am besten nach Neuseeland einführen und verkaufen kann, weil es hierzulande »neu« ist. Er hat an die 100 japanische Gebrauchtwagen ins Land gebracht und über einen Freund weiterverkauft, der bei Air New Zealand arbeitet. Warum bin immer ich ausgerechnet derjenige, dem lange, ausschweifende Monologe zu Themen gehalten werden, über die ich gar nichts wissen will?

Als ich an diesem Abend hinausgehe, um meine Ruhe zu haben, versuche ich, »cool« mit einem harten »kuh« auszusprechen. Heutzutage spricht man »cool« anders aus, es klingt eindeutig mehr nach kuh-ool als nach cool. Wenn ich »cool« sage, klinge ich eher wie ein alternder, von Drogen benebelter Hippie als wie jemand, der wirklich cool, hip und jung ist. Ich übe weiter, und die isolierende Schneedecke, die alles in ihre helle, weiche Schicht hüllt, schluckt meine wiederholten Übungen, »cool« richtig auszusprechen.

Am nächsten Morgen brechen wir nur widerwillig auf, weil dichter, nasser Schneeregen fällt. Das obere Tal versinkt unter einer weit dickeren Schneedecke, aus der immer wieder Lawinen abgehen. Wir steigen die Serpentinen zum Pass hinauf, der Schnee wird immer tiefer, und es schneit große, nasse Flocken. Da wir unter den Bäumen laufen, fallen Schneeklumpen so regelmäßig von den Ästen auf uns herab, dass es uns vorkommt, als würden uns Waldgeister auflauern. Fiordland hat unglaublich viel mit Norwegen gemein. Ich finde die norwegischen Winter unerträglich, ganz im Gegensatz zu den Trollen. Und die für mich himmlischen Sommer bringen den Trollen den Untergang. Schon ein einziger Sonnenstrahl würde sie versteinern. Hier ginge es ihnen jedenfalls das ganze Jahr über hervorragend.

An mehreren Stellen durchwandern wir offenes Gelände, dort, wo frühere Lawinen die Bäume mitgerissen haben. Schließlich erreichen wir die Baumgrenze. Nun gibt es keine Bäume mehr und auch sonst nichts, hinter dem man Schutz suchen könnte. Immer wieder hören wir das Rumpeln abgehender Lawinen. Es klingt, als donnere ein Düsenjet durch das Tal. Fast jedes Mal entdecken wir die Lawine, die sich den Berg hinabwälzt. Das eintönige Grollen im Hintergrund wird plötzlich von einem Krachen übertönt, das lauter und bedrohlicher ist und sich anhört wie der Donnerschlag, vor dem man uns gewarnt hat. Eine wirbelnde Schneewolke steigt auf, während eine Lawine wie ein Fluss aus Schnee und Wasser hinabstürzt und alles mit sich reißt, was ihr im Weg ist. Sie geht auf unserer Seite des Berges ab und ist uns beängstigend nahe.

Obwohl wir »freie« Wanderer und deshalb theoretisch für unsere Sicherheit selbst verantwortlich sind, führt Ruth, die DOC-Hüttenwartin, unsere Gruppe. Die sehr kleine pensionierte Lehrerin stapft durch den frischen Schnee voran, der uns bis zu den Knien, ihr jedoch bis zur Hüfte reicht. Ralph übernimmt die Führung. Da er um einiges größer ist, kommt er schneller vorwärts. Wir sind inzwischen ein ganzes Stück oberhalb der Baumgrenze, über 1.000 Meter hoch, was für Berge ja eigentlich noch keine Höhe ist, aber angesichts dieser extremen alpinen Wetterbedingungen könnten wir weit höher sein. Es gibt keinerlei Anhaltspunkte, keine Steinhaufen, keine Pfosten, die die Route markieren. An manchen Stellen kommen wir vom Weg ab und geraten in noch tieferen Schnee, der uns bis zu den Hüften reicht. Schließlich machen wir vage die Umrisse des Steinmonuments aus, das die Passhöhe kennzeichnet.

Ruth bleibt stehen, sie ist in dem Schneetreiben kaum zu sehen. »Die Schutzhütte liegt 20 Minuten weiter oben. Ich muss hier auf elf andere Wanderer warten.« Das Beben in ihrer Stimme flößt nicht unbedingt Zuversicht ein.

Wir vertrauen Ruth und trotten zaghaft in die angegebene Richtung weiter. Der Schnee ist so hoch, dass das Gehen anstrengend ist, vor allem für jene vorn, die den Weg bahnen. Ich falle in einen Graben und stecke bis zur Hüfte im Schnee. Wegen meines schweren Rucksacks sind zwei Helfer vonnöten, um mich wieder herauszuziehen.

»Was zum Teufel machen wir eigentlich hier?«, fragt einer meiner Retter. »Verdammt, ist der denn nicht klar, dass wir mitten in einem Schneesturm stecken?«

»Ich gehe jedenfalls nicht weiter, auch wenn sie das will«, antwortet der andere. »Es ist zu gefährlich, und ich bin schon ganz durchgefroren.« Kein Wunder, dass er halb erfroren ist, er trägt nur Sportschuhe.

Wir wandern blind herum, ohne die Richtung zu kennen, ohne zu wissen, wo der Weg verläuft oder wo die Schutzhütte steht. Ralph führt uns an, er übernimmt die Rolle von Sir Edmund Hillary II. Aber Ralph stammt aus Kerikeri im Norden der Nordinsel, wo die Leute überhaupt keinen Schnee kennen.

Als hätte ich eine Vorahnung, dass irgendetwas schief gehen und ich später Fotos als Beweismaterial brauchen könnte, kommt mir in den Sinn, Fotos zu machen. Eine junge Engländerin, die sich ganz unbescheiden Amazon Woman nennt, knipst Unmengen Fotos von sich, indem sie die Kamera mit ihren langen Armen vor sich hält. Sie trägt kurze Shorts, solche, die man früher einmal Hot Pants genannt hat, und sie ist so groß, dass es aussieht, als würde sie auf Stelzen laufen. Ich fotografiere sie, wie sie gerade wieder ein schönes Selbstporträt schießt.

Der Sturm wird stärker, und man kann kaum zehn Meter weit sehen. Die Temperatur liegt unter dem Gefrierpunkt, und die Wanderer klagen wegen des Schnees und des Wind-Chill-Faktors, dass ihnen kalt sei. Viele tragen lediglich Sportschuhe, und unverständlicherweise haben außer Amazon Woman noch drei weitere Frauen Shorts an. Es hat den Anschein, als falle der Hang auf der einen Seite steil ab, aber es ist unmöglich auszumachen, wie tief. Wir haben zwar Kerikeris Hillary-Verkörperung unter uns, aber das ist keine echte Führung. Auf unseren Jacken und Rucksäcken sammelt sich Schnee, der uns allmählich unter sich begräbt.

Im Laufe der vergangenen Sommer habe ich Touristen auf Zehntages-Trips durch die norwegischen Berge und auf Gletscher geführt. Auch im Sommer hat es dort gelegentlich so geschneit wie jetzt hier. Unter solchen Bedingungen wäre es in Norwegen ausgeschlossen weiterzugehen, zumal mit so vielen schlecht ausgerüsteten, unerfahrenen Leuten. Als wir Ralph aus den Augen verlieren und eine Weile im Kreis gelaufen sind, kehre ich zurück und suche nach Ruth. Reglos steht sie da und ist durch den starken Schneesturm kaum auszumachen, wartet aber noch immer voller Optimismus, dass die elf Wanderer den Weg heraufkommen. Ich schreie ihr ins Ohr, und in der unheimlichen Stille des Schneesturms dröhnt meine Stimme sehr laut: »Selbst wenn wir die Schutzhütte finden sollten, den Weg auf der anderen Seite hinunter finden wir niemals. Man sieht fast überhaupt nichts mehr, der Sturm wird immer schlimmer, und vielen fehlt die geeignete Ausrüstung. Jetzt können wir noch den Rückweg finden und umkehren.«

»Was soll ich denn tun?«

»Rufen Sie sie zurück. Sie vertrauen Ihnen als Führerin.«

Wildes Schneetreiben umgibt uns, wirbelt um Ruths kleines Gesicht, das unter der Kapuze ihrer Jacke kaum zu sehen ist. Ihre Lippen sind zusammengekniffen und blau vor Kälte. »Bringen Sie alle dazu, wieder hierher zu kommen?«, fragt sie mich. Ihre Augen verraten, dass sie Angst hat.

Ich folge meinen eigenen Spuren, um wieder zu den anderen zu gelangen. Dann ziehe ich meine gefütterten Lederhandschuhe aus, stecke vier Finger unter die Zunge und pfeife laut. Ich schreie der Gruppe zu, dass wir umkehren. Amazon Woman gibt die Botschaft mit deutlich mehr Autorität weiter. Sie macht einhändig Fotos von sich, formt die andere Hand zum Trichter und schreit den anderen zu: »Kommt zurück! Kommt zurück!«

Zwei bärtige Schweizer in Goretex-Jacken und High-Tech-Wanderstöcken in beiden Händen, mit denen sie die Schneehöhe testen, laufen grob in Richtung Schutzhütte los, Ralph hat das Gleiche vor. Sie gehen in die eine Richtung, er in die entgegengesetzte. Der Rest von uns kehrt zum Monument zurück, wo Ruth auf uns wartet. Die Spuren unseres Aufstiegs sind bereits mit frischem Schnee gefüllt. Es dauert kaum eine Viertelstunde, und Ralph und die beiden Schweizer steigen ebenfalls ab. Sie können ihre eigenen Spuren kaum mehr erkennen: Der Wind hat ihre Spur fast augenblicklich zugeweht.

Während wir ein Lawinengebiet an den steilen, exponierten und unbewaldeten Berghängen durchqueren, treffen wir auf Wanderer der geführten Gruppe, die ihren Aufstieg auf den Mackinnon-Pass aufgegeben haben und ebenfalls umgekehrt sind. Gemeinsam steigen wir in den Schutz des dichten Waldes ab. Alle kommen wir schließlich wieder in der Mintaro-Hütte an. Elf Mitglieder unserer Gruppe, jene, auf die Ruth gewartet hatte, waren gar nicht erst aufgebrochen. Zwei Deutsche liegen noch immer in ihre Schlafsäcke gekuschelt in den Betten.

Es ist Hochsaison, und jetzt suchen zusätzlich zu unserer Gruppe mit 40 frustrierten und müden »freien« Wanderern 40 unglückliche, mit Namensschildern versehene Mitglieder der geführten Gruppe in der Hütte Schutz. Wie vom Fließband kommen die ersten der nächsten Gruppe »freier« Wanderer den Weg von der Clinton-Forks-Hütte herauf. Bald werden sich 120 durchgefrorene, niedergeschlagene Wanderer in einer Hütte drängen, die nur für 40 gedacht ist. Gestern war es voll und ein wenig beengt. Heute ist es das absolute Chaos.

Einer der schlecht ausgerüsteten Wanderer, ein junger Deutscher, leidet an Unterkühlung. Ihm wird in einer Ecke Platz gemacht, und zwei Medizinstudenten halten ihm die Hände. Alle schweigen, sein Besorgnis erregender Zustand erschüttert uns. Ruth ruft über das Funkgerät der Hütte zwei Hubschrauber – einen Rettungshubschrauber und einen anderen, der uns über den Pass bringen soll.

Ein paar Stunden später hören wir das unverkennbare Knattern von Hubschrauberrotoren, das durch die steilen Berghänge verstärkt wird. Der Transporthubschrauber landet auf einer erhöhten Holzplattform neben der Hütte. Er fliegt bis zum Abend hin und her, evakuiert jeweils sechs Passagiere, zuerst die geführten Wanderer. Bei einem Flug nimmt der Hubschrauber die Rucksäcke mit, die in einem großen Netz unter ihm baumeln. Weil der Helikopter voll beladen ist, muss der Pilot in dem engen Tal Achter fliegen, bis er genug Höhe erreicht hat, um über den Pass zu kommen. Während der Transporthubschrauber unterwegs ist, landet der Rettungsflieger und bringt einen Arzt und ein leitendes DOC-Mitglied von Te Anau herauf. Der unterkühlte Deutsche wird in den Rettungshubschrauber verfrachtet, wo der Arzt ihn an die Kontrollgeräte anschließt. Die Turbinen heulen auf, die Rotorblätter drehen sich, der Helikopter hebt ab und verwandelt den eben noch sanften Schneefall in einen wilden Strudel. Dann landet erneut der Transporthubschrauber auf der Plattform. Wieder wird er beladen und verschwindet zwischen den Bergen, die von einer dichten Wolkenschicht verhangen sind. Das Ganze erinnert mich an eine effiziente Militärevakuierung, die Soldaten werden an die Front gebracht, die Verwundeten ins Hinterland abtransportiert. Es muss den DOC ein Vermögen kosten, uns auf diese Weise in Sicherheit zu bringen, trotzdem ist keine Rede davon, dass wir dafür aufkommen sollen.

Nur noch drei sind übrig, als der Helikopter für die letzte Tour anfliegt. Es ist 20 Uhr 30, und es wird dunkel. Nebelschwaden und schwarze Wolken, die noch mehr Schnee androhen, lassen von der anbrechenden Nacht nichts Gutes erwarten. Wir werfen die restlichen Rucksäcke in die vibrierende Kabine und klettern an Bord. Der Pilot dreht die Maschine auf und steuert den Hubschrauber rückwärts von der Plattform, als fahre er ein Auto aus einer Parklücke. Mit den Fußpedalen schwenkt er den Heckrotor, mit der linken Hand greift er an die Propellerverstelleinrichtung, mit der rechten bedient er den Steuerknüppel zwischen seinen Knien, und schon fliegen wir direkt auf die Bergwand auf der anderen Seite des Tals zu. Weil er seinen letzten drei Passagieren – einer relativ leichten Fracht – gern ein bisschen Nervenkitzel bieten möchte, lässt er uns lange auf das Abdrehen warten. Wir krachen schon fast gegen die senkrechte Felswand, als er den Hubschrauber endlich steil nach oben zieht. Meine Wangen sacken nach unten, während ich von der Gravitationskraft in meinen Sitz gedrückt werde. Wir fliegen auf den Pass zu und kommen problemlos darüber hinweg, dann steuert der Pilot hart nach rechts, der Helikopter liegt fast auf der Seite, bevor er ihn wieder ausrichtet und knapp über dem Berg hinwegsinken lässt. Gekonnt fliegt er die Maschine, als wäre sie eine Verlängerung seines eigenen Körpers. Am Ende eines Tals steuert er hart nach links und setzt unvermittelt neben der Quintin-Hütte für geführte Wanderer zur Landung an.

Bis wir drei Nachzügler in der Dumpling-Hütte ankommen, die etwas weiter unten am Track steht, ist es dunkel, und unsere »freien« Wanderkameraden liegen schon im Bett. Nur Amazon Woman ist noch auf, weil sie ihrem Exfreund in einem Brief von den Erlebnissen des Tages berichten will. Das wühlt sie auf, sie schwatzt mir die Ohren voll und erzählt mir unter Tränen, dass sie ihren Job gekündigt habe, um zu ihrem Freund zu ziehen, dann aber feststellen musste, dass er eine Affäre mit einer anderen hatte. Ich hatte gar nicht bemerkt, dass passend LONELY GIRL auf ihre Stirn tätowiert ist. Schon seltsam, wie gut wir unseren Kummer meist verbergen.

Dann fragt sie mich, ob ich ein Foto von ihr schieße, wie sie in ihr Tagebuch schreibt, genau genommen mehrere Fotos aus verschiedenen Blickwinkeln.

»Nur zur Sicherheit«, sagt sie, während sie sich die Haare richtet und – noch immer in ihren Hot Pants – posiert.

Am letzten Tag unserer Wanderung über den Milford Track ist der Himmel zum ersten Mal halbwegs klar. Das schöne Wetter hat eine Unmenge Touristen in kleinen Flugzeugen angelockt. Während ich zum Milford Sound absteige, sehe ich neun einmotorige Maschinen, die hintereinander das Tal hinauffliegen, eine echte Invasion aus der Luft. Ich habe die letzten Jahre in Norwegen verbracht, und so ist es für mich ein Schock, dass ich in ähnlichen Bergen in Neuseeland einen derartigen Touristenstrom erlebe. An diesem Morgen zähle ich insgesamt 27 Flugzeuge, die über mich hinwegfliegen. Mit jedem laut dröhnenden Flieger schwindet der Zauber, durch den urzeitlichen Wald zu wandern, ein Stückchen dahin.

Milford Sound

Es ist fast 17 Uhr am Milford Sound. Die Touristenhorden sind nach Queenstown oder Te Anau zurückgekehrt, und inzwischen ist der Fjord nicht mehr von Touristenbooten überfüllt wie früher am Nachmittag. Das Hafengebäude ist leer bis auf eine bunt zusammengewürfelte Gruppe, die auf die Motorsegeljacht und die nächtliche Fahrt durch den Milford Sound wartet. In dieser Gruppe lerne ich ein deutsches Paar kennen, Gert und Gisela. Er ist Neurochirurg, sie hat den Doktortitel und arbeitet bei einer pharmazeutischen Firma. Sie sind eindeutig verliebt, weil sie sich ständig berühren. Die Gegenwart von Verliebten und ihre Zärtlichkeiten machen mich wahnsinnig. Manchmal kann einem schon Händchenhalten wie eine Intimität vorkommen. Ihre in der Öffentlichkeit ausgetauschten Zärtlichkeiten verstärken bei mir das Gefühl der Einsamkeit.

Sie fragt mich: »Fühlst du dich denn nicht einsam, wenn du so ganz allein reist?«

»Nein«, antworte ich tapfer, obwohl ich jeden Augenblick in Tränen ausbrechen könnte. Im Prinzip lerne ich gern Leute kennen, aber jetzt brauche ich Ruhe zum Nachdenken. Die Zeit heilt alle Wunden, sagt man, und durch die Regenwälder zu wandern, ist die ideale Umgebung dafür. »Ich reise gern allein«, sagte damit aber nicht die ganze Wahrheit. Sie schaut mich an und lächelt. Sie weiß, dass ich lüge.

Wir gehen an Bord, und das Schiff legt vom Dock ab. Der Sound ist dunkel und grau, weil die Sonne von den tief hängenden Wolken verdeckt wird. Schon nach wenigen Minuten erblicken wir Seehunde und dann auch Pinguine. Ganz fasziniert stehe ich im Bug mit ein paar anderen, die sich von dem Nieselregen ebenfalls nicht schrecken lassen. Wilde Wasserfälle stürzen senkrechte Felswände herab, und trotz der ungeheuren Wassermenge ist der Gischt, lange bevor das herabtosende Nass auf die Meeresoberfläche trifft, verdunstet. Seit Wochen hat es heftig geregnet und geschneit. Gewaltige Wassermassen stürzen von den Bergen herunter. Genau das ist die Natur, die man sich ansehen sollte. Selbst die längeren norwegischen Fjorde können nicht mit derart ungezähmter Wildheit aufwarten.

Schweigend stehen Gisela und Gert mit mir im Bug. Das mit einer Stahlhülle verstärkte Boot manövriert hin und wieder unter Felsüberhängen, dann unter dem Gischt der Wasserkaskaden hindurch. Wir legen das kurze Stück durch den Fjord zum Tasmanischen Meer zurück, wo unsinnigerweise die Segel gesetzt werden. Das Schiff kracht in die hohen Ozeanwellen, gewaltige Brecher, die jene von uns, die noch immer an Deck ausharren, mit salzigem Gischt durchnässen. Schließlich machen wir kehrt und steuern wieder den schützenden Fjord an, fahren unter tief hängendem Nebel hindurch bis zur ruhigen Harrison Cove, wo wir vor Anker gehen. Bei Einbruch der Dunkelheit wird in der Messe das Abendessen serviert. Um elf Uhr wird der Generator abgeschaltet.

Die Kulisse ist zu spektakulär, um die Zeit mit Schlafen zu vergeuden. Ich steige wieder aufs Vorderdeck und starre über den Milford Sound: Falte um Falte zerklüfteter Berghänge vor einem unbeeindruckten Wolkenhintergrund. Wie bei einem Abzug einer Schwarz-Weiß-Fotografie, den man zu früh aus der Entwicklerlösung genommen hat, hat die überirdisch schöne Kulisse jede Spur von Schärfe verloren und ist nur noch eine unendliche Abstufung langweiliger Grautöne. Die Berggipfel von rund 2.000 Meter Höhe, hier und da vom Licht eines zum Teil verdeckten Vollmonds beschienen, sind durch den Dunst und die Wolken kaum erkennbar.

Ich merke, dass jemand hinter mir steht, drehe mich um und sehe Gisela. Sie berührt mich sanft an der Schulter und wünscht mir eine gute Nacht. Ich denke mir, dass sie sich, obwohl sie jetzt mit Gert zusammen ist, wohl daran erinnert, wie es ist, allein zu sein. Eine kleine, mitfühlende Geste wie diese kann so viel bedeuten. Obwohl sie geht, ist es, als sei sie noch bei mir.

Exotische Geräusche dringen vom Ufer herüber und zerreißen die nächtliche Stille: die Rufe von Kuckuckskäuzen (den hier heimischen Eulen), Kiwis, Kakas, Tuis, Makomakos und Pinguinen. Das Echo der Schreie schallt über die geschützte Bucht, hallt von den steilen Felswänden wider. Man kann sich unschwer Captain Cook auf seinem Segelschiff vorstellen, das in ebendieser Bucht still vor Anker lag, während die gleichen unheimlichen Laute die Schiffsmannschaft in Angst und Schrecken versetzten. Oder aber die Maori auf ihrer Suche nach pounamu, der Jade, die für sie von so großem Wert ist. Es hat sich wenig verändert, seit die Wälder die tief eingegrabenen Gletschertäler nach der Eiszeit vor 10.000 Jahren erobert haben. Der wie Glas wirkende Fjord wird von unzähligen winzigen Regentropfen gesprenkelt. Inmitten dieser großen Trübsinnigkeit bin ich völlig unbedeutend.

Ich kann nicht schlafen, mir schwirren zu viele Gedanken durch den Kopf. Ich steige aus meinem Bett und gehe an Deck. Gisela steht schon da, und ich möchte sie nicht stören. Eigentlich kann man nicht sagen, wann genau die Morgendämmerung anbricht. Eine etwas veränderte Grautönung kündigt sie an. Die Kulisse wird durch eine hauchfeine Nebelschicht verschleiert, und dennoch werden die Sinne nicht abgestumpft. Es ist eine Welt voller Zauber und Omen.

»Wunderschön, nicht wahr?«, sagt Gisela, ohne sich umzudrehen.

»Ja.«

»Es erinnert mich an Norwegen.«

»Du warst in Norwegen?«, frage ich. Das hatte sie bis jetzt nicht erwähnt, obwohl ich erzählt hatte, dass ich in Norwegen gelebt habe.

»Ja«, antwortet sie und dreht sich, um mich anzusehen. »Und du, wie lange warst du dort?«

»Fünf Jahre.«

»Warum bist du fortgegangen?«

Ich starre in die tiefsten Winkel des Fjords, wo die Grenze zwischen Wasser und Felswand nicht auszumachen ist. »Wegen der langen Winter«, überlege ich. »Nicht wegen der Kälte, sondern wegen der Dunkelheit und des fehlenden Sonnenlichts ...« Die Erinnerung lässt mich innerlich frösteln, und der noch immer schmerzliche Gedanke an eine beendete Beziehung macht die Sache nicht besser. »Es ist fast ein Klischee, aber ich kann es nicht anders beschreiben: Es war, als würde ich langsam absterben wie eine Pflanze, die wegen des Lichtmangels dahinwelkt.« Selbst jetzt spüre ich noch die krankhafte Angst. Ich kann das Gefühl bewusst heraufbeschwören, das dieses langsame Hereinbrechen der Dunkelheit auslöst, wenn die Tage immer kürzer werden, bis sie so kurz sind, dass es selbst mitten am Tag kaum hell wird. »Ich habe das nicht mehr ertragen. Ich brauche Sonnenlicht. Farben. Es ist schwierig zu erklären, wenn man das monatelange Fehlen von Sonnenlicht nicht selbst miterlebt hat. Mit jedem Winter ist es schlimmer geworden.«

Ich wende den Blick vom Fjord und schaue sie an. »Ganz anders der Sommer. Es ist, als müsse die Natur so viel wie möglich in die zwei Sommermonate packen. In Norwegen sind die Winter eine eisige Hölle, die Sommer dagegen das Paradies.« Es fällt mir nicht schwer, die wunderbaren Erinnerungen wachzurufen. »Wir sind die meiste Zeit mit einem Zelt, einem Gaskocher und Proviant durch die Berge gewandert. Dabei kommt einem jedes Zeitgefühl abhanden. Die Zeit verliert ihre Bedeutung, wenn die Tage kein Ende nehmen. Manchmal sind wir bis vier Uhr morgens gewandert und haben dann bis mittags geschlafen. Manchmal haben wir auch gar nicht geschlafen.« Sosehr mir die Erinnerung an die Winter Angst einjagt, so sehr erfüllt mich der Gedanke an die kurzen Sommer mit Freude. Ich schweige, hänge meinen Erinnerungen nach.

Gisela bricht das Schweigen. »Sie wollte nicht fort aus Norwegen?«, rät sie. Bewusst blickt sie zur Seite und starrt in die hypnotisierende Weite des Fjords.

»Norweger hängen an ihrer Heimat«, antworte ich, als ob damit schon erklärt wäre, warum unsere Beziehung scheiterte. Viele andere Faktoren hatten ebenfalls eine Rolle gespielt. Eher intuitiv als rational war ich zu dem Schluss gekommen, dass es so nicht weitergehen könne. Diese kurze Zusammenfassung ist jedenfalls nicht geeignet, die Angst zweier Liebenden zu beschreiben, die sich fragen, ob sie Schadensbegrenzung betreiben sollen, ob sie vielleicht zu früh aufgeben. Wie kann man diesen schwierigen Balanceakt schaffen? Ich hatte nie zuvor eine solch ungeheure Einsamkeit erlebt, solch intensive Momente des Glücks wie in den Jahren mit Kirsten in Norwegen.

Gisela fragt nicht weiter, sodass ich meine Gedanken von meinen Erinnerungen weg auf etwas anderes lenken kann.

Von unserem Motorsegler werden Kajaks herabgelassen, und ich paddle davon, bis zu den steilen Felswänden des Fjords. Ich lehne mich ganz zurück, bis mein Kopf auf dem Heck des Kajaks liegt, und schaue zur Spitze des Cascade Peak hinauf, der 1.200 Meter über mir aufragt. Wasser springt von einem Felsvorsprung dieser senkrechten Wand aus glitzerndem dunklem Gestein zum nächsten und verwandelt den ganzen Berg in ein Spitzenkunstwerk aus herabstürzendem Nass. Ich richte mich wieder auf. Ein Seehund rollt sich vergnügt im Wasser. Drei Stockenten tauchen aus dem Dunst auf und stoßen wie geräuschlose Phantomjets herab. Mit nach oben gerichteten, schräg gestellten Flügeln, die sich von der Leere hinter ihnen abheben, mit ausgestreckten Schwimmfüßen landen sie wie auf einem ausgeklappten Fahrwerk auf der glatten Wasseroberfläche, die so eben ist wie das Stahldeck eines Flugzeugträgers. Dünne Nebelschwaden hängen in der impressionistischen Landschaft. Ich möchte das alles aufnehmen, es irgendwie bei mir behalten. Aber nicht durch Fotos – sie würden dem Erlebnis nicht gerecht werden.

Von ein paar Paddelbewegungen beschleunigt, treibe ich über das Wasser. Es ist unmöglich, dass einem inmitten dieser rauen, stillen Wildheit das Herz nicht schwer wird. Meine Finger gleiten durch das weiche Wasser, streicheln es, aber die Geste ist so leer, als würde man versuchen, jemanden bei der Hand zu halten, der gar nicht mehr da ist.

Die große Traverse: die Tracks von Caples nach Routeburn

Wieder schüttet es wie aus Kübeln. Auf ihrem Weg nach Te Anau setzen mich Gert und Gisela an der Devide ab, einem Pünktchen auf der Landkarte, wo es außer einem Unterstand nichts gibt. Ich warte mehrere Stunden lang – inzwischen wird der über die Straße hängende Schnee, der als Lawine abzugehen droht, vorbeugend »bombardiert« –, zögere aber immer noch, in den Regen und den aufgeweichten Wald hinauszuwandern. Ich mache Dehnübungen, packe meine Kleider um und beobachte die Busladungen voller Touristen, die auf ihrem Weg zum Milford Sound hier vorbeikommen. Die meisten Touristen aus Asien schlafen, vom Jetlag geplagt, tief und fest mit zurückgelegtem Kopf und weit offen stehendem Mund, oder sie haben die Stirn an die Fensterscheibe gepresst.

Ein DOC-Versorgungsfahrzeug fährt beim Unterstand vor, der Fahrer hat einen Bürstenhaarschnitt, einen langen Pony und an einem Ohr mindestens ein Dutzend Ohrringe. Ich erkenne ihn als den Wart der Dumpling-Hütte am Milford Track wieder. Er stellt mir einen Mann mit Rastazöpfen und Dreadlocks vor, den Wart der Lake-Howden-Hütte am Routeburn Track.

»Was tun Sie hier?«, frage ich den Wart der Dumpling-Hütte.

»Ich habe ein paar Tage frei, da gehe ich ein bisschen wandern und besuche meinen Freund.«

Ist den DOC-Hüttenwirten noch zu helfen? Sie arbeiten in abgelegenen Hütten, und wenn sie mal frei haben, dann spazieren sie durch den Busch! Im Vergleich zu ihnen wirke ich ja geradezu wie eine Persönlichkeit des öffentlichen Lebens.

Der mit den Rastazöpfen hat ein Jagdgewehr mit Zielfernrohr dabei. Die beiden Männer haben ein böses Glitzern in den Augen, das ihnen eindeutig ein moralisch fragwürdiges Aussehen verleiht, wozu auch ihre wilden Frisuren beitragen. Ich bin mir nicht sicher, ob sie es darauf anlegen, wie urwüchsige Appalachen auszusehen, oder ob das bei ihnen naturgegeben ist.

»Ihr beide seht aus, als kämt ihr direkt aus *Deliverance*«, stelle ich fest und dichte meinen Rucksack gegen den Regen ab, indem ich die Schutzhülle fest darüber ziehe. »Wozu denn das Gewehr?«

»Um Leute wie dich abzuknallen, die ihre DOC-Hüttenmiete nicht bezahlt haben«, spottet der Rasta. Er schiebt sich die Locken aus dem Gesicht, und plötzlich sieht er noch unheimlicher aus.

»Jetzt im Ernst!«

»Wir jagen eingeführte Arten.«

»Wie Hirsche?«

»Wie Touristen«, antwortet der andere.

»Ist jedenfalls besser, als mit ihnen zu quatschen«, lacht der Rasta und schultert das Gewehr. Er kramt eine Schachtel voll Munition hervor.

»Wir geben dir ein paar Stunden Vorsprung«, sagt der Dumpling-Hüttenwart.

»Sehr witzig.« Ich schwinge mir den Rucksack auf den Rücken und verziehe mich, dabei werfe ich hin und wieder einen vorsichtigen Blick über die Schulter. Das tun sie doch nicht wirklich, oder?

Sie brüllen hinter mir her: »Jede eingeführte Art, die nicht zu einer Farm gehört, ist schädlich. Man kann sie abschießen, selbst wenn man keine Jagdlizenz hat!«

Ich beschleunige meinen Schritt. Die Tracks führen nicht über Farmland, und als Tourist bin ich schließlich eine exotische Art, genau wie der Weißwedelhirsch, der Rothirsch, das Damwild, Wapiti und Gemsen, Schweine, Ziegen, Opossums, Ratten und Wiesel. Selbst die Bach- und die Regenbogenforelle sind nicht heimisch. Erst unter dem beruhigenden Einfluss des Waldes lässt die leichte Panik nach, die die Scherze bei mir ausgelöst haben. Es ist unmöglich, nicht das überwältigende Gefühl des Wohlbefindens zu spüren, als würde mein Körper instinktiv wissen, dass wir ohne diese Bäume nicht leben könnten.

Der Caples Track, der nicht als eine der »großartigen Wanderrouten« gilt, zweigt vom Greenstone Track ab. Das erste unheilvolle Zeichen ist eine eingestürzte, halb im Fluss verschwundene Fußgängerbrücke. Der Weg ist überwuchert und sieht nicht so aus, als sei ihn jemand in letzter Zeit gegangen. Ich wate durch Schlamm und wadentiefes Wasser. Meine Stiefel und Socken sind bereits klatschnass – und ich habe die Wanderung gerade erst angetreten. Ich muss über umgestürzte Baumstämme klettern, unter ihnen hindurchkriechen und Hochwasser führende Flüsse durchqueren – ein Hindernislauf bei der Ausbildung einer Spezialtruppe, der dazu dienen soll, den Willen der Untauglichen und Ungeeigneten zu brechen. Ja, warum eigentlich nicht? Ich bin schließlich in einer Wildnis, durch den tipptopp gepflegten Milford Track nur einfach verwöhnt.

Ich kämpfe mich einen steilen Weg hinauf, der streckenweise nicht einmal als Pfad bezeichnet werden kann, weil er so von verhedderten Wurzeln, losen Steinen und herunterhängenden Zweigen überzogen ist. Wasser schießt in Sturzbächen herab und macht den Boden glitschig wie eine nasse Rutsche. Mir rinnt der Schweiß, und ich kann unmöglich glauben, dass ich zum Spaß hier bin. Ein junger Baum schnellt zurück und mir ans Ohr, ich stolpere und steche mir die Hand an einem dünnen Stumpf. Ich bringe mich noch selbst um, wenn ich diesen Weg weitergehe. Die beiden Hüttenwarte brauchen mich gar nicht mehr zu jagen. In vielen Jahren, wenn der DOC den Caples Track zu einer »großartigen Wanderroute« erhebt, wird man ein unter einem schweren grünen Rucksack liegendes Skelett finden. Ein handgeschriebener Zettel in meinen knochigen Fingern wird kundtun, wem ich meine Reichtümer vermache. Allerdings sind diese dann auf meinem Rücken schon längst verrottet.

Trotzdem erreiche ich erstaunlicherweise am Ende doch die Passhöhe. Noch überraschter bin ich, als ich feststelle, dass ich lächerlich leicht über einen Plankenweg laufe, der mit Hühnerdraht überzogen ist und sich durch stellenweise hohen Schnee schlängelt.

Selbst wenn ich es gewollt hätte, ich konnte auf diesen waagrechten Brettern gar nicht ausrutschen – ich hätte blind weiterlaufen können. Auf einer Informationstafel steht, dass es verboten ist, den Weg zu verlassen, der zum Schutz des empfindlichen Ökosystems angelegt wurde.

Im Gegensatz zum Aufstieg ist der Abstieg auf der anderen Seite des Passes, an dem schöne, von der Natur modellierte grüne Felsen aufragen, angenehm. Bald bin ich so weit unten angelangt, dass kein Schnee mehr liegt. Wasser ergießt sich sacht in einer Reihe felsgesäumter Wasserfälle in Tümpel, die von Farnen eingefasst sind. Das plätschernde Wasser des Bächleins ist klar, hat eine leicht jadefarbene Tönung und macht einen sanften, überirdischen Eindruck, als sei das Ganze mit verwischten Pinselstrichen gemalt worden. Das alles sieht verdächtig nach einem künstlichen, prächtigen und ziemlich extravagant angelegten japanischen Garten aus.

Bei der Upper-Caples-Hütte dröhnen meine Schritte laut über die Holzveranda. Ich ziehe meine schmutzigen Stiefel aus und trete ein. Vier junge Kiwis, zwei Mädchen und zwei Jungen, beachten mich gar nicht und spielen weiter Karten. Ich könnte mir die Mühe machen, mit ihnen eine Unterhaltung anzufangen, aber ich bin einfach zu erschöpft.

Zwei junge amerikanische Wanderer kommen an. Sie brechen das Eis und unterhalten sich mit den vier Karten spielenden Kiwis, die sich als Studenten der Zahnmedizin aus Dunedin entpuppen. Ich lausche dem Gespräch über amerikanische Talkshows. Die zukünftigen Zahnärzte prahlen damit, dass sie sich alle diese Shows ansehen. »Wenn eine läuft, während wir im Seminar sind, nehmen wir sie auf und sehen sie uns später an. Unglaublich, was Amerikaner im Fernsehen so alles tun und sagen.« Ihr Tonfall ist verächtlich, als würde die Tatsache, dass sie sich solchen Mist eifrig anschauen, nicht auch auf sie ein negatives Licht werfen.

Als ich am nächsten Tag bei der Lower-Caples-Hütte ankomme, setzt wieder Schneeregen ein. Ich bin noch von der gestrigen Anstrengung erschöpft, feure den dickbäuchigen Kohleofen an, verkrieche mich in meinen Schlafsack und kämpfe mich durch alte Ausgaben von *Reader's Digest*. Das jüngste Exemplar ist 20 Jahre alt. Draußen donnert und hagelt es, aber hier ist es so richtig mollig warm und gemütlich. Der Sauerstoffmangel durch den brennenden Ofen macht mich schläfrig, und ich nicke mit einem *Reader's Digest* auf meinem Gesicht ein. Bei Einbruch der Dunkelheit weckt mich der Hüttenwart und will meinen Hüttenpass sehen. Ich bin der einzige Wanderer hier, und er lädt mich ein, mit ihm und seiner Begleiterin, einer Hüttenwartin vom Routeburn Track, die dienstfrei hat, selbst gebrautes Bier zu trinken. Mehrere Stunden später stolpere ich, den Magen voll mit frisch erlegtem und wohl schmeckend zubereitetem Hasenfleisch und mit wachsendem Respekt gegenüber der Großzügigkeit und Gastfreundschaft der Kiwis, gut gelaunt in die Hälfte der Hütte zurück, die Wanderern vorbehalten ist.

In der Broschüre über den Routeburn Track ist unter dem Abschnitt »Gefahren im Winter« zu lesen: »Das oberhalb von Lake Harris stufenförmige Gelände, über das der Track führt, wird zu einem gefährlichen Steilhang, über den Lawinen hinweggehen. Die Hollyford Face bedecken hohe Schneeverwehungen. Der Serpentinenweg oberhalb von Lake MacKenzie gefriert und ist von einer Eisschicht bedeckt ... Zwischen Earland Falls und Routeburn Falls können Lawinen abgehen, insbesondere zwischen Spätwinter und Frühling und vor allem nach heftigen Regen- und Schneefällen.«

Klasse! Ich bin im Frühling bei den schwersten Regen- und Schneefällen der letzten Jahrzehnte hier. Das garantiert aufregende Wandertouren. Ich hätte Steigeisen und einen Eispickel mitbringen sollen. Und einen Helm.

Da ich in Regen und Schnee unterwegs bin, welche die Ausblicke, für die der Routeburn Track berühmt ist, in dichte Schleier hüllen, bleibt mir nichts Besseres zu tun, als laut ein lakonisches »Ah yeah« im Kiwi-Akzent zu üben. Den ganzen Tag über, während ich durch den Regenwald stapfe und die gefährlich steilen, vereisten Hänge hinaufklettere, über die Lawinen abgegangen sind, sage ich mir immer wieder wie ein Mantra »Ah yeah« vor. Ich verändere die Modulation meiner Stimme, die Aussprache, den Tonfall und das Timbre. Manchmal schaffe ich es, dass mehrere »Ah yeahs« hintereinander beinahe wie in Kiwi klingen, und dann kann ich es plötzlich nicht mehr und sage »Ah yeh« oder »Ah yuh« oder »Ah yah« oder sogar »Ah ye.«

Beim Harris Saddle esse ich mein Picknick, zum größten Teil Schokoladenriegel. Während heftiger Schneefall auf mich niederprasselt, führe ich Selbstgespräche mit dem Ziel, so oft eine Antwort mit »Ah yeah« geben zu müssen, wie es im zwischenmenschlichen Umgang nur denkbar ist. Wenn ich noch ein paar Tage allein unterwegs bin, werde ich sicher zum babbelnden Idioten. Jeder heimliche Lauscher hätte diese Schlussfolgerung schon jetzt gezogen.

Mitglieder einer fluoreszierend gekleideten japanischen Familie kommen an mir vorbei, während ich meinen dritten Schokoladenriegel mampfe. Sie stemmen sich gegen den Wind und halten die Hände vors Gesicht, um sich vor den niederprasselnden Hagelkörnern zu schützen. Sie haben ihre private Kiwi-Führerin, die ein quäkendes Funkgerät mit sich trägt. Auf dem Routeburn Track gibt es genau wie auf dem Milford zwei Klassen Wanderer, nur dass sie hier in beide Richtungen laufen dürfen. Der Sohn der Familie bleibt stehen, um mit mir zu reden, denn er ist entschlossen, sein Englisch zu verbessern. Ich mime den coolen Kiwi und antworte auf seine Fragen mit »Ah yeahs«, die der Sache schon ziemlich nahe kommen. Er hält mich für echt und stellt mir weitere Fragen. Leider kann ich nichts anderes in Kiwi sagen, deshalb beantworte ich alle seine Fragen, gleich welcher Art und auch wenn es die falsche Antwort ist, mit »Ah yeah«. Schließlich gibt er auf und rennt durch den Hagel seiner Familie hinterher.

Ich folge den Serpentinen den vereisten Hang hinunter, durch den verschneiten üppigen Regenwald, der hier so dicht ist, wie ich ihn in Neuseeland noch nirgends gesehen habe. Weiter unten, fast auf der Höhe von Lake MacKenzie, inmitten des grünen Dickichts, wo das Wasser von Sträuchern, Lianen und Farnen auf den Waldboden tröpfelt, bin ich das Einzige, das nicht leuchtend grün ist. Kleine Wasserläufe und Rinnsale sind mit blühenden Schichten von Moosen, Flechten, Leberblümchen und hauchzarten Farnen bedeckt. Sie bilden eine feuchte Unterwelt, in der sich Feen bestimmt wohl fühlen. Das grüne Polster schluckt die Geräusche der nahen Wasserfälle.

Als ich in der Lake-MacKenzie-Hütte ankomme, will der Hüttenwart meinen Pass sehen.

»Sie sind Engländer, nicht wahr?«, frage ich.

»Nein, Kiwi.«

»Ah yeah«, gelingt es mir endlich einmal phonetisch korrekt zu sagen. »Seit wann?«

»Ah yeah, seit vier Jahren?« Er hat die typische Kiwi-Intonation, hebt also am Ende eines jeden Satzes die Stimme, anscheinend aber übertrieben. Zumindest beherrscht er die richtige »Ah yeah«-Abwärtsintonation, was schon mehr ist, als ich für mich behaupten kann, obwohl ich es den ganzen Tag geübt habe.

»Ah yuh, Sie haben den Akzent aber schnell angenommen«, sage ich und vermassle das »Yeah« schon wieder.

»O ja, so merken die Kiwis nicht gleich, dass ich ein Loopy bin.«

»Loopy?«, wiederhole ich und klinge dabei wie ein Nordamerikaner. Er sieht für mich gar nicht nach Loopy aus.

»Loopy heißt Ausländer. So wie du«, meint er selbstgefällig.

Kepler Track

Wieder zurück in Te Anau, mache ich mich nach einem Tag Rast zur Tour um den See auf. Es ist ein windiger, klarer Tag, und es tut gut, sich wieder zu bewegen und einen neuen Track in Angriff zu nehmen. Das ist das Gute am täglichen stundenlangen Wandern: Ich bin so müde, dass ich abends trotz der Gedanken, die mir durch den Kopf gehen, als ob ich das ausgefranste Ende eines Fadens durch ein Nadelöhr ziehen wollte, augenblicklich einschlafe. Das Geräusch der Wellen, die rhythmisch ans Ufer schlagen, ruft mir das Zelten an Seeufern im Norden Ontarios in Erinnerung, aber das laute Gekrächze unbekannter Vögel verleiht dem Ganzen etwas Exotisches. Am anderen Ende des Sees steige ich einen breiten Weg hinauf, der mit einem Teppich aus feinen braunen Buchenblättern und den Nadeln heimischer Koniferen wie des Rimu – der bis zu sechs Meter hoch wird –, des Miro und Kamahi bedeckt ist. Ich bleibe stehen, um einen winzigen Vogel zu beobachten, ein Zwergschlüpfermännchen, das ein Weibchen jagt: Sie tauchen aus den hängenden Ranken und dem dichten Moos auf und verschwinden wieder, flattern um Baumstämme und durch die Farne. Weiter oben endet der Weg auf über 1.000 Meter Höhe abrupt in weiten Wiesen aus gelbbraunem Tussock-Gras, dessen Büschel aus dem Schnee herausragen.

Während ich mir in der Mount-Luxmore-Hütte am Kepler Track das Essen zubereite, bietet mir Eisaku, ein junger Japaner, ein Sushiröllchen an: in Reis gewickelte knusprige Lachshaut. Er setzt sich zu mir und erzählt. »Ich habe acht Monate in Auckland studiert. Jetzt wandere ich durch Neuseeland.« Er ist nachdenklich. »Yeah«, fügt er mit perfekter Kiwi-Betonung hinzu. »Ich möchte gern hier bleiben. Vielleicht finde ich ja einen Job. Ich mag Neuseeland.«

Eisaku bestätigt das Klischee vom Japaner als Workaholic, indem er gewissenhaft ein Buch voller Algebraaufgaben durcharbeitet.

»Macht Spaß!«, meint er. Für mich sind das unverständliche Hieroglyphen. Vergeblich versuche ich mich an der Lösung einer Aufgabe, was ihn sehr belustigt.

Draußen schneit es heftig.

Es muss die ganze Nacht über geschneit haben, denn am Morgen liegen mehrere Zentimeter Neuschnee. Das entspricht nicht dem, was ich mir vorgestellt hatte, als ich vor dem bevorstehenden Winter der Nordhalbkugel in den neuseeländischen Sommer geflohen bin. Obwohl allerorten vor dem wechselhaften Wetter in den Bergen gewarnt wird, sind viele der Touristen, die mit dem Rucksack durch Asien und Ozeanien ziehen, für solche Witterungsbedingungen kaum gerüstet. Der Hüttenwart, wiederum ein pensionierter Lehrer, rät jenen, die nur mit Sportschuhen, Jeans und kleinen Rucksäcken ankommen, nach Te Anau zurückzukehren. Andere bleiben in der Hütte und warten auf besseres Wetter.

Ich entscheide mich weiterzugehen, und in gewisser Weise freut es mich, dass die anderen sich nicht auf dem Weg drängeln. Eisaku fragt, ob er sich mir bis zur nächsten Hütte anschließen kann. Ich leihe ihm meine Ersatzhandschuhe und eine Wollmütze, denn schon aus Sicherheitsgründen empfiehlt es sich, zu zweit zu gehen. Schließlich steigen wir die exponierten Bergkämme hinauf, für die dieser Track berühmt ist. Die Route ist schneebedeckt und an manchen Stellen durch hohe Verwehungen blockiert. Bei gutem Wetter bietet der Kepler Track spektakuläre Ausblicke nach beiden Seiten, aber heute ist es bitterkalt, und der Wind pfeift mit Sturmstärke. Wir sind deutlich oberhalb der Baumgrenze, und nichts kann uns vor den Windstößen schützen. In 1.500 Meter Höhe, wo ein schmaler Sattel zwei Berggipfel mit steilen, eisigen Abhängen verbindet, sind die Windböen so stark, dass sie mich trotz des Gewichts meines schweren 100-Liter-Rucksacks aus dem Gleichgewicht bringen.

Man sieht so gut wie nichts. Ich verlangsame meine Schritte, lasse mir Zeit, den Weg durch den Neuschnee zu bahnen, und achte stets darauf, dass Eisaku in Sichtweite nur wenig hinter mir ist. Wir kämpfen uns durch knie- und hüfthohe verharschte Schneeverwehungen, die über die Kammlinie überhängen, und folgen dem durch herausragende Stahlstangenspitzen undeutlich markierten Verlauf des Wegs. Der Wind nimmt zu und drückt gegen die Kapuze meiner Goretex-Jacke. Die wasserdichte Abdeckung meines Rucksacks mit Außenrahmen schlägt immer lauter wie ein Hauptsegel im Wind, der Orkanstärke hat. Sonst kann ich kaum etwas hören. Der Weg schlängelt sich hin und her, führt mit einer solchen Regelmäßigkeit mal bergauf, mal bergab, dass man sich auf einer Achterbahn wähnt, und der Wind, der uns ins Gesicht bläst, verstärkt diesen Eindruck. Der Weg fordert unsere ganze Aufmerksamkeit, bis wir uns wieder unterhalb der Baumgrenze im Schutz des Waldes befinden.

In der Iris-Burns-Hütte schnauzt uns der bärtige Hüttenwart an: »Räumt morgens gefälligst auf! Ich bin nicht eure Mutter, verdammt.« Er wirft uns einen bösen Blick zu. Die anderen Wanderer sind aus der entgegengesetzten Richtung das Tal heraufgekommen und müssen noch über die exponierten Palisaden der Keplers. »Heute Morgen musste ich hinter einem Haufen Israelis herrennen, die ihren ganzen Müll hier liegen gelassen haben. Hab sie beim Rainbow Reach gepackt.« Er wirft einen düsteren Blick in die Runde. Nach den betretenen Gesichtern und gesenkten Blicken zu urteilen, wird hier am Morgen alles tipptopp sein. Keiner möchte, dass er mit unserem vergessenen Müll hinter uns herrennt. Er überlässt es unserer Fantasie, uns vorzustellen, was er mit den Israelis gemacht hat. Sich an Eisaku und mich wendend, sagt er: »Über euch beide haben wir uns schon Sorgen gemacht. Zum Glück habt ihr es über den Pass geschafft. Bin voll im Bilde, Leute. Hab um drei Uhr heute Nachmittag per Funk mit der Mount-Luxmore-Hütte gesprochen und sie kaum verstehen können. Wegen des Schneesturms. Das schlimmste Frühlingswetter, das wir seit über zehn Jahren hatten.«

Und das will in Fiordland schon etwas heißen!

Am nächsten Morgen schäle ich mich erwartungsfroh aus meinem warmen Schlafsack und wasche mir das Gesicht mit eiskaltem Wasser. Zwar gefalle ich mir im Selbstmitleid wegen der widrigen Wetterbedingungen, aber es täte mir doch gut, wenn ich den Ausblick auf die umliegenden Berge genießen könnte. Das Wetter ist immerhin besser als gestern – die Wolkenschicht hängt oberhalb der Berggipfel. Ich beschließe, über die Bergkämme zurückzugehen, anstatt den Weg hinunter ins Tal fortzusetzen. So verrückt das auch erscheinen mag, ich will unbedingt die Keplers noch einmal sehen, und zwar an einem klareren Tag.

Eisaku will den Rundweg fortsetzen. Er schenkt mir ein japanisches Fertiggericht, erklärt mir, wie es zuzubereiten ist, und verabschiedet sich mit den Worten: »Bitte sei sehr vorsichtig.« Sie klingen mir noch eine Weile in den Ohren, nachdem ich frohgemut allein aufgebrochen bin. Die Flecken klaren blauen Himmels geben den Blick auf frische Schneeverwehungen und leuchtend weiße Gipfel frei, die sich über den Bergkämmen erheben wie Ozeanbrecher, deren Schaumkronen unmittelbar vor dem Umschlagen schockgefrostet wurden. Sobald die Sonne hervorkommt, ist es, als wären Millionen Diamanten auf einem Bett aus Neuschnee verstreut worden. Wenn ich könnte, würde ich sie alle für einen Regentag einsammeln.

Der Weg scheint sich endlos hinzuziehen, und mein Magen knurrt vor Hunger. Ich male mir ein Abendessen aus, bestehend aus

Lammkoteletts, *kumara* (Süßkartoffeln) und Maiskolben, dazu ein Dessert aus Eiskrem mit Schokoladensoße. Unter mir kann ich Te Anau sehen, Wellblechdächer, die hübsch zwischen den sich durch das Gletscherdelta schlängelnden Flüssen aufblitzen. Ich habe solchen Hunger, dass ich das Essen in den Restaurants geradezu riechen kann. Sollte ich wirklich schleunigst etwas essen müssen, könnte ich natürlich meine Bizeps aufpumpen und wieder in das Pub mit den Spezialsammies gehen.

»Bist du der Typ, der neulich eingeschnappt das Weite gesucht hat?«, würde mich die Bedienung fragen, bevor sie mich mit einem Ringergriff in den Schwitzkasten nähme. Schon ganz schwach vor Hunger, gäbe mir dieser Unfug wahrscheinlich den Rest.

Auf dem Weg durch den Wald hinunter treffe ich Yoda, den Hüttenwart vom Milford Track. »Was tun Sie denn hier?«, frage ich, aus meinen albtraumhaften Tagträumereien gerissen.

Seine Ohren hängen beängstigend herab. Sie sehen aus, als bestünden sie oben aus Wachs und würden nun schmelzen. Er antwortet: »Ich habe heute meinen freien Tag, und da wollte ich mal um die Keplers wandern.«

Schon wieder einer von dieser Sorte! Die treiben das Konzept des LONELY GUY wahrlich auf die Spitze. Haben die DOC-Hüttenwarte denn kein Privatleben? Ich schaue ihm verstohlen nach, wie er den Weg hinaufwandert. Was geht nur in seinem Kopf vor? Was geht in meinem vor?

In Te Anau steuere ich direkt, den Rucksack noch auf dem Rücken, den Supermarkt an. Ich gebe meine letzten 50 Dollar aus und kaufe ein halbes Dutzend Lammkoteletts, Süßkartoffeln, Mais und ein paar Süßigkeiten. Ich habe seit gestern Abend nichts gegessen und bin heute mehr als 20 Kilometer gelaufen.

Schwindlig vor Hunger, eile ich zur Hütte für Rucksacktouristen, aber als ich meine Einkaufstüten in der Gemeinschaftsküche auspacke, stelle ich fest, dass die Hälfte der von mir gekauften Lebensmittel, einschließlich der Koteletts, fehlt. Ich habe jede Menge Packungen voll Orangensaft und Milch, aber die können meinen knurrenden Magen nicht füllen. Ich renne zum Supermarkt zurück und erkläre der Kassiererin verzweifelt: »Ich muss hier vor einer knappen Viertelstunde eine Tüte Lebensmittel liegen gelassen haben.« Die Tüte ist nirgends zu finden, und sie ruft die Filialleiterin.

»Haben Sie den Kassenbon?«, fragt mich die Filialleiterin gelassen.

Ich beeile mich, ihr den Papierstreifen auszuhändigen.

»Wissen Sie, welche Artikel Ihnen fehlen?« Ich nicke. »Folgen Sie mir.« Sie marschiert los, um die fehlenden Sachen zu holen, und ich laufe zwischen den Regalreihen hinter ihr her. »Solche Koteletts?«, fragt sie und fuchtelt mir mit einer Tüte vor der Nase herum, in der blutige, saftig rote Koteletts durch das Zellophan scheinen. Ich nicke und sabbere wie ein bedauernswerter Hund, den sein Herrchen einen Tag lang nicht gefüttert hat. »Im Zweifelsfall ist Nachsicht angebracht«, stellt sie gütig fest. Ich stimme ihr begeistert zu, wedele mit dem Schwanz. In der vegetarischen Abteilung erhasche ich in einem Spiegel einen Blick auf mich und stelle fest, dass ich eine wilde Wandererfrisur habe. Ich versuche, meine Haare glatt zu drücken und in eine Form zu bringen, die eher einem menschlichen Kopf ähnlich sieht als einem Rugbyball, aus dem die Luft entwichen ist.

An der Kasse gibt sie mir die volle Lebensmitteltüte, für die ich nicht noch einmal bezahlen muss. Meine Innereien fühlen sich an, als hätten sie sich verknotet: Ich kann mir nicht vorstellen, jemals in meinem Leben so ausgehungert gewesen zu sein. Wenn ich nicht aufpasse, kippe ich gleich um. Ich will mein Festmahl nicht noch weiter hinauszögern, aber ich will auch nicht, dass sie mich für undankbar hält.

Ich wische mir die Spucke aus den Mundwinkeln und frage: »Wie können Sie Ihr Geschäft halten, wenn Sie schusseligen Kunden lauter Lebensmittel schenken?«

»Ach was«, sagt sie. »Wer auch immer hinter Ihnen an der Reihe war, hat Ihre Tüte sicher versehentlich mitgenommen. Das passiert oft. Wir ersetzen dann die fehlenden Lebensmittel. Die anderen werden zurückgebracht.«

Falls ich zufällig eine zusätzliche Tüte voll Lebensmittel bei mir fände, würde ich dies als göttliche Fügung betrachten und sie behalten. »Ich weiß, wer hinter mir dran war. Ein großer Maori-Typ.«

»Er bringt sie sicher zurück. Das war bestimmt ein Irrtum.«

Ich danke ihr überschwänglich, während sie mich zum Ausgang geleitet. »Das sind echte Goldschätzchen.«

»Was?«

»Echte Goldschätze.« Sie bemerkt meinen verständnislosen Blick. »Ich meine, es ist okay. Kein Problem.«

Meine Goldschätze von Lebensmitteln fest an die Brust gedrückt, eile ich zur Hütte zurück. Ich werfe die Tüte auf den Tisch, schalte den Herd an, gebe etwas Knoblauchbutter in die Pfanne und mache mich ans Braten, wobei ich mir von den Lammkoteletts, noch während sie brutzeln, kleine Stücke abschneide. Da gibt es keine lange Knutscherei. Kein Vorspiel. Nur das gastronomische Gegenstück zum sofortigen Orgasmus.

Im Bett ausgestreckt, noch immer in postorgasmischer Seligkeit, lese ich die *Southland Times*. Die Zeitung ruht auf einem vollen Bauch, der aussieht, als wäre ich gut und gern im fünften Monat schwanger.

WANDERER KOMMT BEI STURZ UMS LEBEN

Eine dreitägige Freundschaft zwischen zwei Touristen fand gestern durch eine Katastrophe ihr jähes Ende, als einer von ihnen, ein Kanadier, bei einem Unfall in den Bergen umkam.

Der Artikel erläutert in aller Ausführlichkeit, dass die beiden in dem gleichen scheußlichen Wetter unterwegs waren wie Eisaku und ich. Der Kanadier war einen vereisten Hang hinuntergerutscht. Wäre ich bei diesem Aufstieg nicht mit Eisaku zusammen gewesen und hätte ich nicht immer wieder auf ihn gewartet, wäre ich wohl kaum so langsam gegangen. Auch bei uns hatte es jede Menge rutschiger Abhänge gegeben, die man hätte hinunterstürzen können.

Stewart Island

Abgelegen an der Südspitze der Südinsel beziehungsweise des »Mainlands«, wie die Bewohner ihren Teil des Landes zu nennen pflegen, liegt der Ort Invercargill. Die Stadt besitzt einen undefinierbaren Charme trotz der Tatsache, dass ihre Hauptstraße, die Dee Street, von Fast-Food-Lokalen, Gebrauchtwagenhandlungen – »new-in-NZ« – und Verkaufsstellen für Landmaschinen – »Toys-for-Boys« – gesäumt ist. Vielleicht hat ihr Reiz mehr mit den hier lebenden Menschen zu tun und mit ihrer nüchternen Freundlichkeit. Ich muss beim Trampen meinen Daumen nicht einmal ausstrecken, schon hält jemand an und fragt, ob er mich mitnehmen kann. Man kann sich keine gastfreundlicheren Menschen vorstellen. Vielleicht, weil Invergarcills einziger Anspruch auf Ruhm darin besteht, »den südlichsten McDonald's der Welt« zu besitzen, und die Burger einen voll dafür entschädigen.

Während ich am Flughafen auf besseres Wetter warte, um den kurzen Sprung über die Foveaux Strait zur Stewart Island hinter mich zu bringen, blättere ich träge die *Southland Times* durch. Auf der Titelseite findet sich das Foto eines englischen Kneipenbesitzers, der im Begriff ist, von Invercargill bis Cape Reinga an der Spitze der Nordinsel zu wandern. Im Gegensatz zu mir wird er buchstäblich die gesamte Strecke auf Straßen und Highways zurücklegen. Ich betrachte das Foto eingehend, weil ich neugierig bin, wie jemand aussieht, der ganz Neuseeland durchläuft. Warum nur möchte er Neuseeland lediglich vom Straßenrand aus kennen lernen?

Auf Seite zwei listet der Polizeibericht mehrere Vergehen auf, die in den vergangenen 24 Stunden verübt wurden:

- Aus einem Auto wurde ein Erste-Hilfe-Kasten entwendet.
- Zwischen Donnerstag und Samstag wurde von einem Grab auf dem Eastern Cemetery eine Rose in einem Tontopf gestohlen.
- Von einem Anwesen in der Bamborough Street wurden fünf Mohnpflanzen entwendet.
- In einer Bar in der Tweed Street wurde eine halb volle Schachtel Zigaretten mitgenommen.
- In einem Haus an der Thames Street wurde eine Brille gestohlen.
- Ein 40-Liter-Benzin-Kanister wurde von einer Farm an der Awaru Bay entwendet.
- Einem Mann wurde mit einem gefrorenen Hähnchen der Gewichtsklasse 9 auf den Kopf geschlagen, was mit sechs Stichen genäht werden musste.

Es wird nicht erläutert, ob das Hähnchen oder der Mann genäht werden musste. Dieses Vergehen wird groß in den Vordergrund gestellt, den verstorbenen Bewohnern dagegen kaum eine Spalte eingeräumt. Erschüttert lese ich: »Der Terrorserie, die zum Tod der letzten drei Kiwis auf Stewart Island geführt hat, ist am Samstag ein Ende gesetzt worden, als man zwei Hunde erschoss. Seitdem sind keine weiteren toten Kiwis gefunden worden.« Ich bin mir jetzt nicht mehr so sicher, ob ich überhaupt auf eine Insel fliegen möchte, die dem Tod ihrer Bewohner so wenig Bedeutung beimisst.

Mein Flug wird ausgerufen, und ich werde von einer Horde robuster Inselbewohner mitgerissen, die von einem Shoppingausflug aufs »Mainland« zurückkehren. Noch immer beunruhigt, zeige ich dem im Flugzeug neben mir sitzenden Kiwi den Artikel über die »Terrorserie«. »Ah yeah«, sagt er und beugt sich vertraulich zu mir. »Kiwis können nicht fliegen.« Die Bemerkung flößt mir nicht gerade Vertrauen ein. Ich blicke durch den Mittelgang und beobachte, wie die Piloten Schalter herauf- und herunterbewegen und an dem ganzen Brimborium herumfingern, das sich in jedem Cockpit findet. Ich hoffe inständig, dass diese beiden Kiwis fliegen können.

Die klapprige zweimotorige Maschine hängt unter ihrer schweren Ladung durch, das beängstigende Quietschen und Knarren deutet auf Materialermüdung hin. Wie ein verkrüppelter Falter rollt sie zur riesigen Startbahn, die beinahe so breit und lang ist wie die Dee Street. Das Flugzeug setzt sich nicht sofort in Bewegung, als der Pilot den Schubkraftregler nach vorn drückt. Langsam rollt es an und nimmt Fahrt auf, und am Ende der langen Startbahn hebt es ungeachtet aller bewiesenen Gesetze der Schwerkraft zögerlich ab. Schwerfällig beschreibt das Flugzeug über dem Gittermuster aus Beton und Asphalt dieser abgelegenen Stadt einen weiten Bogen, dann schwebt es über die endlose grüne, die Stadt umgebende Weide, die von einer beachtlichen Zahl von Neuseelands 70 Millionen Schafen so kurz gemäht ist, dass sie Golfbahnen gleicht. Schließlich fliegen wir über das eisige Wasser der Foveaux Strait. Wollen wir hoffen, dass die Navigationsgeräte des Flugzeugs funktionieren, denn sollten wir Stewart Island verfehlen, ist der nächste Halt Antarktika.

Der Blick aus dem Fenster hier auf der Backbordseite lässt einen unheilverkündenden schwarz bewölkten Himmel ohne jede Aussicht erkennen. Im Gegensatz dazu strahlt die Sonne auf der Steuerbordseite, lässt das Wasser unten funkeln und verleiht der Szene echte Urlaubsatmosphäre. Die Wolken ziehen nach Osten, fort von Stewart Island. Innerhalb von 20 Minuten schweben wir gegen den Wind über die Halfmoon Bay, dann über Busch, der die Farbe und scheinbar auch die Dichte riesiger Brokkoliköpfe besitzt. Eine in den Busch geschlagene winzige Lichtung von Briefmarkengröße ist die Landebahn.

Ich bete zum Himmel, dass die Bremsen und der Umkehrschub der Propeller funktionieren und wir am Ende des unbefestigten Landestreifens nicht in die Bäume krachen. Um mich abzulenken, studiere ich eine Broschüre über die Insel, aber unter der Zeitschrift drücke ich heimlich die Daumen. Ich lese, dass William Stewart, Offizier auf dem Segelschiff *Pegasus*, die ersten detaillierten Karten der Südküste von Neuseeland erstellte. In einem Anflug von Bescheidenheit benannte er die drittgrößte Insel Neuseelands nach sich. Sie hängt fast vergessen am unteren Ende der Südinsel – wie der Punkt unter einem Ausrufezeichen. Captain Cook, der die Region bei seiner ersten Erkundungsfahrt erforschte, hatte die Insel fälschlicherweise für eine Halbinsel gehalten, ein Versehen, das verzeihlich ist, wenn man bedenkt, dass er die Welt mit einem Sextanten, den man in der Hand hielt, und mit einem Prototypen eines Chronometers – allerdings ohne GPS – umsegelte.

In den Maori-Legenden tragen die Inseln Neuseelands fantasievollere Namen. Die Legende will, dass der Halbgott Maui, der in Hawaiki lebte, mit seinen Brüdern zum Fischen hinausfuhr. Er ließ seinen magischen Angelhaken seitlich des Kanus ins Wasser und fing einen großen Plattfisch, der zur Nordinsel wurde. Die Südinsel war Mauis Kanu, und Stewart Island war Te Punga o te Waka a Maui, der Ankerstein.

Bei der Landung ächzt, stöhnt, quietscht und knirscht das Flugzeug aus Protest gegen den unebenen Untergrund. Die Bodencrew, will heißen, irgendjemand auf dem Flugfeld, öffnet die Kabinentür, und eine verwirrende Kakophonie unbekannter Vogelstimmen begrüßt uns, als seien wir inmitten einer Voliere gelandet. Die Luft, die den Duft von Vegetation und Blumen verströmt, ist spürbar frisch und sauber. Es ist kühl, und ein starker Wind bläst über das Flugfeld. Während ich vom Flugplatz in die Stadt laufe, halte ich aufmerksam nach Kiwi reißenden Hunden Ausschau. Ich verlasse mich darauf, dass sie den Unterschied zwischen einem Kiwi und einem Kanadier fern der Heimat kennen. Ich hätte mir ein Ahornblatt gut sichtbar auf meinen Rucksack nähen sollen.

Im DOC-Büro in Halfmoon Bay erkundige ich mich, wie gefährlich es ist, durch den Regenwald zu wandern.

Die DOC-Angestellte antwortet: »Hier gibt es nichts Gefährliches, außer einer Spinnenart, aber die ist auch seit einer ganzen Weile nicht mehr gesichtet worden. Und die würde Sie ohnehin nie beißen.« Sie macht aus einem »A« ein »E«, aus einem »E« ein »I«, und das »A« vor einem »R« wird zu einem doppelten »AA«, dafür lässt sie das »R« weg, wodurch »Cars« zu »caas« und »farms« zu »faams« wird.

»Und was ist mit den Hunden?«

»Sie meinen die Hunde, die die Kiwis gerissen haben?«, fragt sie gelassen.

Ich nicke und bemühe mich, so auszusehen, als nähme ich das Thema ebenfalls cool.

»Die sind erschossen worden.«

»Ich bin also nicht gefährdet?«, frage ich, nur um sicherzugehen.

»Die haben Kiwis angegriffen!«

»Aber woher kennen sie den Unterschied?«

»Zwischen was?«

»Na ja, zum Beispiel zwischen mir und einem Kiwi.«

»Zwischen Ihnen und einem Kiwi?«

Ich nicke.

Sie blinzelt ein paar Mal, dann macht sie sich mit einer unendlichen Beamtengeduld daran, die Geschichte der hiesigen Tier- und Pflanzenwelt herunterzuleiern. »Im Mesozoikum, vor mehr als 150

Millionen Jahren, vor der Evolution der Landsäuger, war Neuseeland von anderen Landmassen getrennt. Die einzigen heimischen Säugetiere Neuseelands waren zwei Fledermausarten. Deshalb beherrschten Vögel bald die Tierwelt. Einige Vogelarten passten sich der Abwesenheit von Fleisch fressenden Säugetieren an. Sie können nun nicht mehr beziehungsweise nur noch schlecht fliegen wie zum Beispiel der Kiwi.«

»Sie meinen, Kiwis können nicht fliegen?«, wiederhole ich die Feststellung meines Mitpassagiers.

»Yeah, deshalb ist es für die Hunde so einfach, sie zu schnappen. Die anderen Vögel können vor der Gefahr ja davonfliegen.«

Endlich fällt bei mir der Groschen. Es erscheint unglaublich, dass im Laufe vieler Jahrmillionen abgesehen von Fledermäusen nur wenige Säugetiere den Weg auf diese fruchtbaren Inseln fanden. Offensichtlich ist keines der seltsamen und gefährlichen Wesen aus Australien je auf ein Stück Holz geklettert und hat sich über das Tasmanische Meer treiben lassen. Hier gibt es keinerlei Schlangen, geschweige denn giftige. Abgesehen von Menschen, gibt es nichts, was mich fressen, zermalmen, zertrampeln, zerfleischen oder zu Tode erschrecken könnte. Selbst die Hunde werden mich in Frieden lassen, solange ich nicht hilflos mit den Armen schlage.

Ich setze meinen Weg durch den Ort fort. Vor einem aus Holz erbauten Cottage mit einem weißen Palisadenzaun verkündet ein handgemaltes Schild, dass es »Jo and Andy's Place« ist – im Gegensatz zu »Ann's Place« und »Dave's Place« weiter unten an derselben Straße. Jo and Andys Haus erweist sich als ein wenig karg ausgestattet, es wird mit Kohle und Holz beheizt und besitzt lediglich eine chemische Toilette. Dennoch ist es mit der Welt draußen und mit Jos Mutter durch die E-Mail-Nabelschnur verbunden. Sowohl Jo als auch Andy sind dem moralischen Verfall Amerikas so weit entflohen, wie sie nur irgend konnten.

Halfmoon Bay wurde 1865 besiedelt. Das erste Postamt wurde schon bald darauf, 1872, und die erste Schule 1874 eröffnet. Es gibt einen an eine Grenzstadt erinnernden Gemischtwarenladen, ein altes Pub und ein paar seltsame Holzcottages, die kaum aus der dichten Vegetation herausragen und nur zu erkennen sind, weil Rauchkringel aus ihren verborgenen Schornsteinen aufsteigen. Ein paar Fischerboote schaukeln an ihren Anlegestellen sanft auf spiegelglatten, gleichmäßigen Wellen. Seevögel stolzieren selbstgefällig über den leeren Strand. Ich habe wirklich den Eindruck, als sei ich weit von allem entfernt: Keine Menschenseele ist zu sehen. Ich komme an einem leeren Sportplatz vorbei, an einem Gebäude der Returned Servicemen's Association und einer anglikanischen Kirche. Das einzige Zeichen von Leben findet sich beim Pub, vor dem ein paar ramponierte Autos geparkt sind. Wohin fahren nur die Besitzer dieser Autos? Man kann ja nirgends hin.

Gäbe es nicht das einfache Denkmal für die im Ersten Weltkrieg gefallenen Soldaten, könnte man meinen, die friedliche Bucht sei vom Rest der Welt völlig abgeschnitten. Von den 100.000 Kiwi-Soldaten, die in den Kampf geschickt wurden, kamen 17.000 ums Leben, und weitere 41.000 wurden verwundet. In das Steinmonument sind die Namen einiger der tapferen jungen Männer aus der Gegend eingemeißelt.

Ich gehe eine schmale, kurvenreiche Asphaltstraße entlang, die zum Ausgangspunkt des Rakiura Tracks führt. Irgendwo hatte ich gelesen, dass Rakiura der Maori-Name für Stewart Island ist. Überall sind unbekannte Vögel zu sehen, darunter ein schwarzer, dessen Rücken irisierend glänzt und der zwei weiße Federbüschel wie Flechtwerk unter seiner Kehle hängen hat. Ich bleibe stehen, um zu lauschen. Er hat ein umfangreiches Stimmenrepertoire, flüssige Rufe, gefolgt von einer Reihe harscher Töne, einem Schlagen, Kichern, Quietschen, Glucksen und Schnalzen. Er klingt, als sei er betrunken. Ich bleibe erneut stehen, nehme mir den Rucksack von den Schultern und will mein Vogelbuch herausziehen. Selbstverständlich liegt es ganz unten, und bis ich es endlich hervorgekramt habe, sieht der Schauplatz aus, als habe sich hier ein Autounfall ereignet: Kleider, Plastiktüten mit Lebensmitteln, Kocher, Töpfe, Pfannen und ein Schlafsack liegen auf der leeren Straße verstreut. Zum Glück gibt es hier keinerlei Verkehr. Ich schlage in meinem Buch nach. Es handelt sich um einen Tui, Neuseelands Nationalvogel.

Ich biege von der schmalen Straße ab, die an idyllischen Buchten vorbeiführt, schlurfe über Sandstrände und atme die salzige, scharf nach verrottendem Tang riechende Luft ein. Wellen spülen über den Strand. Weiße Gänseblümchen und Knoblauchblüten, dichte Stech- und Besenginstersträucher wuchern wie Unkraut am Straßenrand. Ich gehe quer über eine mit Gestrüpp bewachsene Landzunge an den Überresten eines verfallenden Sägewerks vorbei. Die höchsten Bäume hier sind Rimus, eine Rotkiefernart, aber es wachsen auch Kamahi, Totara, die eine sehr dünne Rinde haben, und die Südlichen Ratabäume, und alle zusammen bilden ein bis zu 20 Meter hohes Blätterdach. Die gewaltigen Baumstämme sind von Bodenfarnen, Baumfarnen, Rankengewächsen, aufsitzenden Orchideen und Moosen komplett verdeckt. Es gibt hier eine solche Fülle an üppig gedeihenden Parasiten, dass man die Bäume darunter oft kaum identifizieren kann. Grasbäume und Speerholz nehmen die mittleren Schichten ein. Kissen von Gahnia-Gras bedecken den freien Platz am Boden. Dichte Kolonien von Piupiu und die höheren Wheki-Baumfarnwedel füllen die Lücken. Ganz unten wachsen Buschlilien und eine Vielzahl Orchideen. Ein Stinkbaum verströmt, als ich seine Blätter zusammendrücke, tatsächlich einen üblen Geruch. Ich höre das heisere Krächzen eines Vogels, von dem ich annehme, dass es ein Papagei ist, dann sehe ich mehrere bronzefarbene Kakas schwerfällig durch den Busch gleiten. Sie haben Ähnlichkeit mit den Keas in den Bergen. Einer landet unbeholfen auf einem Baumstamm und reißt auf der Suche nach Larven mit seinem Schnabel wie wild die Rinde ab.

Durch eine Lücke im Busch sehe ich eine von einem breiten Streifen dunklen Sands eingefasste Bucht und Wasser, in dem sich die Sonne spiegelt. Das Geräusch der wogenden Brandung wird lauter, als ich zum Magnetic Beach hinuntergehe. Die See ist friedlich, ihre Wellen kräuseln sich in einer langen Linie und spülen dann ans Ufer. Ich weiche den Wellen aus, die über den Sand waschen, auf dem Unmengen Muscheln liegen. Steifbeinige Watvögel staksen am Strand entlang. Schwarze Schwäne, die Hälse gegen den Wind geneigt, sehen aus wie eine vor Anker liegende Galeonenflotte.

In einem Wäldchen hoher Eukalyptusbäume steht eine DOC-Hütte versteckt. Ich reibe mir die Schultern, an denen mein Rucksack wie Blei gehangen hatte, und ziehe eine Landkarte heraus. Die Maori hatten hier trotz der abgeschiedenen Lage einst eine halb permanente Jagdsiedlung. Ich blicke auf den dichten Busch, dann auf das weite, kalte Meer. Ich stelle mir die Robbenjäger vor, die ersten Weißen, die im frühen 19. Jahrhundert in dieser Bucht Schutz gesucht haben. Die Walfänger, die Mitte der 1850er-Jahre kamen und hier einen Stützpunkt errichteten, blieben jeweils für ein ganzes Jahr und verarbeiteten das Walfett, bevor sie wieder in Richtung Europa aufbrachen. Wie war es wohl für diese Männer, so isoliert in dieser abgelegenen Ecke der Welt, so fern der Heimat zu sein?

Als 1867 in einer kleinen Bucht mitten im Magnetic Beach Gold entdeckt wurde, wurde die erste dauerhafte Polizeistation errichtet, um unter den gesetzlosen Goldgräbern für Recht und Ordnung zu sorgen. Später förderte die neuseeländische Regierung die Einwanderung von Bewohnern der Shetlandinseln, aber selbst die robusten Shetländer hielten den Ort für zu trostlos. Die abgeschiedene Bucht hat zwar einen Namen, Port William, aber sie ist völlig verlassen. Es ist unmöglich, Hinweise auf eine frühere menschliche Siedlung zu finden. Abgesehen von einem Bootssteg und der DOC-Hütte, ist hier nichts außer Busch.

Während ich am Strand entlangspaziere, entdecke ich leere Schalen von Kammmuscheln, Miesmuscheln und Seeohren (paua), Riementang, Seetangblasen, Seeigel und einen toten Igelfisch. Ich betrachte all dieses natürliche Treibgut und finde nicht ein Stückchen weggeworfenes Plastik, Netzgewebe oder gar eine Glasscherbe. An dem den Gezeiten ausgesetzten Felsen- und Strandabschnitt sammele ich Herz-, Mies- und Austernmuscheln in einen Topf, dann entdecke ich einen faustgroßen Tintenfisch, der sich direkt unter der Wasseroberfläche an einen Felsen klammert. Ich ziehe ihn heraus und stecke ihn unsanft zum Rest meines Abendessens in den Aluminiumtopf.

Während ich den Sonnenuntergang betrachte, kommt eine Wekaralle, ein flugunfähiger brauner Vogel, der einer Henne ähnlich sieht, in Reichweite gelaufen. Sein Partner folgt ihm, dahinter zwei Küken, von meiner Anwesenheit nehmen sie keinerlei Notiz. Die Erwachsenen verständigen sich durch ein eigenartig trommelartiges Geräusch miteinander. Eine der Wekarallen pickt sogar an den Ösen meiner Stiefel herum.

Rakiura wird mit »Land der leuchtenden Himmel« übersetzt, und die Insel wird ihrem Namen mit einem lodernden Sonnenuntergang gerecht. Fast am äußersten Rand der Welt, südlicher, als ich je zuvor gewesen bin, sonne ich mich in den letzten Strahlen. Stewart Island liegt weiter südlich als Südafrika, näher am Südpol als Tasmanien und fast auf gleicher Höhe wie die Falklandinseln. Weiter kann man nun wahrlich nicht reisen, um sich zu verstecken, ohne sich lächerlich zu machen. Aber schließlich ist das nur Neuseeland.

Als im Wald der Morgen dämmert, ist wegen des Vogelgezwitschers nicht mehr an Schlaf zu denken, denn es hört sich an, als habe jemand die Stereoanlage aufgedreht. Hier allein aufzuwachen, kommt mir absolut okay vor. In dieser Umgebung haftet dem Alleinsein kein Stigma an. Allein zu sein, intensiviert das Erlebnis, das rede ich mir jedenfalls ein. Da ich keinen Anlass habe, noch länger liegen zu bleiben, schwinge ich mich vom oberen Etagenbett und verstaue meine Habe im Rucksack. Dann schlendere ich am Strand entlang, bevor ich in die Wälder eintauche, in denen die Rufe unsichtbarer Vögel widerhallen.

In jedem Spätherbst, bevor der Winter beginnt, verspüre ich das Urverlangen, in grünere Gegenden, bessere Jagdgründe zu wandern, als berge ein zu langes Verweilen an einem Ort die Gefahr, von feindlichen Stämmen entdeckt zu werden. Hinter dieser Rastlosigkeit muss eine genetische Wahrheit stecken, ein Grund, warum meine europäischen Vorfahren tausende und zehntausende von Jahren überlebt haben. Meine angeborenen Instinkte zwingen mich weiterzuziehen – ich komme nicht gegen sie an. Widerstehe ich diesen Impulsen, stürze ich in ein Gefühlschaos, gebe ich ihnen nach, bleibe ich im inneren Gleichgewicht. Häufig wird mir gesagt, wie glücklich ich mich doch schätzen müsse, immer auf Reisen gehen zu können. Aber das Leben unentwegter Wanderschaft hat auch Nachteile: Ich habe keinen Stamm, zu dem ich eine enge Bindung hätte, keine eigene Familie, die mir ein Gefühl von Zugehörigkeit vermitteln würde.

Es hat etwas Mystisches, allein durch Wälder zu streifen. Obwohl dieser hier in der Vergangenheit mehrfach abgeholzt wurde, lassen riesige Rimu- und Ratabäume ahnen, wie der ursprüngliche Podocarpaceen-Mischwald einst ausgesehen haben muss. Die Sonne fällt durch das Blätterdach und wirft schimmernde Lichtflecken in Braun- und Grüntönen auf den Waldboden, was wie ein Schildkrötenpanzer aussieht. Die Schatten bewegen sich mit dem Blätterdach oben, das sich im stürmischen Wind wiegt. Massive Baumstämme scheuern aneinander, wobei das unheilvolle dunkle Knarren eines hölzernen Segelschiffs ertönt, das in schwerer See rollt. Der schnaubende Warnton eines unsichtbaren Hirschs schreckt mich auf. Ich mache ein paar Fotos, aber da sie dem grünen Regenwald kaum gerecht werden können, gebe ich den Versuch auf, die Kulisse mit meiner Kamera einzufangen, und konzentriere mich auf das unmittelbare Erleben dieser üppigen Natur. Ich versuche, eine von der Sonne angestrahlte Gruppe Piupiu-Farne im Kopf zu speichern, ein schimmerndes limonengrünes Kaleidoskop, das sich vor einer dunklen, nicht genau bestimmbaren Unterwelt abhebt.

Der üppige Wald ist ursprünglich, eine Erkenntnis, die durch die unheimlichen Rufe der unsichtbaren Makomakos und Tuis, die heiseren Schreie der Kakas und der Rotkopfsittiche verstärkt wird. Ich kann mir in diesem Wald gut Geister vorstellen, die jeden meiner Schritte beobachten. Eine plumpe, unverhältnismäßig dicke Maorifruchttaube balanciert schwerfällig auf einem Zweig. Man hat – wie bei einer Hummel – den Eindruck, dass sie kaum fliegen kann.

Oben an den Hängen, wo der Boden mehr Regen abbekommt, ist alles von einem dicken samtenen Teppich aus Bodenfarnen bedeckt: überhängende Wedel von Streifenfarnen, Hautfarne, virginische Kettenfarne und Hundszungen. Der Waldboden oder die Äste und Stämme der Bäume sind unmöglich zu sehen. Aus dem Flugzeug heraus hatte der Wald unter uns undurchdringlich dicht, einförmig und einschüchternd gewirkt. Aber im Wald selbst hat man den Eindruck, er sei erstaunlich offen, allerdings vermittelt er ein Gefühl der Intimität und Weiblichkeit. Mein Herz wird von einer Leidenschaft erfüllt, die weit tiefer geht, als ich es mir hätte vorstellen können. Allein inmitten dieses Regenwalds voller Leben, verspüre ich eine Sinnlichkeit des Daseins, die an Erotik grenzt.

Ich stelle meinen Rucksack auf die Erde und setze mich an einen Bach, der vom Tannin ganz rostig aussieht. Ich ziehe meine Stiefel und Socken aus und hänge die Füße in den kühlen Strom. Es gibt nichts zu fürchten. Ich strecke mich in der üppigen Vegetation aus, drehe das Gesicht zur Seite, die Nase knapp über dem Boden, und atme tief ein. Könnte ich es, dann würde ich den feuchten Duft des neuseeländischen Regenwalds in eine Flasche füllen, damit ich sie später öffnen und diese Gefühle wieder wachrufen könnte. Unheimliche Geräusche unsichtbarer Makomakos ertönen wundervoll von irgendwo tief im Wald und geben meine Verzauberung wieder.

Ich warte bei der Werft auf den Katamaran-Fährdienst zurück zur Südinsel. Eine stämmige Frau in einer Holzfällerjacke kommt aus dem Büro gestapft.

Sie bellt mich mit starkem Kiwi-Akzent an.

Ich verstehe nicht, was sie sagt, und bitte sie, es zu wiederholen, verstehe aber immer noch nicht. »Tut mir Leid, könnten Sie das bitte noch ein letztes Mal sagen?«

Die Frau verdreht die Augen und zieht beleidigt von dannen. Eine Weile fährt sie wie wild mit einem Gabelstapler auf dem Dock herum, als würde sie so ihren Ärger mit dem ausländischen Besucher vertreiben.

Eine andere Frau, die im Warteraum sitzt, sagt mit verständlicherem Akzent: »Grämen Sie sich nicht wegen Kathy, manchmal kriegt sie eben Anfälle.«

Beim Durchfahren der Strait zwischen Stewart Island und Bluff, dem Hafen von Invercargill, schleudern riesige Brecher das Boot wie ein Surfbrett auf einer endlosen Reihe von Wellen vorwärts. Der Katamaran kippt nach vorn, als die Kraft der Wogen uns von hinten anhebt. Im offenen Heck des Boots wabern Dieselabgase. Mir wird übel. Kathy, die zum Seemann mutierte Holzfällerin, stampft geschäftig auf dem Deck herum und rollt Seile auf.

Schüchtern frage ich: »Haben Sie eventuell Tabletten gegen Seekrankheit an Bord?«

»In der Kabine, auf der rechten Seite, ist ein Erste-Hilfe-Kasten und darin eine Plastikflasche. Nehmen Sie ein paar. Die wirken schnell.«

Komisch, dass ich sie plötzlich verstehen kann. »Das hoffe ich«, antworte ich in Form einer Drohung, mich auf ihr sauberes Boot zu übergeben. Sie lächelt zum ersten Mal. Ich stolpere in die Kabine, wo mir augenblicklich noch schlechter wird, entdecke den Erste-Hilfe-Kasten und schnappe mir die Plastikflasche. Statt zwei Tabletten nehme ich sicherheitshalber gleich drei, stelle die Flasche zurück und gehe wieder an Deck. Vielleicht, wenn ich die Augen auf den Horizont gerichtet halte ... Ich warte darauf, dass die Tabletten wirken, fühle mich aber eher schlechter als besser.

»Wie geht es?«, fragt Kathy, noch immer lächelnd. Ihre dicken Beine balancieren wie Baumstämme das Schwanken und Rollen des Bootes aus, während ich wie ein loses Geschütz hin und her geworfen werde.

»Ich glaube, ich muss mich gleich übergeben«, antworte ich. Und das ist keine leere Drohung.

Plötzlich blickt sie besorgt drein. »Nehmen Sie noch eine Tablette. Damit müsste es besser werden. Die wirken eigentlich bei allen.«

Wäre sie wirklich besorgt, würde sie mir die Tabletten holen. Ich taumle wieder unter Deck, schlucke noch zwei Tabletten und haste wieder hinauf. Ich warte, dass die Medizin endlich wirkt, verspüre aber keinerlei Besserung. Vielleicht habe ich die Tabletten ja zu spät eingenommen. Das Boot schwankt wie wild, als wir in seichteres Gewässer kommen, und ich bin nicht sicher, ob ich es noch schaffe.

Es überrascht mich, dass Kathy mir keine Spucktüte in die Hand gedrückt hat, denn in diesem Fall hätte sie zwei Fliegen mit einer Klappe schlagen können: mich kotzen sehen und trotzdem nicht sauber machen müssen.

»Wie geht's, mein Freund?«, fragt sie mit gespielter Sorge.

»Schlechter.« Es steht eindeutig auf des Messers Schneide.

»Sind Sie sicher, dass Sie die richtigen Tabletten genommen haben?«

Wofür hält sie mich, für einen Idioten? »Natürlich.«

»Die wirken sonst nämlich bei allen Wunder. Welche Tabletten haben Sie denn genommen?«

»Wie Sie mir gesagt haben. Die in der Plastikflasche im Erste-Hilfe-Kasten.« Ich werde allmählich sauer. Sie sollte mich in Ruhe sterben lassen.

»Zeigen Sie mir die Flasche«, sagt sie ungläubig.

Sie bittet mich darum.

Ich stolpere nach unten, hole die Plastikflasche ohne Aufschrift und bin versucht, noch ein oder zwei Tabletten zu schlucken. Ich steige hinauf und strecke ihr das Behältnis hin. »Hier, sehen Sie selbst.« Ich kann die Kotze schon in meinem Atem riechen. Sie ist da, sie will raus.

Kathy nimmt mir die Flasche aus der Hand. »Das ist nicht die Flasche mit den Tabletten gegen Seekrankheit. Das ist nur Aspirin. Kein Wunder, dass Sie sich schrecklich fühlen. Schauen Sie, hier ist kein Schild drauf«, sagt sie ganz langsam, als rede sie mit einem Schwachsinnigen. »Auf der Flasche mit den Tabletten gegen Seekrankheit steht deutlich ...«

Ich beuge mich über die Reling und übergebe mich, versuche in die Wellen zu zielen, aber der starke, wirbelnde Wind bläst mir mein Frühstück ins Gesicht zurück. Ich schmiere mir die Reste dcs halb verdauten Porridge in den Bart wie eine absolut seeuntüchtige Version von Roald Dahls Mr. Twit. Kathy klopft mir kräftig auf den Rücken, um sicherzustellen, dass ich mit Blick auf die eisigen Wellenkronen stehen bleibe.

Wenigstens habe ich keine Kopfschmerzen.

Auf wirklich wackeligen Beinen und mit leerem Magen steige ich von dem Katamaran. Obwohl ich mich wahrlich nicht in einem Zustand befinde, in dem man trampen kann, bin ich kaum auf der Straße und strecke vorsichtig den Daumen aus, da kommt schon eine schwarze Holden-Limousine schlitternd neben mir zum Stehen. Verdutzt blicke ich auf meinen Daumen. Der Holden hat getönte Scheiben, Breitreifen, und aus der Motorhaube ragt etwas heraus, was entfernt wie ein gurgelnder Toilettensitz aus Chrom aussieht. Das mit einem großen Spoiler versehene Heck des Wagens brummt und stottert ungeheuerlich. Ich verstaue meinen Rucksack auf dem Rücksitz, bevor ich vorn in den mit Schaffell überzogenen Schalensitz falle. Ich sitze da, als sei ich von einem sich im Todeskampf krümmenden Schaf umklammert. Der Fahrer ist so jung, dass seine Oberlippe kaum ein wenig Pfirsichflaum ziert. Ich bezweifle, dass er sich je rasiert hat. Dieses zitternde, mobile Stahlvehikel ist sein mechanisches Ross, sein dröhnender Stolz, sein Beweis, dass er die Übergangsriten hinter sich gebracht hat. Ein flauschiges Würfelpaar baumelt am Rückspiegel, als wir vom Straßenrand losschießen und dabei eine Kiesfontäne aufspritzen lassen. Wir sausen um einiges schneller durch die Dee Street als die zweimotorige Islander-Maschine beim Start. Dieses Mal ist es der Holden, der sich den Gesetzen der Schwerkraft widersetzt, indem er auf dem Boden bleibt.

Schon bald finden wir uns hinter einem Polizeiauto mit blinkenden Lichtern, das zwei Haushälften, jeweils auf einem Tieflader, folgt. Das Konzept der »Lieferung frei Haus« erhält hier eine ganz neue Bedeutung. Ungeduldig vibrierend, zuckeln wir hinter dem Haus her, bis wir endlich mit kreischenden Reifen und Donnerdröhnen überholen können. Mein Magen macht es den pelzigen Würfeln nach, die am Spiegel auf und ab hüpfen, und gerade als ich dachte, ich hätte mich an die wilde Fahrt gewöhnt, kotze ich mir in hohem Bogen in den Schoß. Das Erbrochene sammelt sich zwischen meinen Beinen auf dem Schaffell. Der Fahrer fährt an den Straßenrand und setzt mich ab.

Mitten im Nirgendwo im Stich gelassen, wische ich mich sauber, so gut ich eben kann. Bald hält ein von Kopf bis Fuß weiß gekleideter barmherziger Samariter neben mir. Er öffnet vom Fahrersitz aus automatisch den Kofferraum seines Autos, und ich hieve meinen Rucksack hinein. Als ich auf den Beifahrersitz springe, sagt er: »Das solltest du nie tun! Wäre ich ein schlechter Mensch, dann hätte ich mit deinem Rucksack davonfahren können.«

»Na ja, wäre ich ein argwöhnischer Mensch, dann hätte ich mir Ihre Autonummer merken und Sie dann bei der Polizei anzeigen können.«

»Stimmt.«

Begleitet von bekehrenden Gospelweisen aus dem Kassettendeck, erzählt er mir seine Lebensgeschichte bis in die kleinsten Details. Ich gebe mir Mühe, den Geruch meines Hosenschritts zu ignorieren. Als Nächstes nimmt mich ein müder, aber riesiger Schafscherer mit, der absolut nichts sagt, kein einziges Wort, allerdings die gleichen Gospel laufen lässt wie der barmherzige Samariter. Wir kommen an jemandem vorbei, der mit einem Rucksack auf dem Rücken mit gesenktem Kopf am Straßenrand entlangtrottet. Ich nehme an, es ist der Engländer auf dem Weg hinauf nach Cape Reinga. Er sieht, anders als ich erwartet hatte, ganz normal aus.

Ich werde am Rand eines kleinen Ortes abgesetzt, aber noch bevor ich den Daumen wieder in die Höhe strecken kann, puffen und schnauben neben mir die Luftdruckbremsen eines Sattelschleppers. Er hält am Straßenrand und hüllt mich in eine Staubwolke ein. Der Fahrer, der einen übergroßen Pullover und anscheinend sonst nichts trägt, springt aus der Kabine. Ich bin argwöhnisch in Bezug auf seine Absichten, bis er mir hilft, meinen Rucksack im Anhänger zu verstauen, und dabei unter seinem Pullover äußerst kurze Rugbyshorts zum Vorschein kommen.

Eine Stunde später lässt er mich an einer Straßenkreuzung aussteigen. Ein Autofahrer hält an und fragt mich, ob ich Interesse hätte, seine Limousine nach Christchurch zu überführen. »Ich bezahle das Benzin, und Sie können sich, wenn Sie wollen, zwei oder drei Tage Zeit lassen, bis Sie den Wagen abliefern.« Ich lehne ab, weil ich noch nicht auf dem Weg zurück nach Christchurch bin, aber ich muss mich über die Vertrauensseligkeit dieser Leute wundern. Schon nach wenigen Minuten hält der nächste Autofahrer.

Ich könnte versucht sein, mich in dieser gastfreundlichen, idyllischen Ecke niederzulassen, abgeschieden vom Rest der Welt. Sogar während ich mich mit dem Fahrer unterhalte, kann ich den Blick nicht von der so unglaublich reinen und unverdorbenen Welt wenden. Unbedingt muss ich den Eindruck dieser friedlichen Gegend in mich aufnehmen. Die wenigen kleinen Siedlungen aus rechteckigen Bungalows zu beiden Seiten der Straße haben nicht den Charme europäischer Dörfer und Städte, aber sie sind sauber, scheinen sicher zu sein und stimmen mit der klischeehaften Beschreibung Neuseelands überein. Mit etwas Fantasie kann man sich vorstellen, dass der Mittelwesten Nordamerikas oder Großbritannien vielleicht vor 50 Jahren so unschuldig ausgesehen haben. Ein Mann, der seinen Hund Gassi führt, winkt uns zu, als wir vorbeifahren. Ich lächle und winke zurück, als ob wir uns kennen würden.

Eine kleine alte Lady hält an, um mich mitzunehmen. Wie alle anderen fragt auch sie mich, wie mir Neuseeland gefällt, und nachdem ich mich begeistert geäußert habe, lädt sie mich zu sich nach Te Anau zum Tee ein. Nachdem wir Pavlova – Meringue mit viel Obst und Sahne – gegessen haben, fährt sie mich zur Unterkunft für Rucksacktouristen. Ich gehe unter tief hängenden schwarzen Wolken, die Regen oder Schnee ankündigen, zum Supermarkt und erkundige mich bei der Filialleiterin, ob die Lebensmitteltüte, die ich vor ein paar Tagen verloren hatte, wieder aufgetaucht sei. Sie erinnert sich und lächelt. »Ah yeah, die haben wir zurückbekommen. Der Kunde, der hinter Ihnen stand, hat sie zurückgebracht. Kein Problem.«

Am Abend erkenne ich im Pub den großen, muskulösen Maori wieder, der im Takt zur Musik der einheimischen Band nickt. »Sie standen vor ein paar Wochen im Supermarkt an der Kasse hinter mir«, schreie ich ihm über den schrecklichen Lärm zu, der aus Lautsprechern von der Größe eines senkrecht aufgestellten DOC-Etagenbetts dröhnt. »Ich glaube, Sie haben aus Versehen eine meiner Lebensmitteltüten mitgenommen.« Er nimmt kaum Notiz von mir. »Danke, dass Sie die Tüte zurückgebracht haben«, brülle ich und schaue zu ihm hinauf.

Er blickt in mein ernstes, nach oben gerichtetes Gesicht. »Kein Drama, Kumpel«, sagt er. Er scheint sich zu fragen, warum ich mir die Mühe mache, ihm für seine Ehrlichkeit zu danken, die hier ganz normal ist, wenn auch nicht im Rest der Welt. Während wir der Band zusehen, wie sie ihre kaum erkennbare Version eines Beatles-Songs spielt, sagt er: »Geht heute Abend richtig ab hier.«

»Yuh, das kann man laut sagen«, antworte ich und vermassle das »yeah« schon wieder. Ich zucke in etwa zum Takt des Lieds mit den Schultern und versuche, so cool auszusehen wie die anderen. Die Musik geht mehr als nur ab, sie ist grauenvoll.

»Yeah, Spitzenband«, fügt er hinzu und verwirrt mich damit vollends.

Queenstown – Wanaka – Greymouth – Christchurch

»Cool«, antwortet der junge Schotte, als ich ihm erzähle, dass ich auf dem Weg nach Queenstown bin. »Wir auch. Wirf deinen Rucksack auf den Rücksitz.«

Ich setze mich neben meinen Rucksack, der einen Großteil der Rückbank einnimmt. »Queenstown ist fantastisch«, meint er, während wir über den Highway fahren. Seine Freundin sitzt vorn neben ihm. Sie sehen wie Teenager aus, allerdings muss er mindestens 20 sein. Vermutlich liegt es an ihrer Gesichtsfarbe, denn zu Hause haben sie ja immer nur Regen, keine Sonne. In Neuseeland sehen alle älter aus, als sie in Wahrheit sind. Das dürfte an der Sonne und dem Loch in der Ozonschicht liegen.

»Hier ist sogar das Bungeejumping erfunden worden«, sagt er begeistert. »Cooles Land. Hier kann man alles machen. Man kann von den höchsten Stellen Bungee springen, Jetboot fahren, Geländemotorrad fahren, Fallschirm springen, Gleitschirm fliegen, Wildwasser fahren, Hang gleiten, Kajak fahren, Kanu fahren und reiten. Wird alles geboten.« In der Kiwi-Umgangssprache, die er wohl aufgeschnappt hat, erzählt er mir von den sechs Monaten, die sie nun schon in ihrem Holden durch das Land fahren. »Hab versucht, in Queenstown einen Job zu finden, aber da will jeder einen Job. Queenstown bietet einfach alles. Warst du schon mal beim Bungeejumping?« Er zündet sich eine Zigarette an. Ich muss mich konzentrieren, um seinen breiten schottischen Akzent zu verstehen.

Zerstreut antworte ich: »Hm-hm.« Ich bewundere weiter die herrliche Landschaft, während ich die Nase aus dem offenen Seitenfenster strecke, um ein bisschen frische Luft abzubekommen. Nirgends auf der Welt kann es malerischer sein.

»Das solltest du. Wird dir gefallen.« Sein Kopf wackelt im Takt zur Radiomusik. »Ist cool.«

»Genau genommen gefällt es mir ungefähr so, wie während des Berufsverkehrs am Highway entlangzulaufen. Du brauchst nicht gerade viel zu können, wenn einer dir ein riesiges Gummiband um die Knöchel bindet und dich dann von einer hohen Rampe schubst.« Ich bin ein wirklich liebenswerter Mensch, aber manchmal treiben mich Blödmänner wie dieser dazu, dass ich einfach nicht den Mund halten kann.

»Hast du es dann mal mit Fallschirmspringen probiert?«, fragt er unerschrocken weiter.

»SPSG«, antworte ich abschätzig.

»Was?«

»Schon probiert, schon gemacht.«

»Und wie ist es mit Jetbootfahren?«

»Zu starker Eingriff in die Ökologie«, antworte ich. Das Jetboot, in Neuseeland erfunden, ist einzigartig, weil es keine Schiffsschrauben hat. Leider geht der in die Bootshülle eingebaute Antrieb mit einem geringeren Tiefgang einher. Das mag praktisch sein, die Jetboote ermöglichen so aber einen Zugang zu ansonsten nicht befahrbaren Flüssen in Regionen, die normalerweise undurchdringliche Wildnis wären. Das ist großartig, wenn man den Busch »zähmen« möchte, aber weniger wünschenswert, wenn man ihn bewahren will.

»Dann solltest du es mit Rafting versuchen. Das ist kein Eingriff in die Natur.«

»Hab in Norwegen selbst eine Rafting-Firma gehabt, auf dem Fluss Sjoa.« Dort hat man so ungefähr die schönste Landschaft, die man sich wünschen kann. Es fiele mir schwer zu entscheiden, ob die Landschaft am Sjoa oder diese hier malerischer ist.

»Du hast das aufgegeben?«

»Jedes Mal, wenn einer ertrunken ist, sind die Buchungen angestiegen. Diese Einstellung meiner Kunden hat mir nicht gefallen. Ein Haufen ausgeflippter Typen.« Aber in seinem Alter habe auch ich Rafting und eine Menge anderer dummer Sachen ausprobiert.

»Da sind Leute ertrunken?« Er dreht sich mit weit aufgerissenen Augen zu mir um, als sei es unvorstellbar, dass so etwas beim Rafting passieren kann.

»Jeden Sommer.« Wenigstens ist er nun eine Weile still. Ich betrachte die Landschaft. Um mich für meine Gereiztheit zu entschuldigen, bezahle ich die Tankfüllung, als wir nach Queenstown kommen. Ich liebe den Enthusiasmus junger Reisender. Das Leben liegt noch vor ihnen, und sie können sich für alles begeistern. Ich hasse es, wenn ich anfange, wie ein Spaßverderber daherzureden und mich auch wie einer zu verhalten.

Queenstown gehört zu jener Art Partymeile, die sich am Freitag- und Samstagabend füllt und am Sonntag ebenso rasch wieder leer wird. Da ich an einem relativ ruhigen Sonntagnachmittag ankomme, gehe ich zur Seilbahn. Sie führt auf den Berg, von dem man die Stadt überblicken kann. Bis auf die schöne Lage hat der Massentourismus in Queenstown jede authentische Neuseeland-Atmosphäre zerstört, die es hier einmal gegeben haben mag. Die Kommerzialisierung übt auf mich trotz der Werbung, die das schottische Paar dafür gemacht hat, wenig Reiz aus. Angesichts all der Geschäfte, die es auf die Dollar der Touristen abgesehen haben, fühle ich mich hier »wie ein Penner« zwangsläufig unwohl und gedenke, gleich morgen nach Wanaka weiterzufahren.

Ein Opfer des Partywochenendes schleicht im Schneckentempo vor mir den Weg hinauf. Als ich die junge Frau überhole, höre ich auf, weiter mein »cool« mit einem harten »kuh« zu üben, und erkundige mich: »Was kann man in Queenstown denn so unternehmen?«

»Keine Ahnung«, sagt sie. »Ich bin Freitagabend hier zum Feten eingetrudelt, und das ist jetzt das erste Mal, dass ich ins Freie gehe.« Obwohl sie jung ist, hat sie dunkle Ringe unter den Augen. »Hab noch immer einen Kater«, erklärt sie stolz.

Sie hat, wie ich bemerke, einen skandinavischen Tonfall. Manchmal bin ich selbst überrascht, wie schnell ich fremde Akzente erkenne. Oft kann ich ihn schon an ein paar wenigen Wörtern erraten.

»Kuh-ool«, sage ich. »Du kommst aus Dänemark, richtig?«

»Bin Kanadierin.«

Die Unterkunft für Rucksacktouristen in Wanaka entspricht der Stimmung in diesem im Vergleich zu Queenstown absolut verschlafenen Ort. Passend zur eher lockeren Atmosphäre in der Unterkunft läuft gedämpfte klassische Musik, während die Gäste Schach spielen oder lesen. Ich breche früh am Morgen zum Mount Roy auf, der auf der anderen Seite des Sees emporragt. In einer Landschaft wie dieser malt man sich unweigerlich aus, wie es wäre, wenn man auf Dauer hier leben würde. Ich könnte durchaus versucht sein, mich in Wanaka niederzulassen, einem Ort, der in ebenso malerischer Landschaft liegt wie Queenstown, aber noch unberührt ist von Massentourismus und rasanter Stadtentwicklung.

Vom Gipfel des Mount Roy spähe ich durch meine Kamera auf Panoramablicke mit winzigen Schafen auf grünen Weiden, einen türkisblauen See und schneebedeckte Berge. Indem ich den Polarisationsfilter drehe, kann ich den Himmel ausblenden, damit die Reflexionen von außen verhindern und so den See in dunklerem Blau zeichnen und die Farben insgesamt verstärken.

Ich brauche fast den ganzen Tag für den Rundweg um den See, den Mount Roy hinauf und dann wieder zurück zur Unterkunft. Mir gehen viele Gedanken durch den Kopf, Erinnerungen, die durch die kühle Luft und die Landschaft wachgerufen werden. Die Tour erinnert mich an Wanderungen in den Bergen Norwegens vor wenigen Monaten. An meinem letzten Tag in Norwegen, an unserem letzten gemeinsamen Tag, sind Kirsten und ich ein vertrautes Tal bis weit über die Baumgrenze hinaufgewandert. Es war einer jener seltenen Septembertage, an denen das Wetter stabil und der Himmel blau ist. Es war zwar kalt, aber die Sonne war noch stark genug, uns mit ihrem Licht zu wärmen.

Das Gras und die Farne hatten schon die rostige Herbstfärbung angenommen. Uns war bewusst, dass ich morgen um diese Zeit bereits fort sein würde. Ich wollte noch einen letzten Berg erklimmen. Mit der Schwermut Verurteilter stiegen wir zum Gipfel hinauf, wo wir aneinander gekuschelt dasaßen und unsere Blicke über die umliegenden Berge und Täler schweifen ließen. Nur die verblassende Septembersonne hielt uns warm. Als sie am Himmel tiefer sank, krochen die Schatten die Hänge hinauf. Dann verschwand die Sonne hinter den Bergen, die ihren Schatten auf uns warfen. Und wieder streckte die tief sitzende Angst vor dem bevorstehenden norwegischen Winter ihre eisigen Fänge nach meinem Innersten aus.

Ich hielt Kirsten fest, wohl wissend, dass ich sie morgen nicht mehr umarmen würde. Als ich die Augen aufschlug, strömten die Tränen hervor, die ich bis dahin erfolgreich zurückgedrängt hatte, und benetzten ihre Haare. Auch sie begann zu weinen, stieß schwere, tiefe Schluchzer aus, die noch weit ins Tal hinunter zu hören waren.

Am Morgen, als ich bei der Besitzerin der Unterkunft für die Übernachtung bezahlen möchte, sagt sie: »Du siehst schrecklich aus. Willst du wirklich weiter, obwohl es dir so schlecht geht?«

Ich nicke. Es ist schwer zu sagen, ob ich krank oder ob ich lediglich psychisch so fertig bin, dass ich mich derart mies fühle.

LONELY GUY steht mir wieder auf die Stirn geschrieben – aber heute finde ich das nicht zum Lachen.

»Gott ist mit den Kämpfernaturen«, sagt sie kopfschüttelnd.

Im Bus schlafe ich fast die ganze Fahrt bis zum Franz-Josef-Gletscher an der Westküste. Ich habe hohes Fieber, meine Gelenke schmerzen, und es fühlt sich an, als würden mir die Augen aus den Augenhöhlen gedrückt. Das könnte psychosomatisch sein, aber ich schwitze, obwohl mir kalt ist, und leide unter Schüttelfrost. Gerade jetzt, wo ich ein wenig liebevolle Betreuung gebrauchen könnte, meidet mich jeder, als hätte ich die Pest. Ich habe eine Erkältung, vielleicht die Grippe, und ich mache mir Sorgen, es könnte ein Malariarückfall sein. Ich hatte geplant, gleich nach der Ankunft in Franz Josef den Gletscher hinaufzuwandern, aber ich fühle mich zu krank. Die Vorstellung, dass sich ein Gletscher über den Regenwald bis fast auf Meereshöhe erstreckt, hatte unglaublich reizvoll geklungen, als ich davon las. Doch jetzt sehne ich mich nach nichts anderem als nach einem Bett.

In der Unterkunft in Franz Josef sitzen die meisten Rucksacktouristen wie hypnotisiert vor einem Fernseher und schauen sich Seinfeld an. Warum reisen sie so weit und sehen sich dann Fernsehshows von zu Hause an? Die Besitzer der Herbergen müssen vom Fernsehen begeistert sein. Es stellt ihre Gäste ruhig, und sie machen keinen Unsinn. Ich schaue ebenfalls ein paar Minuten in die Glotze und fühle mich meinen Mitmenschen noch mehr entfremdet. Da ich nie einen Fernseher besessen habe, kann ich Sitcoms nur schwer begreifen. Ich bin wohl ein Marsmensch, unfähig, eine Beziehung zu einem wichtigen Bestandteil des Lebens der Erdlinge zu knüpfen. Ich habe eine genauso starke Abneigung gegen das Fernsehen wie gegen weiche Drogen, dieser Vergeudung menschlichen Lebens, insbesondere junger Menschen. Wieder ertappe ich mich dabei, dass ich gereizt und ungesellig bin, allerdings kann es wohl schwerlich als gesellig gelten, zusammen mit einem Haufen schweigender Rucksacktouristen dazusitzen und fernzusehen. Ich werfe mich auf ein Bett und studiere niedergeschlagen das Gedicht, das auf die Rückseite der Tür geschrieben ist.

Herbergsleben
Lange Zeit hab ich die Welt durchreist
Und gewöhnlich in einer Herberge übernachtet.
Ein paar Dinge, die sind in Herbergen immer gleich,
Eine weltweite Verschwörung, behaupte ich.
Denn immer gibt es jemanden, der bleibt bis drei Uhr auf
Und macht dann das Licht an, weil er sonst nichts sieht.
Er riecht nach Kneipe und ist meist betrunken
Und tritt dir auf den Arm, wenn er ins Bett steigt.
Und andere lassen Töpfe in der Spüle,
Trinken deine Milch, wenn sie nichts mehr haben,
Lümmeln sich auf dem Sofa, für dich ist kein Platz mehr.
Rücksichtnahme? Sie pfeifen drauf!
Die Schlimmsten von allen, die sind eine echte Plage,
Verpacken jedes Stück in einer Plastiktüte.
Ich hab mit vielen geredet, sie sind meiner Meinung,
Wir nehmen Rücksicht, sind nicht die Schuldigen.
Wer also sind die, die das Herbergsleben stören?
Wer reißt uns aus den Träumen und macht den Ärger?
Ich bin nicht paranoid, doch ich denke,
Sie stehen auf den Gehaltslisten unserer Mums und Dads.
Sie verfolgen uns, wohin wir auch reisen,
Sie machen uns das Leben zur Hölle, damit wir schnell wieder nach Hause fahren.
Aber wer zuletzt lacht, das sind wir,
Wir lachen über unsere Lieben, na klar,
Denn gegen das Reisefieber

Ist kein Kraut gewachsen.
Sie können uns ärgern und quälen,
Aber wir haben trotz allem unseren Spaß.
Cathy 1990 BC,
Kanada

Ich fühle mich elend. Und leer. Und habe überhaupt keinen Spaß.

Ich schleppe mich die Straße hinunter, um den Bus nach Greymouth zu erreichen. Mein Rucksack kommt mir schwerer vor als je zuvor. Eine Gruppe von Sightseeing-Hubschraubern, die Passagiere zum Gletscher und wieder zurück karren, dröhnt lärmend über mich hinweg. Geländefahrzeuge voller Touristen fahren los, und ein Kleinflugzeug hebt ab, das unter seinen Rädern Kufen befestigt hat. Das Dorf Franz Josef ist Ausgangspunkt einer ganzen Armee Touristen mitten im Manöver.

Ich hatte mich wirklich darauf gefreut, diesen Gletscher zu besteigen. Fünf Jahre lang hatte ich in Norwegen Wandergruppen auf Gletscher geführt. Der Zauber der Gletscher – ohne fremden Lärm – hatte mich gefangen genommen. Nichts weiter als das Tröpfeln von Schmelzwasser war zu hören, das Knirschen der Steigeisen auf dem körnigen Eis und hin und wieder ein gewaltiges Krachen, wenn ein Gletscherstück in Bewegung geriet oder abbrach. Kein Geländefahrzeug, kein Flugzeug oder Hubschrauber störte die Intensität des Naturschauspiels.

Versteckt zwischen Büschen, steht neben der Hauptstraße eine Hütte, die nun als Museum dient, in dem genagelte Stiefel und gusseisernes Kochgeschirr ausgestellt und in deren Etagenbetten und Wänden Initialen geschnitzt sind. In der ehemaligen Hütte übernachteten früher die Wanderer, wenn sie durch den Regenwald zum Fuß des Gletschers wanderten, den sie dann mit Seil und Steigeisen erklommen. Einträge im Gästebuch bezeugen die Ehrfurcht der damaligen Touristen gegenüber dem Gletscher und die Faszination, die er auf sie ausübte. Inzwischen ist er gesunken, beinahe zu einer künstlichen Disney World verkommen. Zeuge sein zu müssen, wie dieses magische und spektakuläre Erlebnis durch die moderne Technik zu etwas Alltäglichem gemacht wird, erfüllt mich mit einem noch stärkeren Gefühl der Leere.

Der Bus kommt. Ich steige ein und stehe einer stämmigen Frau in Hosen gegenüber. An ihrer Bluse trägt sie eine Brosche mit »IYQ« in großen goldenen Buchstaben. Sie lächelt mich an und sagt laut: »Hi!«

Ich schaue sie an, als wäre sie eine Kröte, die eben gerülpst hat. Ich frage: »IYQ?« Und schon bin ich ihr in die Falle gegangen.

»Sie auch? Na ja, IYQ – und Jesus ebenfalls«, antwortet sie mit amerikanischem Südstaatenakzent. Sie setzt sich neben mich und redet unentwegt, vor allem dann, wenn der Fahrer irgendwelche Informationen über Lautsprecher bekannt gibt.

»Könnten Sie wiederholen, was Sie eben gesagt haben?«, fragt sie ihn. Noch bevor er es ausschließlich ihretwegen wiederholt hat, fragt sie mich: »Wo kommen Sie denn her?«

Halten solche Leute nie den Mund und hören zu? »Yi yam from Peru«, sage ich und tue so, als sei ich des Englischen nicht mächtig.

Wir rasen eine kaum befahrene Straße hinunter, die zwischen dem Meer und den nebelverhangenen Bergen verläuft. Müde lege ich den Kopf an die Scheibe, während Neuseeland an mir vorbeizieht. Ein Hubschrauber ist auf einer Koppel gelandet, die Rotorblätter drehen sich noch, der Pilot, der einen Overall trägt, legt wohl gerade eine Pinkelpause ein. Auf der anderen Seite des Helikopters wuchten zwei Jäger die leblosen Überreste eines gewaltigen Rothirschs auf die Ladefläche eines Pick-ups. Der Anblick deprimiert mich.

Ich habe einen schlechten Tag und akzeptiere ihn als solchen. Ich muss lernen, dass nicht jeder Tag ein Hoch bringt.

In Greymouth herrschte während des Goldrauschs eine Hektik wie in einem Ameisenhaufen. Heutzutage sind die Hauptwirtschaftszweige der Kohlebergbau, der Fischfang, die Gewinnung von Torfmoos, Landwirtschaft und Tourismus. Ein riesiger Mann mit Schnauzbart und Bierbauch unterhält sich mit anderen, die ebenfalls lange, zottelige Bärte tragen. Sollten sie es darauf angelegt haben, wie Goldgräber aus dem letzten Jahrhundert auszusehen, wäre es ihnen perfekt gelungen. Die Stadt ist trotz ihres nicht unbedingt sympathischen Namens authentisch und farbenfroh.

Der Zug nach Christchurch hat Verspätung, deshalb frage ich eine vorbeikommende Frau: »Können Sie mir sagen, wie weit es zum nächsten Supermarkt ist?«

»Fünf Minuten zu Fuß in diese Richtung«, antwortet die Frau und deutet die Straße hinunter.

Ich folge ihrer Anweisung, und eine halbe Stunde später bin ich noch immer auf dem Weg zum Supermarkt. Es passiert mir nicht zum ersten Mal, dass sich die Auskunft eines hilfsbereiten Kiwis, wie lange es wohl dauert, irgendwohin zu laufen, als völlig falsch erweist. Ich glaube, sie haben die Strecken nie zu Fuß zurückgelegt: Der Supermarkt dürfte fünf Minuten Autofahrt und etwa 45 Minuten Fußmarsch entfernt sein.

In der schwankenden kleinen Schmalspurbahn nach Christchurch hält der Zugführer eine Kamera hoch: »Gehört die jemandem hier?«

»Das ist meine Nikon«, sage ich, als er so nahe an mir vorbeigeht, dass ich sie wiedererkenne.

Er gibt mir die Kamera. »Sie haben sie am Bahnsteig liegen lassen. Jemand hat sie gefunden und am Fahrkartenschalter abgegeben.«

Kiwis beklagen sich häufig, dass es in Neuseeland heutzutage mehr Kriminalität gebe als früher, dass man sein Auto nicht mehr an einem Parkplatz an einer der Wanderrouten abstellen könne, ohne Gefahr zu laufen, dass es aufgebrochen wird. Meine Erfahrungen entsprechen hingegen eher dem Klischee: Das altmodische Neuseeland ist so ehrlich und naiv, wie es Nordamerika vor einigen Generationen war.

Der Zug schlängelt sich zwischen Bergen und dichtem Wald hindurch und bietet hin und wieder einen kurzen Ausblick auf schneebedeckte Gipfel und lange Abschnitte eisfreier Flüsse, in denen große Felsbrocken aus dem Wasser ragen. Dichter Nebel steigt wie Rauch aus der üppigen Vegetation auf. Auf der anderen Seite des Passes regnet es in Strömen. Ich bin überaus froh, dass ich nicht irgendwo unterwegs ausgestiegen bin und nicht schon wieder völlig durchnässt werde.

Akaroa

Als ich zum zweiten Mal in Christchurch ankomme, wird mir der unverwechselbare Reiz der Stadt deutlicher bewusst – zum einen, weil nun die Sonne scheint. Ich schließe mich einem Rundgang an und komme zu wunderschönen Schauplätzen, die ich in Bildbänden gesehen habe. Unser Guide, eine pensionierte Lehrerin, begleitet uns in die Christ Church Cathedral und weist stolz auf eine Steintafel, die dem Gedenken an die frühen Canterbury Pilgrims gewidmet ist, die 1850 hier ankamen. Sie richtet sich zu ihrer vollen Größe auf – allerdings ist sie winzig – und sagt: »Ich war 15 Jahre alt, als der erste Pionier starb.« Die Anekdote rückt die kurze Geschichte Neuseelands in die richtige Perspektive. Erst vor 1.000 Jahren kamen die Maoris in ihren riesigen Kanus aus Polynesien hier an, was nichts ist, verglichen mit den australischen Aborigines, die auf die älteste noch lebendige Kultur zurückblicken, die immerhin 5.000 Jahre alt ist. Die Maori gaben ihrer neuen Heimat den Namen Aotearoa: das Land der langen weißen Wolke.

Ich freue mich schon darauf, eine neue Wanderroute kennen zu lernen, und hoffe nur, dass ich dabei nicht wieder von Regen und Schnee durchnässt werde. Am Spätnachmittag steige ich in den Shuttlebus nach Akaroa.

Der Fahrer begrüßt mich: »Wie geht's, Kumpel?«

Ich zeige ihm die Broschüre. »Ich will über die Farmerweiden wandern.«

»Du heißt Stevenson?« Ich nicke. »Die haben das irgendwie vermasselt. Haben dich für den falschen Track gebucht. Schwierig, das wieder in Ordnung zu bringen.«

Er lässt den Motor an. Ich bin der einzige Fahrgast.

»Ist es ein großer Unterschied?«

»Die haben unseren Track kopiert.«

»Unseren?«

»Yeah. Ich bin einer der Besitzer des Landes, durch das der Track führt. Die Leute vom anderen Track haben mich angerufen und gefragt, ob du mit dem Vier-Uhr-Bus kommst. Falls ja, soll ich dich bei der Kirche in Little River absetzen.«

»Kann ich trotzdem Ihren Track gehen?« Ich will natürlich das Original, keine Kopie.

»Selbstverständlich, aber das solltest du besser vorher mit denen klären.« Er lächelt, während er den Gang einlegt.

Wir fahren aus Christchurch heraus in Richtung Vulkanberge im Südosten. Sämtliche Instrumente, Skalen und Hinweise im Bus sind japanisch. Ein gebrauchter, »neu-in-Nz«-Bus.

»Wie gut können Sie Japanisch?«, frage ich den Fahrer. »Ich meine, woher wissen Sie, welcher Schalter wofür ist? Es ist ja alles auf Japanisch.«

Er wirft einen Blick auf das Armaturenbrett. »Um die Wahrheit zu sagen, ich weiß es nicht. Normalerweise fährt meine Frau diesen Bus. Ich bin Farmer.«

»Und sie kann Japanisch?«

Er lacht.

Ich werde bei der Kirche in Little River abgesetzt. Die Kirchentür steht offen, und ich gehe hinein. Eine Frau, die gerade einen Teppich saugt, sieht mich, stellt den Apparat ab und lächelt mich strahlend an. »Andrew!« Ich lächle und nicke bestätigend. »Wir haben Sie eigentlich um ein Uhr erwartet.«

»Na ja«, sage ich, erfreut, dass hier tatsächlich jemand weiß, wer ich bin, »ich glaube, es hat eine Verwechslung gegeben. Wissen Sie, ich war in Te Anau, als ich gebucht habe, und dort haben sie nicht gewusst, dass es hier zwei Tracks gibt.« Ich bin bereit, unter ansonsten gleichen Bedingungen diesen hier zu gehen, auch wenn es nur eine Kopie ist. »Sind die anderen Wanderer schon losgelaufen?«

»Es gibt keine anderen Wanderer.«

Ein schlechtes Zeichen. Ich hatte gehofft, einmal aus meinem einsamen Trott auszubrechen und in einer Gruppe zu wandern. »Wäre es eine große Enttäuschung, wenn ich storniere?« Der Gedanke, noch einen Track allein zu gehen, hat den Reiz verloren, den er noch vor wenigen Wochen besaß.

Sie sieht beinahe erleichtert aus. »Kein Problem.« Sie werden mir keine Stornierungsgebühr berechnen. »Was wollen Sie stattdessen tun?«, fragt sie.

»Ich versuche, auf den anderen Track zu kommen. Gibt es hier ein Telefon?«

Sie weist mir die Richtung. »Im Dorf ist eine Telefonzelle.« Sie packt ihren Staubsauger zusammen, dann fragt sie: »Übrigens, wann haben Sie gemerkt, dass Sie auf den falschen Track gebucht sind?«

»Im Bus auf dem Weg hierher.« Mir missfallen die hinterhältigen Winkelzüge konkurrierender privater Track-Besitzer.

»Ah yeah, den habe ich also richtig durchschaut«, meint sie. Das Lächeln ist verschwunden, und sie scheucht mich aus der Kirche wie ein Huhn aus dem Hühnerstall.

Ich gehe die paar 100 Meter zur Telefonzelle, suche die Telefonnummer heraus und wähle sie. Als ein Mann abnimmt, lege ich los: »Ich war vor etwa zwei Wochen in Te Anau und dachte, ich hätte eine viertägige Wanderung auf Ihrem Track gebucht. Leider habe ich gerade herausgefunden, dass es hier zwei ähnliche Tracks gibt und das Reisebüro mich für den falschen gebucht hat. Ich bin jetzt in Little River, und den Leuten hier macht es nichts aus, wenn ich storniere. Haben Sie noch einen freien Platz für die viertägige Wanderung, die heute Abend startet?«

»Kein Problem, wir haben noch einen freien Platz.«

»Ich möchte aber zuerst die Sache mit der Bezahlung regeln. Ich habe im Reisebüro bereits die ganze Summe bezahlt. Aber ich bin sicher, dass es für die, wenn ich anrufe und die Sache erkläre, eine Kleinigkeit ist, Ihnen den Betrag zu überweisen.«

»Kein Problem. Sieh nur zu, dass du rüberkommst. Wir klären das schon.« Er klingt wie all die anderen unkomplizierten, gelassenen Kiwis. »Du verpasst den Shuttlebus zur ersten Hütte. Er fährt Punkt sechs in Akaroa ab. Aber ich kann dir ein Taxi schicken, das dich für 20 Dollar hinfährt.«

»Danke, sehr nett.« Ich werfe einen Blick auf meine Uhr. »Ich kann den Bus noch kriegen, ich trampe.«

Sobald ich meinen Daumen rausstrecke, hält ein roter Van an. Der Fahrer steigt aus, um mir beim Hineinhieven meines Rucksacks zu helfen, und als ich ihm von meiner Zeitnot erzähle, drückt er ordentlich aufs Gas. Es ist ein paar Minuten nach sechs, als wir in Akaroa ankommen, gerade als der Shuttlebus losfahren will. Ich klettere aus dem Van in den Bus und fahre die sehr kurze Strecke zur ersten Hütte, die am Hang eines Hügels mit Blick auf den Hafen steht. Zu dem großzügigen Angebot der 20 Dollar teuren Taxifahrt muss eine offene Bar auf dem Rücksitz dazugehört haben.

Als ich bei der Hütte ankomme, stelle ich fest, dass der Rest der Gruppe fast ausschließlich aus Kiwis besteht. Perfekt, eine Chance, sich mit den Einheimischen zusammenzutun. Ich finde ein Zimmer mit ein paar leeren Etagenbetten. Der Mann am Telefon, der davon gesprochen hatte, dass nur noch ein Platz frei sei, war entweder ein guter Marketingstratege, oder der Wunsch war Vater des Gedankens gewesen.

Da ich mich von meiner Erkältung, der Malaria, dem Herzschmerz oder was es sonst sein mochte, noch nicht ganz erholt habe, rolle ich meinen Schlafsack auf einem Sofa auf der überdachten Eingangsveranda aus und krieche hinein. Drinnen im Haus höre ich das Knallen von Sektkorken. Einer der Kiwis kommt heraus und fragt mich: »Willst du mit uns Tee trinken? Wir haben jede Menge zu essen.«

Ich möchte die Kiwis unbedingt kennen lernen, aber im Moment fühle ich mich der Sache nicht gewachsen. Auf der gemeinsamen Wanderung haben wir dafür noch jede Menge Zeit, da wir die Nächte ja zusammen in den Hütten verbringen werden. »Ich habe gar keinen Appetit, aber danke jedenfalls. Vielleicht morgen.«

Sie setzen sich zum Essen. Eine Engländerin mit lauter Stimme dominiert die Unterhaltung. Sie feiert ihre neue Kiwi-Staatsbürgerschaft, und ich höre, wie sie die offizielle Zeremonie durch den Kakao zieht, bei der sie Staatstreue geschworen hat. Die Geschichte wird berichtet, als sei die ganze Sache ein Jux gewesen: Sie macht sich über sich und die Zeremonie lustig und erwähnt, dass auch eine Familie von fünf Vietnamesen daran teilgenommen habe. Ich frage mich, ob die vietnamesische Familie darauf, dass sie eine neue, so friedliche und ruhige Heimat im Vergleich zu ihrem vom Krieg zerrissenen Land gefunden hat, auch so oberflächlich reagiert.

Ich ignoriere die Unterhaltung und beobachte direkt über meinem Kopf ein Schwalbenpaar mit Jungvögeln. Die Eltern flattern geschäftig hin und her, während die Sonne über den umliegenden Hügeln tiefer sinkt. Unsere Hütte steht am Rand eines Abhangs mit Blick auf den aufgefüllten Krater eines erloschenen Vulkans und das offene Meer, eingefasst von grünen Feldern. Die Kulisse könnte nicht idyllischer sein.

Neben der Unterhaltung höre ich etwas, das wie ein nahendes Geländemotorrad mit defektem Auspufftopf klingt. Ein Mann stapft geräuschvoll über die überdachte Holzveranda in die Hütte und ruft »G'day!« in die Runde. »Ich bin der Besitzer dieser Hütte«, verkündet er. Dann fragt er: »Ist hier ein allein reisender Ausländer?« Sie deuten in meine Richtung. Er sieht mich in meinem Schlafsack auf der Veranda liegen, kommt anstolziert und streckt eine Hand aus. Zunächst denke ich, dass er sie mir zum Gruß hinhält, und strecke ihm meine entgegen. Aber er will mir nicht etwa die Hand schütteln. »Ich kriege 120 Dollar von dir«, fordert er.

Seine Jeans ist zerrissen, sein Pullover hat an mehreren Stellen Löcher, er ist schmutzig, und seine Haare sind ungekämmt. Nicht einmal Rucksacktouristen sehen so schäbig aus wie dieser Kerl. Er erinnert mich an eine Komikfigur, der versehentlich ein Stab Dynamit in der Hand explodiert ist. Er hält seine nach oben gerichtete Handfläche weiter ausgestreckt und wartet darauf, dass ich sie mit Dollars fülle.

Ich richte mich auf, weil es unbequem ist, mit ihm zu reden, während ich ausgestreckt in meinem Schlafsack liege. »Ich habe schon bezahlt, wie ich Ihnen bereits am Telefon erklärte. Ich werde den Betrag, den ich für den anderen Track bezahlt habe, auf Ihr Konto überweisen.«

»Ist mir egal, was du vorhast. Das geht mich nichts an.« Er hat etwas unmissverständlich Aggressives an sich. »Ich will mich nicht mit dir prügeln.« Er spuckt mir das Wort »prügeln« geradezu entgegen, spritzt mir Schleim in mein nach oben gerichtetes Gesicht.

Wer will schon Prügel? Ich liege hilflos in meinem Schlafsack und fühle mich hundeelend. Die Komikfigur, die da, sich auf die Brust klopfend, aus dem Wald gekommen ist, will ihr Territorium abstecken. Was ist nur mit dem netten Kerl passiert, mit dem ich mich am Telefon unterhalten habe und der so verständnisvoll war, mich »Kumpel« genannt und mir gesagt hat, wir würden das mit der Bezahlung schon klären? Ich fühle mich nicht wie ein Tourist mit einem kleinen Problem, um das sich das Management am nächsten Morgen kümmern wird. Entweder gehört dieser Wilde da auf die Bühne » oder ins Kittchen. »Wissen Sie was, ich glaube, ich verdufte hier einfach und löse das Finanzproblem morgen Vormittag«, sage ich sanftmütig, während ich mich aus dem Schlafsack schäle.

»Und wie kommst du nach Akaroa?«, fragt er.

»Zu Fuß.« Es ist schon nach Sonnenuntergang und beinahe dunkel. Ich hänge mir den Schlafsack über die Schulter und gehe in den Schlafraum, um den Rest meiner Ausrüstung zu holen.

Da gibt er mir völlig unerwartet einen Tipp. »100 Meter den Berg hinauf ist eine Unterkunft für Rucksacktouristen. Du kannst den Rauch aus dem Schornstein aufsteigen sehen. Die haben noch einen Platz frei.«

Die Kiwis schweigen. Der Farmer murmelt abfällig: »Verdammte Ausländer, machen sich noch im ganzen Land breit.« Wie ein begossener Pudel trottele ich in der Dunkelheit zu der anderen Hütte hinauf. Ein freundlicher Manager aus der Schweiz zeigt mir die »Hütten« abseits des Farmhauses. Die Lage ist wunderbar, aber die »Hütten« sind die baufälligsten, verfallensten Gebäude, die ich je gesehen habe. Ich sage dem Manager: »In Kanada würden Sie bestimmt keine Genehmigung bekommen, so etwas zu führen. Und in der Schweiz?«

»Nein, ich würde im Gefängnis landen.« Es ist das einzige Mal, dass er »nein« sagt. Sonst heißt es immer nur: »Yeah, yeah, yeah, yeah.« Er macht den Eindruck, als sei er eine Bauchrednerpuppe. Ich entscheide mich für die Hütte, die am wenigstens danach aussieht, als würde sie mir mitten in der Nacht über dem Kopf zusammenbrechen. Als ich dem Manager zurück zum Farmgebäude folge, um meinen Rucksack zu holen, sehe ich im Dunkeln meinen Gegner auf dem Sofa sitzen und mich mit seinen blutunterlaufenen Augen böse anstarren.

»Gehört Ihnen das hier auch?«, frage ich und greife nervös nach meinem Rucksack.

»Yeah.«

So ein Mist!

Christchurch – Kaikoura – Nelson

Als ich weitertrampen will, hält eine Frau an, noch bevor ich den Daumen richtig ausgestreckt habe. Sie fährt barfuß, hat kurz geschnittene Haare und ein breites Lächeln. »Packen Sie Ihren Rucksack hinten rein«, sagt sie und macht die Heckklappe des Kombis auf, der mit wild durcheinander geworfenen Kissen, Futons und Kleidern gefüllt ist. Ich schiebe den Rucksack mit einer inzwischen geübten Bewegung hinein, und er landet ordentlich auf einem Futon.

Ich erzähle ihr von dem Zwischenfall mit dem Farmer. »Das überrascht mich nicht«, sagt sie mitfühlend. »Ich habe neulich eine Tramperin mitgenommen, die war noch immer so aufgebracht darüber, wie man sie da behandelt hat, dass sie in Tränen ausgebrochen ist, als sie mir ihre Erlebnisse erzählt hat.«

Ich will nicht weiter über diese negative Erfahrung sprechen, deshalb frage ich sie: »Was ist mit Ihnen? Wo kommen Sie her?«

Während wir in Richtung Christchurch fahren, erzählt sie mir von sich.

»Ich bin in Gore geboren, etwas landeinwärts und nördlich von Invercargill, und bin noch als Kind nach Christchurch gezogen. Als ich 14 war, habe ich einen Maori aus Akaroa kennen gelernt. Mit 16 habe ich ihn geheiratet und mein erstes Kind bekommen. Inzwischen sind meine beiden Kinder auf der Universität, und ich bin geschieden. Ich habe mein großes ›OE‹ gemacht, »wissen Sie, unser Overseas Experience. In den sieben Monaten, die ich in London war, bin ich Buddhistin und Shiatsu-Therapeutin geworden. Mir hat es dort sehr gefallen. Dort konnte ich sein, wer immer ich sein wollte, völlig anonym. Keiner hat sich darum gekümmert, was ich gemacht habe. Als ich nach Christchurch zurückkam, wäre ich am liebsten gleich wieder abgereist. Es kam mir so konservativ und kleinkariert vor. Ich habe mich eingeengt gefühlt. Am ersten Abend nach meiner Rückkehr habe ich mich in den Schlaf geheult – so schal und leer habe ich mich gefühlt. Ich hatte mich im Gegensatz zu meinen Freundinnen sehr verändert, deshalb war es schwer, wieder Kontakt zu ihnen aufzunehmen. Christchurch kam mir so still vor im Vergleich zu London. Das ist jetzt aber schon ein paar Jahre her.«

»Hat es sich denn seitdem verändert?«

»Und wie, vor allem in den letzten drei Jahren. Es ist kosmopolitischer geworden. Die Ansichten der Pakeha ändern sich schnell.«

»Pakeha?«

»Den Weißen. Jetzt bin ich froh, dass ich in Neuseeland geblieben bin, aber eine Zeit lang habe ich es bereut. Es gibt zu viele Typen mit der Einstellung, mit der Sie eben konfrontiert worden sind.« Für eine Weile schweigt sie, während wir durch die weite Landschaft fahren.

»Aber Sie sind jetzt nicht mehr mit einem Maori verheiratet?«

»Ich war schon immer an der Maori-Kultur interessiert, schon bevor ich meinen Mann kennen gelernt habe. Ich liebe die Maori-Legenden, ihre Lieder, Geschichten und Tänze. Alles, was mit den Maori zu tun hat, fasziniert mich.« Sie wird immer lebhafter, während sie erzählt. »Es ist seltsam, denn ich fühle mich als Maori, obwohl ich keine bin. Als ich von meinem Mann geschieden wurde, hatte ich Angst, meine Verbindungen zur Maori-Kultur könnten abreißen, aber dann habe ich herausgefunden, dass ich selbst Maori-Verwandte habe, einen Großonkel in Bluff. Das hat mich sehr glücklich gemacht, so als hätte ich selbst Maori-Blut in mir. Es war eine Erklärung dafür, warum ich mich so sehr mit dem Volk der Maori identifiziere. Ich habe mich endlich als Maori gefühlt und war stolz darauf. Als ich meine Verwandten in Bluff besucht habe, stellte sich aber heraus, dass mein Großonkel Spanier war, nicht Maori. Das hat mich in eine echte Identitätskrise gestürzt.« Sie nickt bei der Erinnerung. »Maori-Verwandtschaft zu haben, das hatte meine Affinität mit allem, was mit Maori zu tun hat, erklärt, und als mir bewusst wurde, dass ich gar keine Maori war, zog es mir sozusagen den Boden unter den Füßen weg. Ich wurde verschlossen, deprimiert.« Sie schweigt, und wir fahren durch beeindruckend schönes Farmland.

»Und dann habe ich mir überlegt: Dieses Land gehört den Maori. Sie haben hier seit über 1.000 Jahren gelebt. Auch ich stamme aus diesem Land, bin hier geboren und aufgewachsen, deshalb habe auch ich etwas von den Maori in mir. Das reicht aus, ob nun Blutsbande bestehen oder nicht.« Sie dreht sich mir zu. »Da war ich wieder glücklich. Ich begriff meine Identifikation mit der Maori-Kultur und Geschichte. Das gehört alles zu diesem Land, zu Neuseeland, und ich bin schließlich Neuseeländerin.«

Mir gefällt die Geschichte.

Sie setzt mich in Christchurch bei einer Backpacker's Lodge ab. Mein irischer Zimmergenosse ist seit drei Wochen im Land. Auf seinem Bett hat er lauter offizielle Dokumente der »Regierung von Neuseeland« ausgebreitet.

»Mensch, wenn ich gewusst hätte, dass es so kalt ist, wäre ich nicht hierher gekommen«, sagt er und zieht sich einen Pullover über. Er ist mit einem Rucksacktouristenbus herumgefahren, hat sich aber abgeseilt, als alle anderen die großen Abenteuer erleben wollten und ihn unter Druck setzten mitzumachen. »Ein paar 100 Dollar für einen Bungeesprung«, empört er sich mit seinem irischen Akzent. »Gott sei Dank habe ich mich nicht darauf eingelassen.« Er schüttelt den Kopf bei dem Gedanken, dass er sich mehrmals um ein Haar von seinem Geld getrennt hätte, und zählt die Tage bis zu seiner Abreise nach Australien, wo es wärmer ist. Gegen die Kälte in mehrere Kleiderschichten gehüllt, geht er schließlich zum Abendessen aus. Wie gut, dass er es nicht mit Wanderungen unten in Fiordland versucht hat!

Während ich meine Sachen auspacke, komme ich nicht umhin, einen Blick auf die Papiere zu riskieren, die er in den Mülleimer zwischen unseren beiden Betten geworfen hat. Ich lese »Richtlinien zur Selbsteinschätzung für eine Einwanderungsgenehmigung für Neuseeland« und ziehe das Blatt heraus. Anscheinend hat er die Antragsformulare für die Einwanderung nach Neuseeland aus London mitgenommen. Der Einwanderungsbeamte vom neuseeländischen Konsulat hat dem braunen Umschlag eine Notiz beigefügt mit der Information, dass die gegenwärtige Mindestpunktzahl für die Einwanderung bei 26 Punkten liegt. Das klingt wie die tägliche Fluktuation der Wechselkurse beziehungsweise der Aktienindex. Ich sitze auf meinem Bett und zähle die Punkte einer »Schnelleinschätzung« unter der Kategorie »Allgemeine Fähigkeiten« zusammen. Ich erziele die Höchstzahl von zwölf Punkten für die Ausbildung und die

Höchstzahl von zehn Punkten für berufliche Erfahrung. Niemand hat mir einen Job angeboten, deshalb entgehen mir die möglichen zusätzlichen fünf Punkte. Zwei Punkte gibt es für das Kapital, das ich mitbringen würde. Keine Ehefrau, deshalb bekomme ich keine Zusatzpunkte für eine geschiedene Ehe und natürlich auch keine für gebrochene Herzen. Würde ich eine Kiwi-Frau heiraten, dann müsste ich mir über das Punktezählen sowieso keine Gedanken machen. Ich nehme die Latte mit Müh und Not und erhalte zwei Punkte für mein Alter. Wäre ich 15 Jahre jünger, bekäme ich zehn Punkte. Ich zähle die Punkte zusammen und komme genau auf 26.

Wenn ich wollte, könnte ich mich also hier niederlassen. Allerdings müsste ich mich schnell entscheiden. Wenn ich noch ein Jahr warte, wäre ich zu alt für die armseligen zwei Punkte dafür, dass ich gerade noch warm und am Leben bin.

Im Hauptpostamt von Christchurch hole ich meine postlagernden Briefe ab, die ersten, die ich seit fünf Wochen erhalte, darunter auch ein Päckchen mit einem selbst gebastelten Adventskalender mit 25 verschlossenen roten Umschlägen. Bis Weihnachten darf ich jeden Tag einen öffnen und die darin enthaltene Botschaft lesen. Ich setze mich auf die Stufen des Cathedral Square und blättere meine wertvolle Post durch. Die Briefe treiben mich emotional um die halbe Welt und lassen mich, nachdem ich sie durchgelesen habe, mit meinen Gedanken allein zurück.

Nebenbei höre ich dem »Magier« zu, einem bärtigen, extravagant gekleideten Unikum, der vor Jahren von Australien nach Christchurch kam und mit chauvinistischen Thesen gegen die Emanzipation der Frau provoziert. Anders als an der Speaker's Corner in London widerspricht ihm hier niemand. Vielleicht sind sie ja alle seiner Meinung. Als der »Magier« müde wird, tritt ein anderer Redner an seine Stelle. Er klettert auf eine Leiter, die er sich mitgebracht hat, und schwingt eine Rede darüber, dass Jesus Christus auf die Welt gekommen ist, um uns Sünder zu retten. Ein langhaariger junger Mann in zerrissenen Jeans macht sich über ihn lustig, und der Prediger droht dem jungen Kerl Schläge an. Der setzt seine Verhöhnung fort, bis der Prediger von seiner Leiter steigt und dem hartnäckigen Zwischenrufer tatsächlich eine knallt. Es folgt ein Gerangel, bis sich der junge Mann zurückzieht und seine ordinären Bemerkungen aus sicherer Distanz nur noch leise vor sich hin murmelt. Zufrieden erklimmt der Verkünder der Liebe Gottes zu allen Menschen wieder seine Leiter.

Er schwingt die Faust und deutet auf die vor ihm versammelte bunte Menge. »Ich habe die Nase voll von euch Leuten, ihr geht mir dermaßen auf die Nerven. Und Jesus Christus«, er streckt den Zeigefinger gen Himmel, »hat die Nase auch voll von Leuten, die ihm auf die Nerven fallen.« Er fuchtelt dramatisch mit seinem Zeigefinger herum, als wolle er ihn jemandem in die Nase bohren. »Aber ich bin hier, um euch klipp und klar zu sagen, dass Jesus euch«, und er deutet auf uns, »am Jüngsten Tag so was von auf die Nerven gehen wird, wie ihr es euch gar nicht vorstellen könnt.«

Erholt von dem, was mich auch immer geplagt hatte, trampe ich nach Norden, die Ostküste entlang nach Kaikoura. Als die Kiwi-Krankenschwester, die mich mitnimmt, bei einer Tankstelle hält, um aufzutanken, kaufe ich mir eine Ausgabe des *Northern Outlook*. Auf der Titelseite prangt die Schlagzeile:

CAMPER MÜSSEN IN DECKUNG GEHEN, UM SCHÜSSEN AUS EINEM HUBSCHRAUBER ZU ENTKOMMEN

Am Samstagabend mussten Camper oberhalb der *bach*-Siedlung von Loch Katrine hinter einem Fahrzeug Schutz vor Schüssen suchen, die aus einem Helikopter abgefeuert wurden, der mit eingeschalteten Scheinwerfern einen Hirsch verfolgte ... Um etwa 9.45 Uhr wurden mehrere Schüsse aus einem Halbautomatikgewehr aus dem Helikopter abgegeben, während dieser das Tier den Hang hinunterjagte ... Eine Gruppe Camper saß am Strand um ein Lagerfeuer. Sie gingen hinter einem Fahrzeug in Deckung, als sie die Schüsse hörten. »Seit 30 Jahren sehe ich hier in der Gegend Hubschrauber, die auf der Jagd nach Hirschen sind, aber das war die haarsträubendste Aktion eines fliegenden Cowboys, die ich je miterlebt habe«, sagte ein Zeuge.

Ich frage die Krankenschwester, was ein »bach« ist, und spreche das Wort wie bei Johannes Sebastian Bach aus.

»Ah yeah, Sie meinen ein ›bach‹«, antwortet sie und spricht es »batch« aus. »Das ist das, was Sie als Hütte oder ein Haus bezeichnen. In den Kaffs im Süden nennen sie es ›crib‹.«

Während wir Limonade trinken, zeige ich ihr den Artikel. »Ziemlich gefährlich da draußen«, stelle ich fest.

»Das kann man wohl sagen! Zu viele schießwütige Irre, die mit geladenem Gewehr, schlechten Augen und noch schlechterem Urteilsvermögen herumschleichen. Heutzutage muss man mit einer roten reflektierenden, kugelsicheren Weste und mit Helm ausgerüstet sein, wenn man einen Spaziergang durch den Wald überleben will, verdammt.«

Daraus schließe ich, dass sie keine Jägerin ist.

Im Touristenbüro von Kaikoura werden die üblichen Abenteuertouren angeboten, aber hier findet sich eine ganz neue, die ich noch nirgends gesehen habe: »Opossumjagd«. Für ein paar Dollar kann man sich ein Gewehr leihen, einen der einheimischen Psychotiker begleiten und ein paar gemeingefährliche Opossums von den Bäumen schießen.

Der Ort Kaikoura schläft noch. Im schwachen Licht vor Anbruch der Morgendämmerung gehe ich zu der Stelle hinunter, an der sich bereits 15 weitere Delfinbeobachter eingefunden haben und sich gerade schwere Tauchanzüge, Flossen, Taucherbrillen und -masken überziehen. Die Anzüge sind noch feucht von gestern. Wir frösteln schon, bevor wir in den Bus steigen. Während wir zum Boot fahren, geht die Sonne über dem Horizont auf und färbt das Meer türkis. Die nahen verschneiten Gipfel der Seaward-Kaikoura-Bergkette sind in das warme Licht der aufgehenden Sonne getaucht. Eine beeindruckende Kulisse, selbst für Neuseelands hohen Standard.

Unsere Führerin steht vor dem Bus und schwingt ihre viel geprobte Rede: »So großartig das ist, was ihr hier über dem Meer seht, so herrlich ist es auch unter der Wasseroberfläche. Direkt vor der Küste liegt eine ökologische Wunderwelt, der Traum eines jeden Meeresbiologen: große Bestände Wale, Delfine, Robben, Seevögel und natürlich Fische. Alle versammeln sich hier, um sich an dem Phytoplankton, Krill und anderen Lebewesen gütlich zu tun, die von den tiefen Meeresströmungen hochgetrieben werden. 15 verschiedene Spezies von Meeressäugern tummeln sich hier, von den riesigen Pottwalen bis zu den kleinen Hectordelfinen.«

Wir sitzen schweigend in unseren feuchten Tauchanzügen da und warten darauf, dass unser Boot zu Wasser gelassen wird. Es liegt auf einem Anhänger, der von einem Traktor über eine Rampe in das hafenlose Gewässer von Kaikoura geschoben wird. Ein Fischerboot wird gerade herausgezogen, auf dessen Bug ein glückloser mannsgroßer Hai liegt. Wir starren ihn alle mit offenem Mund an, aber keiner sagt ein Wort.

Keine 20 Minuten nach dem Ablegen machen wir im Pazifischen Ozean einen Schwarm Dunkler Delfine aus. Selbst aus großer Entfernung sind sie leicht zu erkennen. Die Meeresoberfläche ist von ihren Bewegungen ganz aufgewühlt. Ein paar springen hoch aus dem Wasser und landen platschend auf dem Rücken, schlagen Purzelbäume vorwärts und rückwärts.

Unsere Führerin sagt: »Obwohl es wild lebende Tiere sind, führen sie die akrobatischen Übungen nur zum Spaß auf. Aber nur die wachen Delfine am vorderen und seitlichen Rand des Hauptschwarms. Die Hauptgruppe schwimmt friedlich dahin und taucht nur zum Aus- und Einatmen auf – in Wahrheit schlafen sie. Momentan zählt der Schwarm wahrscheinlich 400 bis 500 Delfine.«

Wir treiben mit abgestelltem Motor in ihre Mitte. Die Delfine kommen langsam herangeschwommen, die Jungtiere nahe bei ihren Müttern. Außer ihren Atemstößen ist nichts zu hören. Wir könnten seitlich des Boots hinauslangen und ihnen über den Rücken streichen. Wieder kreist das Boot vor dem Schwarm, und dieses Mal lassen wir uns, als die Delfine näher heranschwimmen, ins Wasser fallen.

Es kommt mir unnatürlich vor, wie ein vorverpackter Haiköder mitten in den Ozean zu springen, während hunderte wilder Delfine auf mich zuschwimmen. Das kalte Wasser und die heftigen Bewegungen der Delfine erschrecken mich. Die Ersten, mit denen wir Kontakt aufnehmen, sind die wachen Delfine, deren blasse, stromlinienförmigen Gestalten an uns vorbeigleiten. Uns ist gesagt worden, dass wir, wenn wir wollen, dass sie dableiben und mit uns spielen, etwas Ungewöhnliches tun müssen, das ihre Neugier weckt: ihnen beispielsweise unter Wasser etwas vorsingen, quietschende Geräusche von uns geben, um mit ihnen zu kommunizieren, unter die Wasseroberfläche tauchen oder im Kreis hinter ihnen her schwimmen.

Als ich mich schließlich an die Kälte und die unheimlichen vorbeihuschenden Schatten gewöhnt habe, tauche ich unter die Wasseroberfläche, was ohne Gewichte, die dem Auftrieb gebenden Tauchanzug entgegenwirken könnten, gar nicht so einfach ist. Ich tauche ein paar Meter tief, und sechs oder sieben Delfine umringen mich. Sie bewegen sich mühelos und schnell mit der Anmut von

Unterwasserballetttänzerinnen. Einer kommt neugierig näher und schaut mich lange genug an, dass ich Augenkontakt aufnehmen kann. Er ist so nahe, ich könnte ihn umarmen. Zwischen uns herrscht eindeutig eine Art von Beziehung. Die Begegnung zweier Spezies höherer Intelligenz. Dieses Erlebnis ist etwas ganz anderes, als einem kaltblütigen Fisch ins Auge zu starren.

Andere kommen heran und betrachten mich ebenso neugierig wie ich sie. Ihre Augen machen einen verschmitzten Eindruck, was durch ihr nach oben gezogenes lächelndes Maul betont wird. Die warmblütigen Tiere haben eine enorme Ausstrahlung. Sie kommen mir fast knuddelig vor, auch wenn sie haarlos sind und einer völlig anderen Lebenswelt angehören. Ganz außer Atem tauche ich auf, dann wieder unter, wobei ich meine Flossen gleichzeitig auf und ab bewege, um eine Delfinflosse nachzuahmen. Die Delfine nähern sich, fast ohne Bewegung, während ich kämpfen muss, um in dem Tauchanzug unter Wasser zu bleiben. In einer Tiefe von zwei Metern drehe ich mich, um mir die Oberfläche des Meeres anzuschauen, die wie eine silberne Wassermatratze aussieht, und über mir sehe ich die dunklen Schatten schwimmender Delfine. Sie scheinen zu betteln, mich aufzufordern, ihnen zu folgen. Dann verschwinden sie mit einem Schlag ihrer Schwanzflosse in die Tiefe, als seien sie ebenso frustriert über meine ärgerlichen körperlichen Unzulänglichkeiten wie ich.

Ich tauche auf und ziehe mir die Maske und den Schnorchel ab. Die anderen Schwimmer singen, wie die Führerin es uns gesagt hat, durch die Schnorchel, um die Delfine bei Laune zu halten, damit sie dableiben. Die hohen Töne werden durch die Schnorchel sowohl gedämpft als auch eigenartig verstärkt. Der Ozean ist aufgewühlt von den hunderten von Delfinen, die um uns herum spielen, springen und Purzelbäume schlagen. Ein fast zwei Meter langer Blauhai, der durch den Delfinscharm zieht, schwenkt träge die Schwanzflosse.

Wasserfälle am Milford Track, auch »schönste Wanderroute der Welt« genannt.

Boot am Sandy Point, das darauf wartet, Wanderer vom Endpunkt des Milford Track zum Milford Sound zu bringen, im Hintergrund der Mitre Peak.

Die Mount Luxmore Hütte am Kepler Track mit Blick auf Lake Te Anau.

Am Kepler Track. Es hat die ganze Nacht über geschneit.

Auf dem Mackinnon Pass überraschte uns ein für die Jahreszeit ungewöhnlicher Schneesturm.

Akaroa Harbour, ein malerischer Fjord, wo man Hectordelfine beobachten kann.

Versammlungshaus der Maori in einem *marae.*

Blick auf Lyttelton Harbour, einen ehemaligen Vulkankrater.

Schaffarmen auf der Banks-Halbinsel.

Kajaks an einem der berühmten Strände des Abel-Tasman-Nationalparks.

Wattwanderung im Abel-Tasman-Nationalpark, ein Muss für jeden Besucher Neuseelands.

Dicht bewachsener Wanderweg im Kahurangi-Nationalpark.

Heaphy River kurz vor seiner Mündung ins Tasmanische Meer.

Eine der Hängebrücken im Kahurangi-Nationalpark, die Kliffs, Höhlen oder den Heaphy River überqueren.

Bei der Rückfahrt zum Ufer sitzen wir in unseren Tauchanzügen zitternd da, haben aber trotz unserer eisigen und dunkelroten Nasen ein breites Grinsen im Gesicht. Wieder in warmen und trockenen Kleidern, esse ich in aller Ruhe einen riesigen Eisbecher und dazu ein paar selbst gebackene Schokoladenkekse, während ich in der örtlichen Zeitung schmökere. Ein Artikel auf der Titelseite erregt meine Aufmerksamkeit:

UNGEWÖHNLICHER HAIANGRIFF AUF DELFIN-SCHWIMM-FAHRT
Ein Unfall am letzten Donnerstag, bei dem ein deutscher Tourist von einem Hai gebissen wurde, während er mit den Delfinen schwamm, wurde als höchst ungewöhnlich eingestuft. Ein Sprecher der Firma sagte, der Mann sei etwa vier Kilometer vor der Küste mit den Delfinen geschwommen. Er habe sich ein wenig abseits der Hauptgruppe gehalten, als ein kleiner Blauhai ihn gebissen habe.

»Der Mann hatte etwas gespürt, aber ihm war nicht klar, dass er gebissen worden war, bis er wieder ins Boot kletterte und das Blut sah«, erklärte der Sprecher. Der Arzt sagte, es sei ein ganz glatter Biss gewesen und kein Fleisch herausgerissen worden. Der Verwundete musste nicht ins Krankenhaus und konnte seine Reise um die Südinsel fortsetzen, nachdem er medizinisch versorgt und am rechten Arm genäht worden war.

Wie gut, dass es ihn getroffen hatte. Wäre ich von einem Hai gebissen worden, ich hätte es bestimmt gemerkt.

Durch die Lektüre der Reiseführer müsste man eigentlich zu der Überzeugung gelangen, dass Nelson der ideale Ort ist, um sich in Neuseeland niederzulassen. Das Städtchen wird seinem Ruf gerecht und kann darauf verweisen, dass es die meisten Sonnentage im Land hat. Zum ersten Mal seit meiner Ankunft in Neuseeland empfinde ich es als warm. Ich steige in einer beliebten Unterkunft für Rucksacktouristen ab.

Um den Swimmingpool herum liegen mehrere betrunkene junge Kerle Anfang zwanzig mit im Vergleich zu ihren Bierbäuchen hageren Körpern, zum Teil wohl betäubt vom Inhalt der leeren Bierdosen, die sich zu ihren Füßen häufen. Medizinische Forscher hätten es sicher schwer, auch nur zwei funktionierende Synapsen in ihrem Hirn zu finden. Offenkundig kümmern sie sich weder um das Loch in der Ozonschicht noch um den Faktor der Sonneneinstrahlung, und ihre normalerweise bleichen Körper sind nussbraun gebrannt und leicht gerötet.

Mein Zimmergenosse, ein blasser Engländer Anfang dreißig, trägt ein bis zum Hals zugeknöpftes Polyesterhemd, eine eng anliegende, an den Taschen ausgefranste Polyesterhose, schwarze Lacklederschuhe und einen strahlend weißen Sonnenhut mit breiter Krempe. Er drückt sich eine billige Plastiktasche gegen die Hüfte, deren Riemen er sicherheitshalber über Kopf und Schultern gelegt hat. Außer der Plastiktasche scheint er bis auf einen Schachcomputer in Taschenformat nur wenige Dinge zu besitzen.

Im Fernseher laufen die Kiwi-Nachrichten. Hinter den beiden Nachrichtensprechern ist eine Weltkarte aus neuseeländischer Perspektive zu sehen. Neuseeland ist dort der Mittelpunkt der Erde. Warum auch nicht? Aber darüber hinaus ist das Land unverhältnismäßig vergrößert, sodass es – wie beruhigend – so groß wie Australien ist. Am Ende der Nachrichten werden bei der Wettervorhersage die »Sonnenbrandzeiten« verkündet. Wie lange muss der Durchschnittsmensch den Sonnenstrahlen ausgesetzt sein, bis seine oder ihre Haut zu brutzeln anfängt? Elf Minuten! Man muss sich hier also keiner nuklearen Strahlung aussetzen, um eine tödliche Strahlendosis abzubekommen. Wenn man den Rasen 15 Minuten lang im Sonnenschein mäht, wirken die Strahlung ebenso, und da das Ozonloch über der Antarktis Jahr für Jahr wächst, sind die Sonnenbrandzeiten lediglich ein Hinweis darauf, was für die Zukunft noch zu erwarten ist.

Mein Zimmergenosse sitzt auf seinem Bett, die Knie bis zum Kinn hochgezogen, und schaut fern, während er Schach spielt. Er sieht zusammengeschrumpft aus, als würde der Fernseher das Leben aus ihm heraussaugen. Wir unterhalten uns, ohne dass er deshalb den Blick von der Glotze wendet. Er erzählt mir: »Ich reise immer mit wenig Gepäck. Bevor ich am Schalter der Airline einchecke, fülle ich meine Taschen mit Flaschen voll Wasser, damit ich das maximal zulässige Gepäckgewicht erreiche.« Er grinst.

»Warum?«, frage ich. Das Zimmer mit solch seltsamen Leuten zu teilen, ist für mich nicht etwa interessant, es verstärkt im Gegenteil mein Gefühl der Einsamkeit.

»Lies das Kleingedruckte auf deinem Ticket!« Er dreht sich um, kramt in seiner Plastiktasche und zieht sein Flugticket heraus. »Die Fluggesellschaften erstatten verloren gegangenes Gepäck ausschließlich nach Gewicht. Je schwerer es ist, umso mehr wird dir erstattet.«

Ich stelle ihn mir vor, wie er um die Welt reist, im Flugzeug sitzt und die Daumen drückt, dass seine mit Plastikflaschen voller Wasser gefüllten Taschen abhanden kommen mögen. Lässig richtet er die Fernbedienung auf den Fernseher und zappt durch die Kanäle zu einem Programm, in dem Maori gesprochen wird. »Warum reden die nicht Englisch, wie man erwarten sollte?«, fragt er beleidigt. Ich gehe hinaus, lasse ihn auf seinem Bett gekauert sitzen und mit einer kurzen Bewegung des Handgelenks durch die Kanäle zappen.

Am Morgen bereite ich mir, ganz aufgedreht wegen der Aussicht, einen neuen Track in Angriff zu nehmen, ein heißes Frühstück zu. Ich schalte den Backofengrill an, schiebe mehrere Scheiben Brot, belegt mit Cheddarkäse und Tomatenscheiben, auf den obersten Rost und packe dann schnell zusammen. Mein Zimmergenosse ist vor dem Fernseher erstarrt. Voller Vorfreude, aber auch voll bepackt, schwanke ich um die Ecke, um beim Postamt von Nelson noch schnell meine Briefe abzuholen. Ich lehne meinen Rucksack gegen eine Bank, setze mich in die Sonne und lese meine Weihnachtspost, die aus einem Geschenk aus Norwegen, Karten, ein paar Briefen und einem Fax besteht. Ich finde es seltsam zu lesen, wie dunkel und scheußlich es in Norwegen, Kanada und London ist. Wie leicht der Mensch doch vergisst und wie nett ist es, daran erinnert zu werden, was für ein Glück ich habe, hier zu sein. Neben mir packt ein Paar aus Dänemark ein Paket aus. Vier Kerzen für den Advent sowie selbst gebackene Weihnachtsplätzchen kommen zum Vorschein. Als die junge Frau diese Grüße aus der Heimat sieht, weint sie. Ihr Freund legt ihr den Arm um die Schulter und tröstet sie. Ein paar Minuten später lacht sie wieder, und glücklich lesen die beiden zusammen ihre Post durch.

Im Bus zum Abel-Tasman-Nationalpark verspüre ich plötzlich Hunger, und in dem Moment fallen mir meine getoasteten Tomaten- und Käsesandwiches ein. Ich habe tatsächlich vergessen, sie aus dem Backofen zu holen. Ungeduldig, wie ich leider bin, hatte ich die Ofentür geschlossen, damit der Käse schneller schmilzt. Was geschieht, wenn der Herd in Brand gerät, wenn die Herberge in Flammen aufgeht? Wird die Polizei nach mir fahnden? Ich rutsche auf meinem Sitz ein Stück tiefer und verstecke mich für alle Fälle.

Von meinen Schuldgefühlen lenke ich mich ab, indem ich mir die DOC-Broschüre ansehe. Abel Janszoon Tasman, ein Holländer, war der erste Weiße, der Neuseeland im Jahr 1642 »entdeckte«. Er glaubte nicht, dass die Insel über so viele Reichtümer verfügte, dass sich Handelsbeziehungen lohnten, und so zeigte die holländische Regierung kein Interesse an dem neuen Territorium. Man stelle sich vor, da wird eine Insel wie Neuseeland entdeckt, und man hält sie nicht einmal für wert, dass man Besitzansprüche darauf erhebt! Erst als Captain Cook 125 Jahre später nach Tasman kam, begann die europäische Kolonisierung.

Der Weg in den Abel-Tasman-Nationalpark ist so gepflegt, dass man ihn auf Rollerblades entlangfahren könnte. Die Anchorage-Hütte steht von Büschen verdeckt am Ende eines weiten, goldenen Strands. Mehrere Kajaks liegen auf dem Sand, einige sind noch auf dem Wasser. Die Hütte ist von Kajakfahrern und Wanderern beinahe voll belegt. Ich finde einen der wenigen noch freien Plätze im Gemeinschaftsschlafraum und breite meinen Schlafsack auf der Matratze aus, um so meinen Anspruch auf ein Lager für diese Nacht deutlich zu machen. Neben mir kramt eine Blondine, die einen winzigen Bikini trägt, in ihrem Kleiderberg herum. Ihr Bikinihöschen ist so klein, dass es gerade noch als solches bezeichnet werden kann und nicht unter String firmiert. Ich habe ein Linsenputztuch für meine Kamera in meiner Tasche, das als Badebekleidung wohl effektiver wäre als beide Teile ihres Bikinis zusammengenommen. Sie hat eine perfekte kurvenreiche Figur, von der Art, von der wir Männer für gewöhnlich träumen. Sie rollt ihren Schlafsack neben meinem aus und schaut mich an. Ihre dunklen, braunen Augen bilden einen starken Kontrast zu ihren langen, blonden Locken.

»Schnarchst du?«, fragt sie. Ich halte den Blick bewusst auf ihre Nase gerichtet, die im Gegensatz zu allem anderen eckig und mit Sommersprossen übersät ist. »Sag mal, schnarchst du?«

»Nein«, bringe ich mit Mühe heraus. Warum sind wir Männer bloß so?

»Gut. Ich kann Schnarcher nämlich nicht ausstehen.«

»Und du?«, erkundige ich mich, mache mir aber eigentlich keine Sorgen, dass sie schnarchen könnte.

»Ob ich schnarche?«

»Yeah«, presse ich hervor, wobei ich mich an fast jeder Silbe verschlucke. Männer sind derart auf das Visuelle fixiert! Ich frage mich, ob sie weiß, was ich denke.

»Nein.«

»Wie heißt du denn?« Diese Frage bringe ich verständlich heraus.

»Candy. Und wie heißt du?«

»Candy«, wiederhole ich, dann kriegt die logische Seite meines Gehirns endlich die Kurve. »Andrew, meine ich.«

Gerade noch gerettet, Andrew, aber es fehlt nicht mehr viel, und du knallst durch. Reiß dich zusammen!

Immer mehr Wanderer treffen in der Hütte ein, aber alle Betten sind bereits belegt. Für zehn Wanderer ist kein Platz mehr, deshalb schleppt der Hüttenwart aus einem Lagerraum zusätzliche Matratzen herbei und legt sie auf die überdachte Veranda. Einige Jungs vom nahen Campingplatz kommen mit Literflaschen Limonade dahergewankt, an denen sie verdächtig häufig nippen. Einer kippt urplötzlich in die Büsche um, nachdem er wohl falsch eingeschätzt hat, wie viel Alkohol er verträgt.

Candy sitzt auf den Stufen der Veranda, umringt von vier hingerissenen Männern: zwei Amerikanern, einem Kanadier und einem Dänen. Sie sind so damit beschäftigt, sie zu beeindrucken, dass ich gezwungenermaßen abseits stehe. Für sie alle ist das hier der erste Track. Candy fragt mich, welche Tracks ich schon gewandert bin.

Da sie nun das Stichwort gegeben hat, antworte ich, als zähle ich die Namen von Produkten auf, die ich in einer Wandererversion des

Body Shop erstanden habe: »Rakiura, Milford, Caples, Routeburn, Kepler.« Ich erwähne nicht, dass ich versucht habe, die Banks-Halbinsel zu erwandern, dass mir das aber verwehrt wurde. Damit hat meine Rolle als »Neuling« ein Ende, ich werde so etwas wie eine Autorität, ein alter Wander-Guru.

»Welcher hat dir am besten gefallen?«, erkundigt sich Candy.

Ich denke nach und streiche mir im Bemühen, klug zu wirken, den ungepflegten Bart. »Das ist, als würde man Äpfel mit Birnen vergleichen. Es hängt vom Wetter ab, von deiner Stimmung, wer noch mit in den Hütten ist.« Ich habe mich noch immer nicht daran gewöhnt, dass die Tracks ordentlich verpackt, vermarktet und für den Konsum auf die Regale gelegt werden. »Hab den Milford gemacht« – als sei nichts weiter nötig, um das Naturerlebnis zu schildern.

Candy fragt mich, wo ich in der Welt sonst noch gewesen sei. Als ich es ihr erzähle, meint sie: »Klingt, als hättest du das Reisefieber.«

»Das ist kein Fieber. Fieber ist heilbar.«

Sie sitzen auf der Eingangsveranda im Kreis um eine Kerze und machen keinerlei Anstalten, ins Bett zu gehen. Auf einer der wegen der Überzahl an Wanderern ausgebreiteten Matratzen liegt ein gewichtiger Deutscher neben seiner Tochter und schnarcht laut und zufrieden. Beim Thema, welches die besten Übernachtungsmöglichkeiten für Rucksacktouristen in Asien sind, klinke ich mich aus der Unterhaltung aus und wandere den Strand entlang und wieder zurück. Das friedliche Schwappen der Wellen am leeren Strand, die Geräusche aus dem Busch und die Sterne, das alles verstärkt meine Einsamkeit. Es ist ein wunderschöner Abend, und allein unter einem schwarzen Himmel voller Sterne an einem idyllischen Strand hin und her zu wandern, erfüllt mich mit einem wehmütigen Gefühl.

Die anderen unterhalten sich immer noch, als ich zurückkehre. Ich putze mir die Zähne, dann stecke ich mir Ohropax in die Ohren, damit ich das Schnarchen nicht höre. Selbst in der Hütte ist es kalt. Ich schlüpfe in meinen dicken Schlafsack und bin schon bald eingeschlafen. Irgendwann in der Nacht spüre ich, dass jemand auf das Lager steigt und in den dünnen Schlafsack neben mir kriecht. Ich drehe mich um, um nachzusehen, wer mich da stört, und erkenne Candys blonde Locken, ein paar Strähnen sind mir so nahe, dass sie mich an der Nase kitzeln. Ich hebe den Kopf, um zu sehen, wie eng die Matratzen belegt sind. Auf ihrer Seite des Lagers ist reichlich Platz, weil sich das Paar neben Candy aneinander kuschelt und die ihm zustehende Matratzenfläche kaum in Anspruch nimmt. Desgleichen auf meiner Seite. Candy hat also genügend Ellenbogenfreiheit, friedlich und für sich auf der ihr zustehenden Matratze zu schlafen. Ich lege mich wieder hin, aber sie schiebt sich näher heran und ihre Hände beinahe unter meinen Körper. Ich bewege mich nicht und meine sie wispern zu hören, aber ich habe mir die Ohrstöpsel fest in die Ohren gesteckt und kann Geräusche nicht identifizieren. Absolut reglos liege ich da, zu benommen, um die Ohrstöpsel zu entfernen und herauszufinden, ob das Gemurmel lediglich der Fantasie eines LONELY GUY entspringt, der zu lange allein unterwegs ist. Was weiß ich? Kann ja sein, dass sie mir Zärtlichkeiten ins Ohr flüstert.

Als ich die Hütte verlasse, schläft sie noch.

Da ich die Zeit meines Aufbruchs genau geplant habe, sodass er mit der Ebbe zusammenfällt, kann ich durch das jetzt frei liegende Watt laufen, anstatt den langen Weg um die Lagune herum nehmen zu müssen. Auf halbem Weg gerate ich in tiefen Schlamm und muss langsamer gehen. Ich bleibe mit den Zehen an einem unsichtbaren Hindernis hängen, verliere das Gleichgewicht und rutsche aus. Um die Balance wiederzugewinnen, strecke ich die Arme aus und schlage wie ein Schmetterling mit den Flügeln, aber es gelingt mir nicht, ich falle nach vorn und werde vom Gewicht meines schweren Rucksacks in den Morast gedrückt. Mühsam schaffe ich es, mich auf die Hände und Knie aufzurappeln. Ich bin von Kopf bis Fuß mit Schlamm beschmiert, und nachdem ich mich schließlich ganz aufgerichtet habe, kratze ich mir den Morast von den Augen, dem Mund, dem Bart und aus den Nasenlöchern. Ich komme mir wie Charlie Browns Freund Pig-Pen vor.

Als ich endlich den sicheren, harten Untergrund auf der anderen Seite der Lagune erreicht habe, sehe ich voll Schadenfreude, wie zwei Wanderer, meinen Spuren folgend, das Watt überqueren. Natürlich verlangsamen auch sie auf halber Strecke die Schritte, heben die Beine aus dem Morast wie Fliegen, die an Fliegenpapier festkleben. Zu meiner großen Enttäuschung macht aber keiner von ihnen eine Bauchlandung.

Ich komme in der Awaroa-Hütte an, in der sich schon eine Rucksacktouristin aufhält. Als ich eintrete, meine ganze Vorderseite noch immer von einer Schicht bedeckt, die wie getrockneter Kuhmist aussieht und auch so riecht, wirft sie mir einen Blick zu und ignoriert mich dann. Es ist gar nicht so einfach, jemanden in der Enge einer ansonsten leeren Hütte mitten in der Wildnis zu ignorieren. Aber ihr gelingt es vollkommen.

In vielen Teilen des Waldes sind die Bäume schwarz, als hätte ein Feuer gewütet, aber sie sind eindeutig noch am Leben. Ein süßlicher Geruch hängt in der Luft. Als ich mir die Baumstämme genauer ansehe, entdecke ich kleine Klümpchen, aus welchen Haare herausragen, mit winzigen, klaren Tropfen am Ende. Ich tauche den Finger in die Kügelchen, lecke ihn ab und schmecke so etwas wie Honig.

Die östliche Seite des Parks ist zu überlaufen, aber hier ist es menschenleer. Obwohl ich den nordwestlichen Teil des Abel-Tasman-Parks reizvoller finde als das andere, beliebtere Ende, ist außer mir kein weiterer Gast in der in eine DOC-Hütte umgewandelten Farm, als ich am Abend dort eintreffe.

John, ein Rentner aus Takaka, der während der Sommermonate als Hüttenwart arbeitet, kontrolliert meinen Pass. Seine langen Haare fallen ihm lockig über die breiten Schultern. Er setzt sich neben mich, um sich mit mir über die Flora und Fauna des Parks zu unterhalten. »Die Klümpchen, die du an den Buchen gesehen hast? Die werden von einem Insektenweibchen gebildet, das sich in die Rinde eingräbt. Es saugt Saft aus dem Baum und scheidet den Überfluss durch den feinen, haarartigen Faden aus, der aus dem Stamm hervorlugt. Diese Ausscheidung sammelt sich am Ende des Haars zu einem winzigen Tropfen, von dem sich Vögel und Insekten ernähren, beispielsweise Bienen und Wespen. Fällt der Tropfen aber auf den Boden, den Baumstamm oder die umgebende Vegetation, dann nährt er einen schwarzen, rußigen Pilz. Das ist das schwarze Zeug, das du gesehen hast.«

»Und der süße Geruch, ist das der Honigtau?«, frage ich, während ich das Teewasser aufsetze.

»Yeah.«

In der Hoffnung, dass John noch eine Weile bleibt und mit mir spricht, krame ich in meinem Rucksack nach einer Packung Butterkeksen. Ich bin zu viel allein, und auch wenn ich in meinem Leben eine ganze Menge in Ordnung bringen muss, hat es keinen Zweck, zu viel allein zu sein.

»Am Track sind viele Fallen«, stelle ich fest, während ich zwei Tassen Tee einschenke.

Er trinkt einen Schluck, bevor er darauf eingeht. »Ah yeah, manche Fallen sind für Opossums, andere für Hermeline. Inzwischen hab ich sie unter Kontrolle, aber eine Zeit lang war es schlimm. Die Opossums haben die Wanderer praktisch abgepasst und angebettelt. Ganz schön hartnäckig, diese Viecher. Sind sogar in die Hütte eingedrungen und haben aus den Rucksäcken alles Essbare geklaut.« Er greift sich in die Brusttasche. »Zigarette?«

»Danke, ich rauche nicht.« Ich halte ihm die offene Kekspackung hin. »Woher sind die Opossums gekommen?«, frage ich. »Ich dachte, es gibt überhaupt keine endemischen Säugetiere in Neuseeland, von den Fledermäusen mal abgesehen.« Ich weiß, dass die Opossums nicht heimisch sind, aber ich möchte das Gespräch in Gang halten.

John schüttelt den Kopf und nippt an seinem Tee, wobei er wegen des Dampfs die Augen schließt. »Australische Buschschwanzopossums«, sagt er. »Ironischerweise stehen sie in Australien unter Artenschutz, aber hier, ohne natürliche Feinde und mit jeder Menge Nahrung, haben sie sich unheimlich vermehrt. Heute sind es an die 70 Millionen.«

»Das ist die gleiche Zahl wie die der hiesigen Schafe.«

»Genau. Und deshalb müssen wir sie loswerden. Sind verdammt nutzlos. Die Schafe können wir wenigstens essen.«

Zur Verteidigung der Opossums sage ich: »Aber sie haben große Augen und ein weiches Fell wie die afrikanischen Buschbabys.«

»Beuteltiere«, korrigiert er mich. »Sie haben Beutel und sind nachtaktiv, gehen nachts auf Beutefang.«

»Sieht man deswegen so viele auf der Straße platt gefahren?«

»Sie werden von den Autoscheinwerfern geblendet. Ist auch gut so.« Er taucht einen Keks in seinen Tee und isst erst das aufgeweichte Stück, bevor er sich den Rest in den Mund schiebt.

»Ich habe auch auf dem Track welche tot daliegen sehen.« Ich biete ihm noch einen Keks an.

»Vergiftet. Normalerweise mit 1.080«, sagt er, als sei dies eine Zahlenkombination, die jedem etwas sagen müsste. »Schmecken gut, die Kekse«, fügt er hinzu.

»1.080?«

»Natriummonofluorazetat. Soll angeblich wasserlöslich sein.«

Ich nicke, als würden diese großartigen Wörter alles erklären. Gift. Auch ich tunke meinen Keks in den Schlaftee. Er schmeckt komisch. »Und welche Auswirkung hat das auf die Umwelt, auf andere Tiere, die Vögel?«

Er zuckt die Achseln. Auf einmal reagiert er empfindlich auf meine Frage: »Welche Alternative haben wir denn? Die Opossums fressen uns unsere Wälder weg.«

»Sie sehen süß aus.« Ich will John nicht etwa provozieren, denn sie sehen wirklich süß aus, im Gegensatz zur DOC-Propaganda, die das Gegenteil behauptet.

»Sie fressen unsere heimischen Pflanzen und Bäume, Schnecken, Langfühlerschrecken und andere wirbellose Tiere. Vogeleier und Jungvögel, beispielsweise vom Kiwi, oder von den beiden Austernfischern, die du vielleicht vorhin am Strand gesehen hast. Jedes Mal, wenn das blöde Paar Eier legt, sind die Opossums da und schnappen sie sich. Lauern wahrscheinlich schon darauf, dass sie ihre Eier legen. Außerdem verbreiten sie die Rindertuberkulose, die unsere Milch- und Fleischindustrie bedroht.«

»Und was könnt ihr dagegen tun?«

»Sie abschießen, mit Fallen fangen, sie vergiften. Was immer wir tun, es ist nicht genug. Dass die Opossums hier eingeschleppt wurden, hat unserer Natur den Rest gegeben.«

»Klingt ziemlich harsch.«

Er errötet leicht, und ich wechsle das Thema. »Ich dachte, ich hätte heute am Weg eine Marihuanapflanze gesehen.«

»Ah yeah. Nur eine?« Er lacht. »In den Parks sind ganze Marihuanafelder. Mit einer Marihuanapflanze kannst du an die 1.000 Dollar verdienen. Die Marihuanapflanzer sind der Polizei und den Opossums immer einen Schritt voraus. Sie haben angefangen, ihre Gärten mit rasierklingenscharfem Stacheldraht vor den Opossums zu schützen. Dann haben die Opossums es geschafft, da hindurchzukommen, deshalb sind sie dazu übergegangen, Elektrozäune aufzustellen. Als die Polizei von ihren Helikoptern aus nach den Marihuanafeldern gesucht hat, haben sie die Gärten gefunden, indem sie einfach auf die elektrischen Störungen in ihren Funkgeräten geachtet haben. Deshalb sind die gerissenen Pflanzer jetzt auf die Idee gekommen, die elektrischen Zäune nur nachts einzuschalten, wenn die Opossums unterwegs sind, die Hubschrauber dagegen nicht. Es ist ein ewiges Katz- und Mausspiel.« Er schweigt eine Weile, dann schiebt er seine langen Haare von den Schultern nach hinten und meint: »Natürlich meinen viele, wir DOC-Mitarbeiter hätten den besten Zugang zu guten Pflanzgebieten.«

In der Nacht regnet es heftig, und schon vor dem Morgengrauen werde ich durch lautes Vogelgezwitscher geweckt. Aber es ist sowieso unmöglich, an einem so herrlichen Tag zu schlafen. Ich gehe den Track bis ans westliche Ende des Parks. Dunst steigt vom feuchten Waldboden auf, als gäbe es unter den abgefallenen Blättern Dampfschächte. Die Strahlen der Morgensonne dringen schräg durch das Blätterdach und lassen den Dunst in einem unheimlichen Gitterwerk aus Licht und Schatten erstrahlen. Der Regenwald hallt von den vielfältigen Melodien unsichtbarer Vögel wider. Das Gefühl der Unendlichkeit in diesem uralten Wald erfüllt mich mit Demut.

Heaphy Track

In dieser Ecke von Neuseeland fahren so wenige Autos, dass ich, statt zu trampen, fast die ganze Strecke nach Takaka, dem Hippiezentrum des Landes, laufen muss. Auf der Hauptstraße werde ich von einem Pferdewagen überholt, der aus der Hinterachse eines Autos zusammengebaut wurde. Graue Haare, ein Bart und buschige

Augenbrauen verdecken das Gesicht des Fahrers. Er hat sich ein rotes Tuch um den Hals gebunden, und der langhaarige graue Hund, der neben ihm sitzt, trägt das gleiche. Sie könnten Zwillinge sein. Der Karren kommt an alten Morris Minors, Hillmans, Anglias, Vauxhalls, Rovers, Humbers, Sunbeams, Landrovern, Zephyrs, Oxfords, Austins, Triumphs und Bedfords vorbei. Auf der Ladefläche eines Lieferwagens bellen lautstark ein paar Schäferhunde, als das Kutschpferd vorübertrabt.

Ein Minibus bringt uns Wanderer zum Ausgangspunkt des Heaphy Track, einer fünftägigen Tour, die uns an die Westküste zurückführen wird. Der Track war eine Route der Maori, er hat also eine gewisse historische Bedeutung und ist nicht nur für Touristen angelegt worden. Unterwegs halten wir bei einer beeindruckenden Schlucht an. Als wir aus dem Bus steigen, belehrt uns der Fahrer: »Abenteuertourismus ist eine Modeerscheinung und nichts für Neuseeland. Bungeejumpen kann man überall auf der Welt. Was hier einzigartig ist, ist die unberührte Natur. Seht euch das an!« Er deutet nach vorn. »Da haben sie dieses riesige, scheußliche Stahlding hingebaut, nur zum Bungeejumpen. Das war hier früher ein so malerischer Ort, warum kann man nicht einfach dasitzen, schauen, meditieren oder in einem Kajak oder Kanu den Fluss hinunterfahren? Jetzt kommen die Leute sogar von Wellington mit dem Hubschrauber angeflogen, um von diesem Ding zu springen, aber die natürliche Schönheit des Flusses ist zerstört.«

Soweit ich es beurteilen kann, gehört er mit seiner Meinung in Neuseeland einer Minderheit an, aber wir alle murmeln zustimmend.

Es macht süchtig, das stille Stapfen durch den Regenwald. Zufriedenheit erfüllt mich. Ein paar Stunden nachdem ich diesen Track begonnen habe, fängt es an zu schütten, gerade als ich bei der Perry-Saddle-Hütte ankomme. Darin hat schon eine Kiwi-Familie, ein Mann namens Wayne, sein Sohn und seine Tochter, Zuflucht gefunden, außerdem zwei Kiwi-Frauen, Myra und Linda. Die beiden, ein nettes Paar, wenn sie sich mal überwinden, mit uns zu reden, verbringen die meiste Zeit ungeniert aneinander geschmiegt auf dem Matratzenlager. Da sie sich die Schlafsäcke nur flüchtig übergelegt haben, bleibt ihr lustvoller Zeitvertreib unseren Blicken kaum verborgen.

Wayne brät dicke Scheiben frisches Rindfleisch. Mir hängen die Fertigsuppen und Nudeln zum Halse heraus, daher habe ich mir für diese Tour in einem Reformhaus in Takaka etwas anderes gekauft: getrocknete Erbsen mit Schinken. Ich koche das Gericht fünf Minuten, wie für alle getrockneten Lebensmittel angegeben, aber das Essen ist fast ungenießbar salzig, und die Erbsen sind hart wie Kieselsteine. Hungrig schlinge ich sie trotzdem hinunter. Dann trinke ich, weil ich unglaublichen Durst habe, einen Liter Wasser. Ich fühle mich aufgebläht, als würden die Erbsen in meinem Magen sich voll Wasser saugen. Schließlich frage ich mich, ob ich nicht doch etwas falsch gemacht habe, und hole die Verpackung wieder aus dem Mülleimer. Die Suppenmischung aus Erbsen und Schinken enthielt zwar getrockneten Schinken, aber das Kilo Erbsen muss über Nacht eingeweicht und dann ein paar Stunden gekocht werden. Ich hatte sie knappe fünf Minuten kochen lassen, kaum genug, um sie richtig anzufeuchten. Jetzt schwimmen sie wie vorgeschrieben zwar in einem Liter Wasser, aber in meinem Magen. In meinen Innereien blubbert es, während ich dasitze, im Gästebuch lese und mich bemühe, nicht daran zu denken, was ich mir da angetan habe.

Mein voller Bauch bläht sich ungeheuer auf. Ich wälze mich die ganze Nacht vor Schmerzen hin und her, während gärende Erbsen in mir detonieren, allerdings werden die Implosionen von meinem Dreischichten-Schlafsack gedämpft. Myra und Linda, meine beiden Bettgenossinnen, sind zu sehr mit ihren nächtlichen Aktivitäten beschäftigt, als dass meine kulinarischen Probleme ihnen auffallen würden. Hin und wieder erscheint ein Knöchel, eine Hand oder sonst ein Körperteil an einer Stelle, wo ich ihn am wenigsten vermutet hätte. Ich ziehe mir den Schlafsack bis zur Nasenspitze hoch und beobachte verstohlen ihre wilden Ferkeleien.

In der Nacht hat es geregnet, geschneit und gehagelt. Mehrere Male wurde ich vom Heulen des Winds aufgeweckt und war mir sicher, das Dach würde jeden Augenblick von der Hütte gerissen. Inzwischen hat sich der Wind wieder gelegt, und Schnee fällt in nassen Klumpen vom Wellblechdach. Mein Magen ist immer noch aufgedunsen, und ich bemühe mich, dass die anderen nichts von meinen Blähungen mitbekommen, doch als ich meinen Schlafsack von unten aufrolle, entweichen die darin gestauten Gase.

In der Saxon-Hütte treffe ich wieder auf Wayne und seine Familie. Er bereitet schon das Abendessen zu – Würste und Koteletts –, während die Kinder Karten spielen. Nach dem Essen räumt Wayne auf. Anscheinend ist er Mädchen für alles. Obwohl seine »Kinder« bereits auf die Universität gehen, leben sie noch zu Hause, und vermutlich gilt dort die gleiche Arbeitsteilung: Er macht die Arbeit, sie erholen sich.

»Want to play caads?«, fragt mich der Sohn.

»Wie bitte?«, frage ich zurück, während ich damit beschäftigt bin, zusammen mit Wayne Töpfe und Pfannen zu schrubben.

»Caads. You want to play caads?«

Ich schüttele den Kopf.

Wayne mischt sich ein. »Cards. Er will wissen, ob du mit uns Karten spielen willst«, wiederholt er mit einem für mich verständlichen Akzent.

»Ach, Kaarten, na klar.«

»Ist doch das Gleiche«, meint der Sohn.

Sie bringen mir bei, wie man Letzte Karte, Arschloch und König spielt. Draußen geht sintflutartiger Regen über dem Wald nieder. Wir sind schließlich fast an der Westküste, wo der meiste Niederschlag von ganz Neuseeland fällt. »Pisst wie verrückt«, sagt der Sohn und schaut zum Fenster hinaus.

»Es regnet heftig«, korrigiert ihn sein Vater.

»Was macht ihr sonst so zum Zeitvertreib, außer Karten spielen?«, frage ich und sortiere mein Spiel.

»Wir gehen auf die Jagd«, antwortet Polly, die Tochter, ohne auch nur aufzublicken.

Myra und Linda kommen völlig durchnässt an. Nach wenigen Minuten liegen sie innig aneinander gekuschelt auf dem Matratzenlager. Ihre Umarmungen kümmern uns nicht weiter, da wir damit beschäftigt sind herauszufinden, wer das Arschloch und wer der König ist. Nichts erinnert uns daran, dass schon bald Weihnachten ist. Kein Radio, kein Fernseher, keine Weihnachtslichter im Busch.

Wayne ist so nett, mir morgens eine Tasse Tee zu servieren.

Den ganzen Tag über laufe ich allein. Es macht eindeutig süchtig, das Wandern durch den tiefen Regenwald. Ich habe das Gefühl, mein Körper verlange nach dem Sauerstoff, nach der Atmosphäre, nach irgendetwas ...

Als ich in der nächsten Hütte ankomme, spielen die beiden Kinder Karten, und Wayne ist schon damit beschäftigt, die zweite Fleischseite anzubraten. Ich wäre nicht überrascht, wenn er einen ganzen jungen Ochsen in seinem Rucksack mit sich tragen würde. Er fragt: »Hast du Linda und Myra gesehen?«

»Sie waren noch im Bett, als ich die Hütte heute Morgen verlassen habe. Ich weiß nicht, wie sie das schaffen.« Damit er mich nicht missversteht, füge ich hastig hinzu: »Ich meine, so spät aufzubrechen und dann doch so schnell von einer Hütte zur nächsten zu kommen.«

»Absolut unersättlich«, antwortet Wayne und nimmt ein weiteres Fleischstück aus der gusseisernen Pfanne. Seine Kinder warten gespannt mit offenem Mund.

Ein paar Stunden später treffen Linda und Myra ein. Kaum haben sie ihre Schlafsäcke ausgerollt, sind sie schon wieder bei der Sache.

Im Regenwald fühle ich mich nicht allein. Nachdem ich mich umgeblickt habe, ob mich nicht womöglich jemand beobachtet, umarme ich einen Baum, das Gesicht gegen den bemoosten dicken Stamm gedrückt, die Arme darum geschlungen. Ich halte ihn mehrere Minuten, dann lasse ich los. Es ist nicht so seltsam, wie ich vermutet hatte: Es fühlt sich gut an. Bäume können gute Freunde sein. Ich schaue mich noch einmal um, bevor ich es ein zweites Mal versuche, und sehe Linda und Myra Händchen haltend dastehen. Verlegen lächle ich ihnen zu. Sie schütteln theatralisch die Köpfe und setzen ihre Wanderung den Weg hinunter fort, und zwar auf Beinen, so muskulös, dass ich geradezu zum Mörder würde, könnte ich sie gegen meine austauschen.

Auf der Tour zur Heaphy-Hütte überquere ich ein paar schwankende Hängebrücken, die Kalksteinkliffs und Höhlen beziehungsweise den Heaphy River überspannen. Die Felsen sind derart von Pflanzen überwuchert, dass im gedämpften Licht des dichten Regenwalds schwierig zu unterscheiden ist, was Felsen ist und was nur Pflanzen sind. Die Wurzeln eines riesigen Baums hängen über den Kalkstein wie Kerzentropfen auf einer Weinflasche, an der geschmolzenes Wachs hinuntergelaufen ist. Ich bin mir nicht sicher, ob die Kliffs die Bäume halten oder umgekehrt. Die Bäume sind von Parasiten überwuchert, die Nährstoffe aus dem Humus aufnehmen, der sich hoch oben in den Zweigen gesammelt hat. Felsbrocken und Ranken, Tentakeln und Wurzeln, alles hat sich zu einem dampfenden, stillen Haufen aus Vegetation und Fels verheddert.

Man braucht nicht viel Fantasie, um in diesen Formen und Schatten alle möglichen Furcht einflößenden Wesen zu sehen.

Durch eine Lücke in den Nikaupalmen erhasche ich einen Blick auf den breiten Heaphy River, wie er sich in das Tasmanische Meer ergießt. Als ich bei der Heaphy-Hütte ankomme, stelle ich fest, dass man auch von hier, durch den Wald vor dem ablandigen Wind geschützt, Ausblick auf den Fluss und das Meer hat. Weil die Hütte windgeschützt ist, wimmelt es von Sandfliegen. Sie sind so bösartig, dass ich nicht verwundert wäre, wenn sie nicht nur beißen, sondern auch noch bellen könnten. Ich gehe am Fluss entlang zur Küste, wo riesige Brecher auf endlose Kilometer leeren Strand donnern. Treibgut, wahrscheinlich Bäume, die in den Fluss stürzten und bis zum Meer getragen wurden, liegt am Strand, vor allem an der Flussmündung, verstreut.

Da ich nicht in der Hütte schlafen will, verbringe ich einen großen Teil des Nachmittags damit, mir auf der Sandbank, dort, wo der Fluss in einer letzten Biegung ins Meer strömt, einen Windschutz zu bauen. Haufen wunderbar geeigneten Treibholzes liefern reichlich Baumaterial. Das fertige Bauwerk ist sowohl als Schutz gegen die enorme Sonneneinstrahlung als auch gegen den starken Westwind gedacht.

Ein athletischer Kiwi kommt, dem herumliegenden Treibholz ausweichend, über den Sand gejoggt und bewundert mein Werk. »Klasse«, sagt er. »Cool. Irre. Gefällt mir. Spitze. Super. Toll.« Er ist wie vom Donner gerührt, baff, von den Socken, um es umgangssprachlich auszudrücken. »Cool« ist ein Wort, das er ständig benutzt, selbst als ich mich vorstelle. Ich hätte nie gedacht, dass mein Name etwas »Cooles« hat.

»Toller Schutz«, sagt er abschließend.

»Crisp«, entgegne ich. Wenn ich schon nicht in einer Weise »cool« sagen kann, dass es auch nur annähernd cool klingt, kann ich genauso gut einen neuen Ausdruck erfinden. Ich habe einfach nicht die richtige Betonung auf dem »kuh« von »cool«.

»Crisp?«

»Yeah, crisp. Bedeutet cool, ist nur cooler als cool.«

»Crisp.« Er wiederholt es mehrere Male, um den Klang und den Effekt zu testen. »Cool«, meint er zum Schluss noch einmal.

Er joggt zwischen dem Durcheinander von Baumstämmen in Richtung Hütte davon. Ich richte mir mein Nachtlager her. Die Sonne versinkt als roter Ball im Tasmanischen Meer, gerade als ein orangefarbener Vollmond über der Flusslagune auf der anderen Seite der Sandbank aufgeht. Unter diesem grandiosen Himmelsschauspiel koche ich mir mein Essen, dann strecke ich mich neben meinem Windschutz aus. Ich überlege, wie meine Familie und meine Freunde wohl Weihnachten verbringen, während ich so weit, weit entfernt auf diesem abgelegenen Strand an einer menschenleeren Küste liege.

Das Tosen der Wellen, die auf den Strand spülen, weckt mich auf. Heute ist Heiligabend. Die Sonne scheint, und es ist schon warm. Ganz in der Nähe trocknen Scharben mit weißem Brustgefieder ihre Flügel in der Sonne. Ich habe auf dem weichen Bett aus Sand bei einer angenehmen Brise, die die Insekten fern gehalten hat, außergewöhnlich gut geschlafen.

Ich schüttele den Sand aus meinem Schlafsack, rolle ihn zusammen, packe meinen Rucksack und gehe zur Hütte. Die meisten Wanderer, einschließlich Wayne und seiner Kinder, sind bereits aufgebrochen. Trotz der lästigen Insekten halten sich Linda und Myra noch immer in liebevoller Umarmung umschlungen. Soll ich warten, bis sie sich voneinander lösen, um mich von ihnen zu verabschieden, oder soll ich einfach gehen? Ich breche auf, da ich weiß, dass sie mich ohnehin einholen werden.

Beim Parkeingang wartet Waynes Frau auf ihren Mann und die Kinder. Sie bieten mir an, mich nach Karamea mitzunehmen, dem nächsten Ort, wo ich als besonderen Weihnachtsluxus bereits ein Zimmer in einer besseren Unterkunft als einer gewöhnlichen Backpacker's Lodge gebucht habe. Nachdem ich ihre Einladung, mit ihnen noch weiter nach Süden, bis Westport, zu fahren, abgelehnt habe, melde ich mich an der Motelrezeption an. Da ich nichts Besseres zu tun habe, schlendere ich durch das abgelegene Dorf zu einer kleinen Holzkirche und stelle fest, dass der Weihnachtsgottesdienst morgen um zehn Uhr stattfindet. Außer der Kirche gibt es nicht viel zu besichtigen: Karamea besteht aus einer Straße mit einem Café und einem Gemischtwarenladen. Die Cafébesitzerin serviert mir eine Tasse Kaffee, besteht darauf, dass ich ihren Kuchen probiere, und möchte mich nicht dafür bezahlen lassen. Zwei ihrer Söhne, die beide wild zerzauste Haare haben, lenken sie ab: Einer jagt mit seinem Fahrrad mitten über die Straße und zieht den anderen auf einem Skateboard hinter sich her, wie ein Wasserskifahrer an einem Seil hinter einem Jetboot. Der Skateboarder saust leichtsinnig von einer Seite der leeren Straße zur anderen. Wenn er stürzt, wird er sich auf dem Kies ordentliche Schürfwunden zuziehen.

»Setzt eure Helme auf!«, kreischt sie ihnen nach. »Irgendwann verletzen sie sich noch«, sagt sie zu mir. »Seit die Straße geteert worden ist, glauben sie, es wäre ein Slalomkurs.« Die Kinder sind wie ihre Mutter und alle hier barfuß. Ich komme mir mit meinen Sandalen übertrieben fein vor.

»Wo übernachten Sie?«, fragt sie mich.

»Im Motel an der Straße.«

»Und was machen Sie morgen?«

Unsicher zucke ich die Achseln.

»Ich weiß auch noch nicht, was wir machen, aber würden Sie gern kommen, falls wir den Grill anwerfen?«

»Danke, das ist nett von Ihnen.«

In jeder Unterkunft für Rucksacktouristen wäre ich mit anderen heimatlosen Reisenden zusammen gewesen, und wir hätten unsere eigene Weihnachtsfeier organisiert. Ich gehe zum Motel zurück, und unterwegs wird mir klar, dass es ein Fehler war, diese teure Unterkunft zu buchen. Die wenigen Gäste wirken unglücklich und sehen aus, als seien sie wild entschlossen, Weihnachten schlichtweg zu ignorieren. Ich tröste mich damit, dass ich wenigstens nicht zu kochen brauche. Aber in dem fast leeren Restaurant allein beim Abendessen zu sitzen, ist deprimierend. In Norwegen wäre das Essen am Heiligabend das wichtigste des ganzen Weihnachtsfests. Ich bemühe mich, nicht daran zu denken, aber so kommt mir noch schmerzlicher zu Bewusstsein, dass ich allein in einer trostlosen Ecke dieses isolierten Landes sitze.

Ich flüchte in die Lounge und hoffe im Fernsehen etwas zu sehen, das irgendwie Weihnachtsfreude verbreiten könnte. Aber gerade als Weihnachtslieder angestimmt werden und meine Stimmung sich etwas aufheitert, schließt das Personal das Hauptgebäude des Motels und ich werde rüde hinausgeworfen.

Verdrossen schließe ich hinter mir die Tür meines Zimmers, einer Fertigbetonzelle ohne Toilette, Waschbecken oder Fernseher. Es ist wenige Minuten nach Mitternacht am ersten Weihnachtsfeiertag. Während ich mich ausziehe, in Selbstmitleid zerflossen, komme ich zu dem Schluss, dass daran zwei Dinge tröstlich sind. Erstens ist es in Europa zwölf Stunden früher und in Kanada sogar noch früher, daheim ist also noch gar nicht richtig Weihnachten. Zweitens ist dies seit zwei Monaten die erste Nacht, in der ich in meinem eigenen Zimmer in einem richtigen Bett mit sauberen Laken schlafe. Das ist doch schon etwas.

In dem Zimmer ist es heiß und stickig, die Fenster sind aus unerklärlichen Gründen in ihre Rahmen fest zementiert. Da ich nicht die ganze Nacht bei angelehnter Tür schlafen möchte, schalte ich den Deckenventilator ein. Dann schlüpfe ich zwischen die weichen, frisch duftenden Laken und liege entspannt auf dem Rücken. Ich knipse die Nachttischlampe aus, ein weiterer Luxus, und bette mein Haupt auf ein mit weißem Leinen bezogenes Federkissen. Der Deckenventilator gewinnt an Fahrt und weht eine angenehme Brise über mich. Ich konzentriere mich auf diesen kleinen Luxus, während sich die rhythmisch kreisenden Ventilatorenblätter immer schneller drehen.

Irgendetwas fliegt von einem der Blätter und klatscht mir ins Gesicht. Ich ziehe mir das gummiartige, nach Fisch riechende Ding von der Nase, setze mich auf und schalte das Licht an. Zwischen meinem Zeigefinger und Daumen baumelt schlaff ein benutztes, klebriges Kondom.

Erster Weihnachtsfeiertag, Karamea

Das Guthaben auf der 100-Dollar-Telefonkarte ist schon nach wenigen Minuten aufgebraucht: Ich rufe meinen Vater in Toronto an, meine Mutter in London und Kirsten in Norwegen. Ein paar Minuten lang bin ich Superman, fliege von Neuseeland nach Kanada, dann nach England und Norwegen. Schließlich ist es wieder still, und ich stehe an diesem sonnigen Tag in meinem Superman-Anzug in einer Telefonzelle, unendlich weit von dem dunklen, verschneiten Weihnachten meiner Lieben entfernt.

Seit meiner Ankunft in Neuseeland war es kalt, und es hatte immer wieder geschneit. Jetzt ist es heiß und sonnig, und ich beschwere mich darüber. Ich bin mir nicht sicher, ob ich mich daran gewöhnen könnte, Weihnachten im Sommer zu feiern.

Vielleicht ist die Heimat weniger ein räumlicher Ort als vielmehr ein Ort im Herzen, überlege ich, während ich, mit meinen besten

Sachen aus dem Rucksack bekleidet, die Straße entlang zur Kirche gehe. Ich betrete die Kapelle und schlüpfe verlegen in eine der hinteren Bankreihen. Die Gemeinde, alles Ehepaare beziehungsweise Familien, dreht sich nach dem Neuankömmling um. Eine ältere Frau in einem bunten Kleid heißt mich förmlich willkommen. Der warme Empfang rührt mich und erinnert mich an die Weihnachtsgottesdienste in Norwegen mit meiner adoptierten norwegischen Familie. Die Bilder der skandinavischen Yuletide kommen mir jetzt verwirrend idyllisch vor: die von Kerzenschein erhellte Dunkelheit, der Inbegriff von Weihnachten. Im Gegensatz zu Norwegen, wo wir in Mäntel und Wollschals gemummelt wären, tragen die Männer hier leichte Polyesterhemden, Hosen mit Gürteln, die unter dicken Bäuchen verschwunden sind, und abgetragene, aber geputzte Schuhe. Ihren breiten Nacken nach zu urteilen, die wettergegerbt und von den sengenden Sonnenstrahlen faltig sind wie Elefantenhaut, müssen sie Farmer sein. Die Frauen erstrahlen in bunten Baumwollkleidern mit Blumenmuster. Wie aufs Stichwort hebt draußen vor der Kirche ein Vogel zu seinem Gesang an.

Zögerlich beginnt die Organistin, ein Lied auf der Orgel zu spielen. Mitten im Lied bricht sie ab, wir jedoch singen weiter nach dem Text im Gesangbuch, bis einer nach dem anderen verstummt. Sie nickt mehrere Male, während sie in Gedanken die ersten paar Takte durchspielt. Wir versuchen es noch einmal mit etwas mehr Erfolg, aber mitten im Lied verliert sie erneut den Faden, und wir müssen wieder von vorn anfangen. Im Gegensatz dazu singen wir »Stille Nacht« nahezu fehlerlos. Ich dämpfe meine Stimme zu einem Flüstern, denn mich überwältigt Rührung, weil ich an frühere Weihnachten denken muss.

Beim Hinausgehen, als ich zur Erwiderung der freundlichen Begrüßungen mit dem Kopf nicke, lächelt mir eine jüngere Frau zu und fragt: »Woher kommen Sie?«

»Aus Kanada.«

Sie stellt sich vor: »Carrynne.«

»Und woher kommen Sie?«, frage ich.

»Ich bin von hier, aus Karamea.« Sie stellt mich ihrem Ehemann, Evan, vor: »Aus Norwegen.« Ich begrüße ihn auf Norwegisch. Er antwortet, und wir unterhalten uns auf Norwegisch. »Wieso sprechen Sie Norwegisch, wenn Sie aus Kanada kommen?«, fragt mich Carrynne überrascht.

»Ich habe fünf Jahre in Norwegen gelebt.«

»Haben Sie heute schon etwas vor?«

»Nein«, antworte ich zögernd. Die andere Einladung war vage, nur eine Möglichkeit gewesen.

»Sie können den Tag gern mit uns verbringen. Wir gehen jetzt nach Hause, wo das Weihnachtsessen auf uns wartet, und wir haben mehr als genug zu essen.«

»Sind Sie sicher?«, frage ich.

»Absolut.«

Carrynne und ihr Mann behandeln mich in ihrem kleinen, aber wunderbaren Holzhaus, das an einem Hügel mit Blick auf den Fluss steht, wie ein Familienmitglied. Weil zwei Gäste aus Norwegen da sind, unterhalte ich mich den ganzen Nachmittag über glücklich auf Norwegisch, was mir das Gefühl vermittelt, ein wenig näher an »zu Hause« in Norwegen zu sein. Der Abend ist schon angebrochen, als sie mich beim Motel absetzen.

Als ich zu meinem Zimmer komme, finde ich einen Zettel an der Tür. Die Lady vom Café war gekommen, um mich abzuholen, damit ich Weihnachten mit ihrer Familie verbringe.

Zweiter Weihnachtsfeiertag, Westport

Da ich das deprimierende Motel unbedingt verlassen möchte, trampe ich nach Westport, ein Stück die Küste hinunter, anstatt direkt nach Nelson zurückzufahren. In Westport erlebe ich zufällig die traditionellen Autorennen am zweiten Weihnachtstag. Hier sieht man Kiwis in allen Formen und Größen: wettergegerbte Farmer, deren stämmige Körper nicht mehr in ihre zu engen, abgetragenen Tweedsakkos passen; ihre weißhaarigen Frauen in bedruckten Kleidern mit Strohhüten auf dem Kopf; Typen mit nacktem Oberkörper, tätowiertem Bizeps, kahl geschorenem Schädel und Sonnenbrillen, wie sie eigentlich nur Gangster tragen. Viele dieser Männer sitzen auf der Ladefläche protziger Pickups und trinken literweise Bier. Ihre Frauen liegen bäuchlings im Gras, die Beine ausgestreckt wie Grillbratwürste, und auf ihren krebsroten Rücken sind Flecken weißer Haut zu sehen, genau dort, wo dick Sonnenmilch aufgetragen wurde. Andere Typen sind authentischer: mit zotteligen Bärten, langen Haaren, Zahnlücken und selbst gefertigten Tätowierungen.

Aus den knackenden Lautsprechern dröhnt kaum verständlich: »Ladies and Gentlemen, es sind nur noch zwei Minuten bis zum Start des nächsten Rennens, bitte machen Sie Ihre Investments.« Keine Wetteinsätze, sondern Investments!

Die kratzige Tonbandaufnahme einer Trompetenfanfare kündigt den Start des Rennens an. Mein »Investment« verdoppelt sich.

Eine weitere Ansage: »Es wurde Bargeld gefunden. Falls jemand Geld verloren hat, komme er bitte zum Informationsschalter und hole es ab.«

Ich schaue in meinen Taschen nach. Überall sonst auf der Welt würde diese Durchsage nichts als Hohngelächter ernten, vor allem bei einem Autorennen. Diese altmodische Ehrlichkeit an der Westküste der Südinsel ist wirklich erfrischend.

Nelson-Lakes-Nationalpark

In der Umgebung von Nelson könnte man meinen, man befände sich in Nordamerika: Ganze Berghänge sind abgeholzt und mit amerikanischen Monterey-Kiefern aufgeforstet worden. Diese Bäume wachsen in Neuseeland schneller als irgendwo sonst. Durch die massive Anpflanzung dieser importierten Kiefernart ist auf den Hügeln keine Spur heimischer neuseeländischer Pflanzen mehr zu erblicken. Ganze Ökosysteme sind im Verschwinden begriffen, da alles, was vom heimischen Busch noch übrig ist, von eingeschleppten Tierarten, insbesondere Opossums, Rotwild und Ziegen, aufgefressen wird. Heimische Vögel, Reptilien, Frösche und größere Beuteltiere fallen anderen eingeführten Tieren wie beispielsweise Hermelinen, Ratten, Katzen und Hunden zum Opfer. Neuseeland sieht grün und schön aus, aber das ursprüngliche Ökosystem wurde immer verletzlicher gemacht oder ist bereits zerstört.

Nachdem ich am späten Nachmittag in St. Arnaud angekommen bin, gehe ich zur Kerr Bay hinunter und stehe am Strand des Lake Rotoiti. Jetboote, Wasserskifahrer und Motorboote sausen mit großer Geschwindigkeit hin und her. Die ganze Szene, die Motorengeräusche und die Benzinschwaden in der Luft erinnern mich an Sommer, die ich vor langer Zeit im Cottage Country im Lakedistrict von Ontario, Kanada, verbracht habe.

Später, nachdem ich in meiner Unterkunft zu Abend gegessen habe, gehe ich noch einmal zum Strand hinunter. Dieses Mal fährt kein einziges Boot auf dem See, und der Gesamteindruck ist ein völlig anderer. Statt die Wassersportler anzuschauen, werde ich mir der Wildnis bewusst, der schneebedeckten Gipfel zu beiden Seiten des Sees, die sich in seinem ruhigen Wasser spiegeln, des Vogelgesangs und des Geruchs frischer Luft. Es ist still und friedlich, ganz im Gegensatz zu den Aktivitäten tagsüber. Jetzt erinnert es mich an

Norwegen, wo Motorboote auf Seen und insbesondere in Naturschutzgebieten längst nicht mehr zugelassen sind.

Am Morgen steige ich stundenlang bergauf. Die Ausblicke sind grandios, die Temperatur ist ideal, der Tag sonnig, aber kühl. Dennoch entkomme ich nicht dem ärgerlichen Lärm der Motorboote auf dem See unten. Ich bin allein, da sonst niemand den Track geht, aber das Erlebnis der Wildnis wird durch das unerbittliche Motorengebrumm gestört, genau wie am letzten Tag auf dem Milford Track. Ich komme mir altmodisch und miesepetrig vor, kann es mir aber nicht verkneifen, mir auszumalen, wie es wäre, wenn auf dem See nur Segelboote und Kanus zugelassen wären. Ich gebe mir Mühe, das akustische Ärgernis zu ignorieren, aber es macht mich ganz wahnsinnig. Erst als ich über den Bergkamm und zu der treffend benannten Bushline-Hütte komme, ist endlich wieder so etwas wie Einsamkeit zu verspüren. Ich tröste mich mit der Tatsache, dass sie auf dem See wenigstens Jetskis verboten haben.

Am Abend kommt ein einzelner Kea daher und belästigt mich, er stolziert herum, als suche er Ärger. Ich rette meine Stiefel und stelle sie außer Reichweite von ihm in die Hütte. Er stößt einen traurigen Schrei aus, bevor er beleidigt davonflattert, wahrscheinlich hat er von diesem Tag genauso die Nase voll wie ich.

Ich breche von der Bushline-Hütte auf und komme in eine hochalpine Wüste aus braunen Felsen und Schneeflecken, die noch vom Winter übrig geblieben sind. Die Ausblicke vom Bergkamm auf die zu Füßen steiler Geröllhalden liegenden, wie Juwelen gefärbten Seen, die eleganten türkisfarbenen Halsketten ähneln, sind wundervoll. Als ich einen letzten Schneehang auf einen Sattel hinaufgestiegen bin, erblicke ich ganz unerwartet die Angelus-Hütte, die neben einem halb gefrorenen, wie ein Saphir schimmernden und von einem Gletscher eingerahmten See steht. Ich klettere zum See hinunter, und der Halbkreis aus schneebedeckten Bergen reflektiert und konzentriert die Sonnenstrahlen so stark, dass ich sie auf meiner Haut brennen spüre.

Später, als ich im Schatten der Hütte, vor dem sengenden Sonnenlicht geschützt, unter einem Fenster sitze, höre ich das Gespräch zweier englischer Paare drinnen mit. Sie sind vor zehn Jahren nach Südafrika ausgewandert und jetzt nach Neuseeland emigriert.

»Kiwis sind bescheiden im Vergleich zu Engländern«, stellt einer von ihnen fest.

»Hier gibt es keine so lähmende Hierarchie. Wenn du es schaffst, dann schaffst du es, und damit hat sich's«, sagt der andere.

Eine der Frauen meint: »Stimmt, aber als wir in Auckland angekommen sind, wollte ich zuerst nach Südafrika zurück. Das Wetter macht mir hier immer noch zu schaffen. Es ist so kalt. Und ich kann mich einfach nicht daran gewöhnen, die ganze Hausarbeit selbst zu machen. In Südafrika habe ich mich immer über das Hausmädchen beschwert, aber jetzt wäre ich froh, wenn ich sie hätte.«

Einer der Ehemänner bestätigt die Feststellung. »Materiell waren wir in Südafrika besser dran, mit guten Wohnverhältnissen, Swimmingpool, schicken Autos und Tennisplatz. Die Lebensqualität reichte aber nicht an unsere jetzige heran. Wir leben nicht mehr in gesicherten Wohngebieten, brauchen keine Mauern, Waffen, Hunde, Wachen oder Fenstergitter mehr. Jedes Mal, wenn meine Frau zum Supermarkt gefahren ist, habe ich mir Sorgen gemacht, sie könnte mit dem Auto entführt werden. Das ist auch kein Leben für Kinder. Hier ist es wunderbar, unsere Kinder können zum Spielen ins Freie, und wir brauchen keine Angst um sie zu haben. Diese Freiheit kann man nicht gegen Materielles aufwiegen. Und unsere Freizeitaktivitäten sind die gleichen: Rugby, Kricket und Barbecues. Aber alles mit viel weniger Problemen.«

Angelus klingt einfach viel versprechend, deshalb beschließe ich, noch zu bleiben und nicht gleich weiterzuziehen. Für den Fall, dass mir ein Unfall passieren sollte, hinterlasse ich in der Hütte einen Zettel, dass ich den Mount Angelus besteigen will. Es gibt keinen markierten Weg zum Gipfel hinauf. Ich folge den sich in die eisigen smaragdgrünen Seen ergießenden Bergbächen, an deren Rändern leuchtend gelbe Bergbutterblumen wachsen. Auch Gänseblümchen und das neuseeländische Edelweiß gedeihen auf dem feuchten Boden prächtig.

Ich brauche mehrere Stunden, bis ich den 2.075 Meter hohen Gipfel des Berges erreiche. Zerklüftete Felsspitzen und Bergketten verschmelzen mit dem grauen Hintergrund, und Wolken hängen über dem Tal, das sich in Richtung Nelson erstreckt. In der Ferne ist die lange Biegung der Golden Bay zu sehen, im Vordergrund ragen schneebedeckte Berge auf. Ich gehe denselben Weg wieder hinunter, rutsche über Schneefelder und setze meine Wanderstiefel als Behelfsski ein. Vor Vergnügen jauchze und schreie ich wie ein Kind, bis ich die felsige, mit großen Steinbrocken übersäte Geröllhalde und schließlich die Hütte erreiche.

In meinem Rucksack suche ich nach einem geeigneten Abendessen. Ich habe noch mehrere Nudelfertigpackungen, jeweils mit dem irreführenden Bild eines Tellers mit genießbarem Essen: Makkaroni mit Käse, grüne Fettuccine, Nudeln mit saurer Sahne und Schnittlauch, Nudeln mit saurer Sahne und Pilzen, Nudeln mit Käse und schwarzem Pfeffer, Spagetti carbonara, Nudeln mit Sahnepilzsoße und Schinken. Trotz der großartigen Bezeichnungen sieht jedes dieser Fertiggerichte gleich aus und schmeckt auch so. Ich muss es wissen, seit zwei Monaten esse tagtäglich dieses Zeugs. Ich nehme die zweite Packung Erbsensuppe mit Schinken heraus, die ich in Takaka gekauft hatte, jenes Gericht also, das mir auf dem Heaphy Track die Magenprobleme bereitet hat. Dieses Mal lese ich die Kochanleitung sorgfältig durch: »Über Nacht einweichen oder mindestens zwei Stunden leicht kochen lassen.« Ich habe sie nicht über Nacht eingeweicht, deshalb muss ich sie jetzt zwei Stunden kochen. Zwar kostet die Suppenpackung nur ein paar Dollar, aber die Gaskartuschen für den tragbaren Kocher kosten jeweils acht. Wenn ich diese Erbsen so lange gekocht habe, bis sie genießbar sind, ist das Essen das teuerste Mahl, das ich auf der ganzen Reise zu mir genommen habe.

Gerade als das Wasser zu kochen beginnt, kommen weitere Wanderer an. Während sie ihre eigenen Fertiggerichte zubereiten, bemerken sie zwangsläufig, dass einer der tragbaren Gaskocher außergewöhnlich lange brennt, ohne dass jemand nach dem Essen sieht. Selbst nachdem sie alle mit dem Kochen, dem Essen und sogar mit dem Abspülen fertig sind, brennt mein Kocher, der lange vor ihrer Ankunft entzündet wurde, immer noch.

Ich lege das Buch zur Seite, in dem ich eifrig gelesen habe, und rühre die pampige Erbsenmasse um.

»Du kochst deine Suppe schon ein paar Stunden lang?«, fragt jemand in dem typischen Kiwi-Tonfall, der eine Frage mehr wie eine Feststellung klingen lässt.

»Ich weiß.« Ich lese weiter, als sei es absolut normal, Suppe auf einem tragbaren Gaskocher stundenlang kochen zu lassen. »Hab jede Menge Gaskartuschen in meinem Rucksack. Möchte sie alle aufbrauchen«, bringe ich als Erklärung vor, ohne den Blick von meinem Buch zu wenden. »Dann ist er nicht mehr so schwer«, füge ich in dem Bemühen hinzu, nicht noch verschrobener zu wirken, als ich ohnehin schon bin.

Ich beschließe, noch einen gemütlichen Tag und eine Nacht in der Angelus-Hütte zu verbringen. Alle anderen packen zusammen, brechen in verschiedene Richtungen auf und lassen mich allein zurück.

Es ist Silvester, der letzte Tag des Jahres. Ich steige auf den messerscharfen Kamm des Halbkreises, der den nicht ganz zugefrorenen Saphirsee einfasst. Vom Fuß des Tals steigen Nebelschwaden senkrecht hoch, bevor sie in unsichtbare thermische Strömungen geraten. Als ich am steilsten und höchsten Punkt des Kamms auf einen großen Steinbrocken trete, gibt der nach, kippt mir hinten gegen die Wade und drückt mich in den Schnee. Ich stehe da, wage nicht, mich zu bewegen. Schließlich balanciere ich den Stein vorsichtig mit dem Bein und ziehe es darunter hervor. Der Stein, einmal losgelassen, rollt davon und rutscht über das steile Schnee- und Eisfeld in die Tiefe, zuerst wie ein Schlitten, dann überschlägt er sich und hüpft hinab. Dabei hinterlässt er ein lustiges Muster im Schneefeld, am Anfang wie eine Schneckenspur, am Ende wie die Fußabdrücke eines springenden Riesen. Seltsam, ich stoppe seinen Fall mit meiner Uhr. 30 lange Sekunden vergehen, bis der Steinbrocken mit einem lauten Platschen in den See klatscht, und das Geräusch wird durch die Amphitheater-Akustik noch verstärkt. Die Ringe, die sich auf dem See ausbreiten, werden von den Eisresten aufgesaugt. Manchmal erschrecke ich selbst, wenn mir klar wird, wie unfallgefährdet ich lebe, auch wenn das eben noch einmal gut gegangen ist.

Ich bin enttäuscht, als ich die Hütte bei meiner Rückkehr noch immer leer vorfinde. Jetzt, da ich an dem Punkt angekommen bin, dass ich tatsächlich Leute kennen lernen möchte, ist niemand da. Es wäre nicht das erste Mal, dass ich Silvester in einer Hütte in der Wildnis verbringe. Genau genommen verbringe ich diese spezielle Nacht so am liebsten. Aber so schön es hier auch ist, vor dieser herrlichen Kulisse, es wäre doch nett, an diesem Abend mit anderen zusammen zu sein. Ich meine, ich komme mir ein wenig wie ein Loser vor, wenn ich Silvester ganz allein feiere. Ich lege mich auf ein Etagenbett und versuche vergeblich, ein wenig zu lesen. Am späten Nachmittag kommt die erste Wanderin an, sie betritt die Hütte und stellt ihren Rucksack geräuschvoll ab. Sie ist vollkommen verschwitzt, ihre blonden Haare sind an den Schläfen und im Nacken nass geschwitzt. Sie steht auf einem Bein und dehnt ihre Oberschenkelmuskulatur. Obwohl sie so schwitzt, atmet sie nicht schwer. Sie ist eindeutig sehr fit, außerdem noch hübsch. Ich kann mein Glück kaum fassen und stelle mich vor: »Hi, ich bin Andrew, und ich bin ganz allein hier in dieser Hütte und wüsste nicht, wo ich sonst an Silvester hinsollte.« Eigentlich teile ich ihr nicht viel mehr mit als meinen Namen, den Rest kann sie sich wahrscheinlich sowieso denken.

Auch sie verrät mir ihren Namen. »Tania.«

Ich frage sie, woher sie kommt. Sie zögert. Das kenne ich schon. »Sag es nicht, ich weiß, woher du kommst. Aus Auckland«, stelle ich mit der Selbstgefälligkeit eines Zauberers fest, der eben ein Kaninchen aus dem Hut gezogen hat.

»Woher weißt du das?« Sie starrt mich verblüfft an.

»Jedes Mal, wenn ein Kiwi zögert, mir zu sagen, woher er kommt, zumindest auf dem Festland, dann ist er aus Auckland.« Leute aus dem ländlichen Neuseeland scheinen der Meinung zu sein, Auckländer kämen aus einem anderen Land.

»Auf dem Festland?« Sie sieht mich an, als ob ich nicht ganz zurechnungsfähig wäre, dann balanciert sie auf dem anderen Bein und macht weiter ihre Dehnübungen. »Wo ist das Festland?«, fragt sie nachsichtig, als habe sie es mit jemandem zu tun, der nicht alle Tassen im Schrank hat.

»Du weißt schon, die Südinsel«, antworte ich.

»Wer hat dir gesagt, dass die Südinsel als Festland bezeichnet wird?«, will sie wissen und beugt sich nach vorn, bis sie die Holzdielen beinahe mit der Nase berührt.

»Alle Kiwis, denen ich bis jetzt begegnet bin.« Ich lächle sie an, während sie von ihrer umgekehrten Perspektive seitwärts zu mir heraufschaut.

»Und bis jetzt warst du nur auf der Südinsel, stimmt's?« Sie verharrt in dieser Position, und das Blut strömt ihr in den Kopf.

»Stimmt.«

»Hätte ich mir denken können.«

Sie packt aus, kramt ihr Essen und ihren Kocher ganz unten aus ihrem Rucksack. Ich frage sie: »Es ist Silvester. Warum bist du nicht mit Freunden bei einem Barbecue?« Als Kiwi muss sie doch viele Freunde haben. Es kommt mir komisch vor, dass sie hier ganz allein ist. Wäre ich ein cooler Kiwi, dann würde ich sie bestimmt einladen.

»Die Männer stehen um den Grill und tun so, als würden sie grillen, aber in Wahrheit reden sie nur über Rugby oder Kricket. Die Frauen stehen in der Küche zusammen und tratschen. Zur Abwechslung gehe ich Silvester manchmal in ein Pub. Aber es fällt mir dermaßen auf den Wecker. Die Kerle kapieren einfach nicht, wenn man ›nein‹ sagt. Letztes Silvester habe ich einem eine Bierflasche über den Kopf schlagen müssen.«

Ich trete einen Schritt zurück, um ihr mehr Freiraum zu lassen. Es lohnt nicht, sich wegen eines interkulturellen Missverständnisses verprügeln zu lassen.

»Manchmal muss man sie einfach abwehren.«

Ich mache vorsichtshalber noch einen Schritt rückwärts.

»Ich dachte, es seien die Aussies, die sich so verhalten?«

»Ah yeah? Dann hast du noch keinen Kiwi in Aktion gesehen, mein Lieber. Weißt du, was ein Aussie für das Vorspiel hält?«

»Nein.« Ich zucke die Achseln.

»Hey, Puppe, bist du noch wach?« Sie zieht die Augenbrauen verächtlich hoch.

Ich lache, um ihr zu zeigen, dass ich genau weiß, dass dies die denkbar plumpste Form des Vorspiels ist.

Sie mustert mich. »Aber wenigstens fragt der Aussie, ob du noch wach bist«, fügt sie ohne eine Spur von Ironie hinzu.

Nordinsel

Januar

Wellington

Die Fähre, die von Picton und damit von der Südinsel ablegt, gleitet durch die Marlborough Sounds, und ihr Bug schneidet durch Krillschwärme, die wie rote Blutlachen aussehen. Kleine blaue Pinguine schaukeln bäuchlings auf und nieder, bevor sie untertauchen und sich in Sicherheit bringen. Die Schiffsbesatzung tupft Farbe auf Korrosionsstellen, aber die Männer unterhalten sich mehr miteinander, als dass sie arbeiten. Das Schiffsdeck vibriert von der Kraft der Maschinen und Schiffsschrauben.

Ich liebe Schiffe, ich liebe das Gefühl, irgendwohin zu fahren. Mein Vater war Auslandskorrespondent. Als wir Kinder waren, sind wir von einem Land und Kontinent zum anderen gezogen: von Hongkong nach Indien, von Ostafrika nach London, von Singapur nach Kanada. Mein Vater brachte uns und meine Mutter auf norwegische Frachtschiffe, die auch unsere gesamte Habe transportierten. Er selbst flog voraus und kümmerte sich um die Wohnung und Schulanmeldung. Wir Kinder hatten das Frachtschiff quasi für uns, und die norwegische Besatzung verwöhnte uns. Kindheitserinnerungen, die haften bleiben: wie die rot-weiß-blaue norwegische Flagge am Heck flattert, während mein Bruder und ich vergeblich unser Glück beim Angeln versuchen, aber mit größerem Erfolg unsere Flip-Flops an Angelschnüren befestigen und sie durch das Kielwasser des Schiffs ziehen.

Voller Nostalgie denke ich auch an meine letzte Fahrt auf einer Fähre zurück, nämlich als ich vor drei Monaten Norwegen verließ.

Ich lehne mich an die Reling und spüre, wie mit dem Erinnern unerwartete Emotionen in mir aufsteigen. Tränen stehen mir in den Augen. Gerade als ich dachte, es würde allmählich besser, überwältigt mich plötzlich wieder die Erinnerung.

Damals, genau wie jetzt, erzitterte das Schiffsdeck, als die Fähre an Fahrt durch das spiegelglatte Wasser gewann. Ich stand hinten im Boot und winkte tapfer, bis Kirsten nur noch ein verschwommenes Bild und dann nur noch eine Erinnerung war. Ich beobachtete, wie die Nordmarka, die bewaldeten Hügel um Oslo, in der Ferne verschwanden. Als wir durch den Fjord fuhren, fuhr das Schiff an Sandvika vorbei, und ich erhaschte einen flüchtigen Blick auf das über 100 Jahre alte Holzhaus, das wir gemietet hatten. Im Sommer lebten wir mehr draußen als drinnen, aber in den dunklen Wintern war uns das alte Holzhaus eine gemütliche Zufluchtsstätte, ein von Kerzen und einem offenen Kamin erleuchteter Rückzugsort. Unser Hund folgte mir stets auf Schritt und Tritt, und wenn ich an meinem Schreibtisch vor dem Fenster mit Blick auf den Fjord arbeitete, lag er zu meinen Füßen. Ich vermisse ihn. Ich vermisse sie. Als das Schiff an Fahrt zulegte und in Richtung Dänemark fuhr, stellte ich mir Kirsten in unserem Haus vor, umgeben von den letzten Überbleibseln unseres gemeinsamen Lebens.

Das Schiff folgte der Küste, Nordmarka verschwand, und es war, als sei wieder einmal eine schwache Verbindung gekappt, als sei eine Seite, ein Kapitel aus meinem Leben gerissen worden. Diesmal allerdings war es mehr als eine Seite oder ein Kapitel. Es fühlte sich an, als sei das ganze Buch meines Daseins auseinander gefallen, als habe sich die Bindung gelöst, als flatterten die Seiten lose im Wind dahin, bis sie in das tosende Kielwasser des Schiffs sinken und in den stillen Tiefen verschwinden würden. Mein Herz, in einem Körper gefangen, der mir fast leblos vorkam, zog sich schmerzlich zusammen und schrumpfte.

Kirsten hatte gesagt, ich sei wie ein Seemann, immer unterwegs, immer im Begriff abzureisen, kaum dass ich angekommen war. Jetzt war ich für immer abgereist.

Um mich von meinen melancholischen Gedanken abzulenken, konzentriere ich mich auf die neuseeländische Fähre, welche die Cook Strait zwischen der Süd- und der Nordinsel durchfährt. Neben mir lehnt ein junger Deutscher an der Reling, und ich verwickle ihn in ein Gespräch. Wir reden über unsere Reiserouten. Nachdem er nun zwei Monate lang durch Neuseeland gereist ist, möchte er nicht mehr nach Deutschland zurückkehren.

Ich frage ihn: »Was war für dich das Beste und das Schlechteste an Neuseeland?«

Er denkt lange nach. »Das Schlechteste ist, dass eine unberührte Natur so nachhaltig und schnell zerstört wird.« Er schaut mich an, als wolle er sich vergewissern, dass ich nicht beleidigt bin. »Natürlich haben wir in Europa das Gleiche getan und ihr in Nordamerika ebenfalls, deshalb sollten wir hier vielleicht nicht zu kritisch sein. Aber in Neuseeland ist dies erst vor kurzer Zeit passiert, deshalb ist es offensichtlicher.«

Er hatte seine Reise durch Neuseeland so positiv beschrieben, dass ich über seine Antwort erstaunt bin, auch wenn ich ihn mit der Frage dazu verleitet habe. »Und das Beste?«

Er denkt eine Weile länger nach als eben, dann lacht er. »Das Beste ist, dass Neuseeland so unglaublich schön ist.« Die Fähre neigt sich nach Backbord, in einer schmalen Passage durch die Marlborough Sounds stemmt sie sich gegen die starke Dünung. Er fährt, jetzt positiver, fort: »Ich würde gern in dieses Land einwandern. Die Neuseeländer haben Glück: Hier gibt es so viel Platz und so wenige Probleme. Es ist das Land der Zukunft.«

Ich freue mich darauf, die Nordinsel zu sehen und neuseeländischen Maori zu begegnen. Abgesehen von dem Maori, der in Te

Anau meine Lebensmitteltüte zurückgegeben hat, habe ich noch keinen kennen gelernt und nur wenige gesehen. Wenn man in Wellington anlegt, ist es, als komme man in ein anderes Land. Im Gegensatz zur friedlichen Atmosphäre der Kleinstadt Picton empfängt mich die Nordinsel mit Autolärm und dem Geratter von Stahlrädern auf einer nahen Bahnüberführung. Im Stadtzentrum drängen sich hohe Gebäude, und weit über die umliegenden Hügel dehnen sich Wohnviertel aus.

In der Küche der Unterkunft für Rucksacktouristen herrscht kein aufgeregtes Geplapper in verschiedenen Sprachen, findet kein Austausch nützlicher Informationen statt. Jeder konzentriert sich darauf, sein oder ihr Essen zu kochen. Hier herrscht die deprimierende Atmosphäre einer Pension. Auf einem an eine Tür geklebten Schild steht: »Wer sich an der Rezeption nach Selbstverständlichkeiten erkundigt, muss eine Gebühr von zehn Cent zahlen.« Ich taste in meiner Hosentasche nach einem Dollarschein und bin versucht, Rabatt für ein Dutzend dumme Fragen zu fordern. Die Anwesenheit von offensichtlich vergeblich auf Arbeitssuche befindlichen Briten, die die Rezeption belagern, hält mich jedoch davon ab – ich erspare uns allen lieber das Theater.

Da die Stadt auf das Wochenende zugeht, füllen sich die Bars mit erschöpften Yuppies, die den Frust der Woche ablassen wollen. Ich möchte weder in meine deprimierende Unterkunft zurück noch allein durch Wellington streifen. Es wäre nett, ein paar Leute kennen zu lernen und sich zu unterhalten. Ich nehme meinen ganzen Mut zusammen und betrete in wohlüberlegter, wenn auch ungeübt cooler Manier eine verrauchte Bar, aber die in schicke Nadelstreifenanzüge gekleideten Männer und die Frauen, die sich mit reichlich Lippenstift angemalt haben und Röcke und hochhackige Schuhe tragen, schüchtern mich viel zu sehr ein. Keiner sagt hallo. In meinen zerrissenen Shorts, dem zerknitterten Hemd und den stinkenden Sandalen bin ich völlig fehl am Platze. Auf der Südinsel war ich an vielen Orten im gleichen schmuddeligen Outfit erschienen und hatte mich damit geradezu overdressed gefühlt. Hier komme ich mir nicht nur underdressed, sondern schlichtweg schäbig vor.

Schon nach wenigen Minuten verdrücke ich mich aus der Bar, schlendere zaghaft durch die Straßen der Stadt, auf der Suche nach etwas Sinnvollem, das ich unternehmen könnte. Der Lärm, der Verkehr, die Gebäude und die allgemeine Hektik sind überwältigend. Da ich nun nicht mehr im Busch bin, leide ich an Entzugserscheinungen. An Ampeln signalisiert ein Summen, wann man die Straße überqueren darf. Das Gefühl, wie ein Roboter herumkommandiert zu werden, wann man zu gehen, wann man stehen zu bleiben hat, unterscheidet sich fundamental von der heiteren, meditativen Einsamkeit bei einer Wanderung durch den Wald. Wenn ich mich wieder längere Zeit in der Stadt aufhalten würde, könnte ich mich an all diese Übergriffe auf die Sinne sogar gewöhnen. Es ist erstaunlich, wie anpassungsfähig Menschen sind.

Auf der Manners Mall, der Fußgängerzone, setze ich mich, von der Fülle der Eindrücke erschöpft, vor einem Musikladen auf eine Bank. Da ich nichts Besseres zu tun habe, beobachte ich die vorbeigehenden Leute. Bekannte Melodien, zumeist sentimentale Liebeslieder, dringen aus dem Plattenladen und setzen meinem angeschlagenen Herzen weiter zu. Maori-Jugendliche in weiten Hip-Hop-Jeans, deren Schritt ihnen bis zu den Knien hängt, und in Sweatshirts mit Kapuzen, die sie sich über den Kopf gezogen haben, hocken mir gegenüber neben einem einzelnen Baum, dessen Stamm von Beton und einem gusseisernen Käfig eingefasst ist.

Ich habe weder Energie noch Lust, aus der Stadt herauszutrampen, deshalb nehme ich den Zug. Ein schick gekleideter Vater steigt mit seinen vier Kindern ebenfalls ein. Er sieht ganz nach Buchhalter oder Rechtsanwalt aus, und die Kinder tragen die gleichen verspiegelten Vollsichtsonnenbrillen.

Als sie in das Abteil kommen, sagt jedes der Kinder »cool«. Ich sitze da und übe verstohlen, das Wort richtig auszusprechen. Noch immer bekomme ich es nicht hin. Die Schmalspurbahn ruckelt los, und wir zuckeln aus Wellington hinaus.

Der Schaffner sieht, dass ich Zeitung lese. »Das einzig Interessante, was Sie darin finden, sind die Kricketergebnisse«, informiert er mich.

Genau genommen lese ich ja gar nicht. Ich denke nach und übe noch immer, »cool« zu sagen. »Wer hat denn gespielt?«, frage ich, da ich nun schon einmal aus meiner solipsistischen Welt gerissen worden bin, aber auch nicht zu deutlich zeigen möchte, wie froh ich bin, dass mich jemand anspricht. Sonst würde die Qual meiner Einsamkeit allzu offensichtlich werden.

Er schaut mich ungläubig an. »Pakistan und Australien.« Dann macht er sich daran, mir das Spiel in allen Einzelheiten zu schildern. Er zählt mir jeden Over auf, jeden Bowler, jeden Batsman, jeden Wurf, wo er hingeflogen ist und wer ihn gefangen hat, so schrecklich detailliert, dass mir, als er endlich fertig ist, nicht klar geworden ist, wer das Spiel nun gewonnen hat.

Ich stehe auf, dränge mich durch den Gang des schwankenden Zuges und werde herumgeworfen wie ein Ball in einem Flipperautomaten. Die Aussichtsplattform am Zugende sieht aus, als sei der hintere Teil des Waggons einfach abgetrennt und durch eine große Fensterscheibe ersetzt worden. Es ist ein wenig, als starre man aus einem schmalen, langen Goldfischbecken. Die Fahrgäste können sich auf eine hufeisenförmige Bank setzen und die Landschaft betrachten. Hier haben es sich der Vater und seine Familie mit den schicken verspiegelten Sonnenbrillen gemütlich gemacht, Spielkarten, Limonadendosen und Chipspackungen liegen auf dem Tisch in der Mitte verstreut. Zwei der vier Kinder streiten miteinander. Ich quetsche mich neben den Vater. Er fragt: »Woher kommen Sie?«

»Aus Kanada.«

»Kuh-ool«, findet die Tochter. Sie ist erst zehn oder elf, hat mich aber schon durchschaut, das erkenne ich an ihrem verächtlichen Gesichtsausdruck.

»Und ihr?«, frage ich meinerseits.

»Aus Auckland«, antwortet die Tochter, und ohne mir die Chance zu lassen, ebenfalls »kuh-ool« zu sagen, fährt sie fort: »Und von wo in Kanada kommst du?«

»Ottawa.« Aber das war vor zehn Jahren. Ich übergehe die letzten paar Jahre meiner Biographie. Die intimen Details, weshalb ich erst nach Norwegen ausgewandert und dann zu dieser verzogenen kleinen Göre hier geflohen bin, gebe ich nicht preis.

»Wo ist das?«, fragt die Tochter ihren Vater und sieht ihn durch ihre Sonnenbrille an.

»Das ist die Hauptstadt, wie Wellington.«

»Weißt du, warum Wellington die Hauptstadt von Neuseeland ist?«, fragt mich die Tochter. Von den beiden verspiegelten, konvexen Brillengläsern starrt mich mein doppeltes Spiegelbild an, meine doppelte Knollennase ragt unverhältnismäßig weit aus meinem verzerrten Gesicht hervor.

»Nein.« Ich warte auf ihre Pointe.

»Weil Auckland es zugelassen hat.«

»Crisp«, antworte ich.

»Crisp?«

»Yeah, crisp. Das bedeutet cool, nur dass man, wenn man wirklich cool meint, crisp statt cool sagt«, erkläre ich ihr, um sie zu verwirren. Sie kann das Evangelium des Heiligen Andrew meinetwegen gern weiterverbreiten.

Ihr Vater wirft ihr einen Blick zu, als wolle er sie warnen, dass ich sie auf den Arm nehme, aber sie ist mir bereits voll auf den Leim gegangen. »Crisp«, spricht sie aus, probiert, ob ihr Länge und Klang des Wortes gefallen. »Crisp«, wiederholt sie und kann es kaum mehr erwarten, es bei ihren Freundinnen auszuprobieren. Ein neues Wort für »cool« geprägt zu haben, verleiht mir Ansehen und widerspricht ihrer ursprünglichen Einschätzung, dass ich völlig uncool bin.

Der Zugführer unterbricht uns mit einer Lautsprecherdurchsage: » ... die Brücke ist 281 Meter lang und 79 Meter hoch.« Wir starren durch das Rückfenster, während der Zug über den gähnenden Abgrund unter uns rumpelt. Vor ein paar Jahren ist eine solche Brücke eingestürzt. Ich drücke die Daumen und vertraue darauf, dass die Holzböcke halten, die uns tragen.

Das Mädchen beobachtet mich. »Warum drückst du denn die Daumen?«

Wieso entgeht Kindern bloß nichts?

»Ich wünsche mir, dass die Leute, die die Holzbrücke gebaut haben, den richtigen Klebstoff verwendet haben«, antworte ich.

Der Zug hält an einer Station namens National Park, einem abgelegenen Ort, der in den kommenden Wochen mein Stützpunkt sein wird. Auf dem Bahnsteig stehen jede Menge Geländefahrzeuge und Motocrossräder. Ich finde es seltsam, an einem Bahnhof mit dem Namen National Park anzukommen und auf lauter umweltschädliche Fahrzeuge zu stoßen. Handgemalte Schilder zeigen an, wie viel es kostet, sie zu mieten. Auf einem anderen großen Schild steht:

Vorsicht, Zugfahrgäste. Der Bahnhof, die Motorräder, die Tiere und das Gelände sind PRIVATBESITZ. Das Unternehmen vermietet Allradfahrzeuge und Motocrossräder, und wir leben hier. Dies ist ein Privathaus und kein Bahnhof. Bitte sehen Sie davon ab, zu rauchen und Ihre Zigarettenkippen wegzuwerfen, dann verzichten auch wir darauf, unsere Kippen vor Ihre Haustür zu werfen.

Ich bin der Einzige, der hier aussteigt. Der Schaffner, der auch als Gepäckträger fungiert, hievt meinen Rucksack aus der Tür des Gepäckwagens.

»Wow!«, sagt er. »Was hast du denn da drin? Deine Großmutter?«

»Nee, nee. Meinen Computer.« Ich greife nach dem Rucksack. »Könnten Sie mir helfen, ihn mir auf den Rücken zu laden?«

Inzwischen habe ich mehrere Kilos an Landkarten, Büchern, Zeitschriften und Broschüren unten in der Plastikinnentasche verstaut. Bis zum Ende meiner Reise werde ich angesichts des Ballasts, den der Rucksack dazugewinnt, und des Gewichts, das ich verliere, um einiges weniger wiegen als der Rucksack. Der Schaffner wuchtet den Rucksack an den Rand des Waggons und hält ihn senkrecht, während ich meine Arme unter den Schulterriemen hindurchschiebe. Ich nehme das Gewicht auf und stolpere davon, kaum in der Lage, mich aufrecht zu halten.

Trotz der tief hängenden Wolken über mir ist der Himmel im Westen klar und taucht die Vulkanhänge in sein Abendlicht. Während die Berge der Südinsel durch sich verschiebende Platten der Erdkruste nach und nach aufgeworfen wurden, verdanken jene der Nordinsel ihre Entstehung heftigen und dramatischen Vulkanausbrüchen, die durch Erdbeben und unterirdische Verwerfungen entlang eines riesigen Zentralplateaus ausgelöst wurden.

Ich wanke zur nächsten Wanderhütte. Als ich den Eingangsbereich betrete, erkenne ich jemanden: den Engländer, der ganz Neuseeland von Süd nach Nord durchwandert. Er ist sonnengebräunt, sitzt abseits auf einem Sofa und spricht mit niemandem. Auf mein »Hallo« reagiert er kaum. Ich frage mich, ob er im Laufe seiner Tour katatonisch geworden oder ob er zu Hause genauso wortkarg ist.

Am Abend klettere ich oben auf ein Etagenbett. Mein italienischer Bettgenosse unten schläft tief und fest, und jedes Mal, wenn er seine beachtlichen Körpermassen hin und her wälzt, schaukelt das wackelige Bett, und ich gerate in Panik, weil ich glaube, es wäre ein Erdbeben. Angesichts der Geologie dieser Region ist meine Fehleinschätzung verzeihlich. Ich schlafe mit dem Gedanken ein, dass ich, falls es tatsächlich zu einem Erdbeben kommen und das Bett zusammenbrechen sollte, wenigstens weich lande.

Tongariro Northern Circuit

Der Tongariro-Nationalpark erstreckt sich über ein Gebiet mit drei Vulkanen, darunter auch der Mount Ruapehu, der höchste Berg der Nordinsel. Alle drei Vulkane sind vor nicht allzu langer Zeit wieder ausgebrochen. Bei der Eruption Heiligabend 1954 wälzte sich vom Mount Ngauruhoe ein Lavastrom zu Tal, der die Tangiwai-Zugbrücke zerstörte. 1974 und 1975 gab es gewaltige Ascheeruptionen.

Der Himmel ist blau, und die Vulkangipfel sind nicht von Wolken verhangen. Ich steige in den Shuttlebus für Rucksacktouristen, und wir fahren bis zum Parkplatz unweit der Mangatepopo-Hütte, dem Ausgangspunkt für hunderte von Wanderern. Die meisten wählen, verführt durch die DOC-Werbung, den Tongariro Crossing. Während der Milford Track als die schönste Tour der Welt angepriesen wird, soll der Tongariro Crossing die schönste Tageswanderung in Neuseeland sein.

Den Wanderweg entlang zieht sich eine endlose Kette Wanderer, in ihren bunten Jacken weithin sichtbar. Auf dem Sattel zweige ich ab, bevor der Pfad zum Blue Lake hinunterführt, und steige die Hänge zum Ngauruhoe hinauf. Lose schwarze, rote und braune Schlackensteine geben unter meinen Füßen nach. Bei jedem Schritt ist mir, als rutsche ich die halbe Strecke wieder zurück. Als ich zum Gipfel des kegelförmigen Vulkans hinaufblicke, sehe ich, was man an einem normalen Tag für Nebel halten könnte, angesichts des kobaltblauen Himmels aber nur eine Fumarole sein kann. Das Bild entspricht genau der kindlichen Vorstellung von einem Vulkan: eine abgerundete Pyramide, aus deren Spitze »Rauch« aufsteigt.

Vom Gipfel des Ngauruhoe aus fällt mein Blick im Norden auf eine Mondlandschaft aus rötlich braunen Kratern, Wüsten und Schneefeldern, unterbrochen von strahlend smaragd- und türkisfarbenen Kraterseen. Im Südosten erstreckt sich die trostlose Rangipo Desert, deren schwarze Wanderdünen von den 10.000 Jahre alten Seen, dem Upper und Lower Tama Lake, flankiert sind. Hinter den großen tiefblauen Seen erheben sich die schneebedeckten Gletscherhänge des Mount Ruapehu, dessen letzte Eruption nur wenige Monate zurückliegt. Weit im Westen, in 155 Kilometer Entfernung, kann ich den Vulkan Mount Taranaki, auch Mount Egmont genannt, erkennen. Während ich diesen Ausblick genieße, laufe ich geistesabwesend auf den aufsteigenden Dampf zu und gerate in eine natürliche vulkanische Sauna. Die verborgene Kraft, die diesen Erdkegel einst aufgeworfen hat, ruht untätig, wartet aber nur darauf zu explodieren. Angeblich bricht der Ngauruhoe alle neun Jahre aus und schleudert Aschesäulen kilometerweit in die Luft. Es hätte also 1984 zu einer Eruption kommen müssen und dann wieder 1993, doch beide sind ausgeblieben, deshalb ist ein Ausbruch längst überfällig. Unmittelbar am Anus dieses Vulkans kommt mir plötzlich in den Sinn, dass ich wohl davongeblasen würde und nur wenig von mir übrig bliebe, wenn der Mount Ngauruhoe jetzt auch nur den leisesten Furz von sich gäbe.

Ich entferne mich vom Krater und kämpfe mich die Geröllhänge hinunter. Noch immer voller Energie, steige ich auf die beiden windgepeitschten Gipfel des Tongariro und schließlich am späten Nachmittag zur Ketetahi-Hütte hinab.

Meri, eine junge Maori-DOC-Hüttenwartin, kontrolliert meinen Hüttenpass.

»Sie sind die erste Maori, mit der ich Gelegenheit habe, mich zu unterhalten«, sage ich ihr. Sämtliche offiziellen Schilder und Dokumente in Neuseeland sind sowohl in Englisch als auch in Maori geschrieben. Auf der Südinsel hatte ich aber fast den Eindruck, es handele sich um eine erfundene Sprache, denn ich hörte nie, dass jemand sie sprach. »Können Sie Maori?«, frage ich.

»Natürlich.« Sie sagt ein paar Sätze in Maori, dann lacht sie. »Verstanden?«

Ich schüttele den Kopf.

»Ich habe gesagt«, und sie gestikuliert mit beiden Händen, »dass ich dort unten wohne.« Ein Arm ist ausgestreckt und deutet mit dem Zeigefinger auf die Stelle, der andere Arm zeigt in die gleiche Richtung, ist aber im Ellenbogen abgewinkelt, die Finger liegen an ihrem Kopf, sie nimmt fast die Haltung von jemandem ein, der gerade eine Bogensehne spannt. Sie richtet ihren imaginären Pfeil auf ein rotes Dach im Tal. »Das Haus meines Vaters.«

Ich blicke hinab und dann zu den heißen Quellen von Ketetahi hinüber. Eine DOC-Hinweistafel an der Hütte hatte darauf aufmerksam gemacht, dass man nicht zu den Quellen gehen darf, aber keine Erklärung für das Verbot geliefert. »Warum ist es verboten, auf den Kamm zu steigen, von dem aus man die Quellen sehen kann?«, frage ich.

»Dazu kann ich nichts sagen. Das ist Sache der Ältesten des Ngati Tuwharetoa Trust.«

»Ngati Tuwharetoa?«

»Der hiesige Stamm.« Sie ist ständig in Bewegung, kann nicht stillhalten und kommuniziert ebenso mit den Händen, den Augen, Augenbrauen und dem Körper wie durch Sprache.

»Aber weshalb denn?«

»Die Quellen befinden sich auf Privatland, das den Ngati Tuwharetoa gehört.« Wie sie »Privatland« sagt, hat es die Aussagekraft von »PRIVATLAND!«, als hätte sie das Wort geschrien, nicht nur gesagt. Ich kann mir vorstellen, dass sie diesen Satz schon oft wiederholen musste. Ich finde mich mit ihrer Erklärung ab, obwohl sie mir für Wanderer wie eine Provokation erscheint. Man ist nur wenige Meter von den Quellen entfernt, sieht den Dampf aufsteigen, hört die Fumarolen zischen und sprudeln und darf sich das nicht ansehen. »Der DOC muss die Angelegenheit mit den Ältesten verhandeln«, fügt sie hinzu. Ihr ist das Thema sichtlich unangenehm.

Als die Tageswanderer fort sind, überlegt Meri es sich anders und bietet mir an, mich zu den Quellen zu führen. Wir gehen den Weg hinunter zu der offiziellen grüngelben DOC-Tafel, auf der steht: »Das Gelände jenseits dieses Schilds, bekannt als Ketetahi Hot Springs, ist PRIVATLAND. Die Mitglieder des Ketetahi Trusts gestatten es Wanderern, die nächsten 400 Meter des Tracks zu gehen, die durch ihr Land führen.«

Das Schild ist verunstaltet worden: »Privat« wurde durchgestrichen und dafür »unser« in die grüne Farbe geritzt. Auch das Wort »ihr« wurde übermalt und durch »Gottes« ersetzt.

»Die heißen Quellen entstehen durch Regenwasser, das durch Spalten in die Erde eindringt. Es wird von der heißen Magma erhitzt und zu Dampf, und der tritt aus unsichtbaren Löchern im Erdreich aus«, erklärt Meri laut, um das Zischen des Dampfs zu übertönen.

Sie blickt erschrocken auf den Weg unter uns. Eine kleine Steinmauer ist darüber gebaut worden, eher ein Symbol als eine echte Barriere. »Ich glaube, da sind ein paar Wanderer den Weg heraufgekommen. Jetzt sehe ich sie nicht mehr. Sie sind bestimmt bei den Quellen.« Ihre Lippen sind zusammengekniffen, und ihre Augen funkeln wütend. »Ich sehe am besten mal nach.«

Sie eilt davon und kommt nach ein paar Minuten außer Atem und verschwitzt zurück. Ein paar Leute gehen den Weg hinunter und verlassen den Park.

»Die waren dort, klar.«

»Was haben Sie gemacht?«

»Mich auf den Kamm gestellt und gerufen, dass sie verschwinden mögen. Sie haben sich taub gestellt, es am Ende aber doch kapiert.«

»Was genau haben Sie denen denn gesagt?«

»Verlassen Sie die heißen Quellen, Sie befinden sich auf PRIVATLAND!«

»Sicher müssen Sie jeden Tag Leute verjagen.«

»Yeah. Das ist das Schlimmste an diesem Job. Im Allgemeinen schließe ich mich in meiner Kabine ein und sehe nicht hin. Ist zu viel Ärger, mit denen herumzustreiten.«

Wir gehen wieder zur Hütte hinauf, wo Meri uns, das heißt einer Schweizerin, einem deutschen Ehepaar und mir, die Kultur und Gebräuche der Maori erklärt. Sie gibt so viele Informationen weiter, dass man sich unmöglich alles merken kann. Ich mache mir Notizen, was sie ermuntert, noch mehr zu erzählen.

»Lange bevor die Maori hierher kamen, war das Land im Besitz der Götter.« Sie erhebt sich, während sie redet, als könne sie nicht ruhig sitzen bleiben. Sie deutet mit einer ausladenden Handbewegung auf die ins Licht des Spätnachmittags getauchte Landschaft. »Jene mächtigen Götter, eben die Vulkane dort«, theatralisch zeigt sie auf die Berge über uns, »lebten jahrhundertelang in Freundschaft, bis Taranaki eines Tages versuchte, Phanga, Tongariros Frau, zu entführen. Wegen seiner Heimtücke entbrannte ein Kampf, und Taranaki flüchtete nach Wanganui an die Küste. Dabei zog er hinter sich eine Furche, durch die heute der Whanganui River fließt.« Sie führt die Taten des Gottes vor. »Dann floh er die Küste entlang, bis er endlich Ruhe und Frieden fand. Einsam steht er jetzt da und trägt den Namen Mount Taranaki.« Meri erzählt das alles ehrfürchtig, als wäre es das Evangelium.

»Wie ist es, den Whanganui hinunterzufahren?«, frage ich.

Sie schüttelt den Kopf. »Ich war nie da. Würde ich nicht wagen, da sind für mich zu viele Geister. Aber du solltest es probieren.«

»Warum?«

»Wenn du Maori-Bräuche kennen lernen willst, solltest du mit dem Kanu den Whanganui hinunterfahren. Dann siehst du, wovon ich die ganze Zeit rede, nämlich ein richtiges Maori-Dorf.« Sie sagt das äußerst bestimmt.

Die Sonne geht unter, und allmählich verblasst das Licht am Himmel. In der Ferne, jenseits des Lake Taupo, sehen wir die Lichter der Stadt Taupo glitzern.

Bevor wir uns für die Nacht in die Hütte zurückziehen, sagt Meri: »Das war ein prima Abend.«

»Trotz des Ärgers.«

»Yeah, trotz des Ärgers. Es war prima, mit dir zu reden«, meint sie, und ihre Augen funkeln in der Dunkelheit. »Es ist, seit ich hier arbeite, der erste Abend, an dem ich so lange aufgeblieben bin.« Sie steht noch immer, dabei unterhalten wir uns nun schon seit Stunden.

»Ich fand es auch super, dass wir uns unterhalten haben«, antworte ich.

Sie dreht sich um, betrachtet die Sterne und sagt: »Yeah. Klasse.«

»Crisp«, füge ich hinzu.

Ich muss einen Teil des Weges wieder zurückwandern, um den Tongariro Northern Circuit zu den Emerald Lakes fortzusetzen, wo ich zur Oturere-Hütte abbiege. Es bläst ein starker Wind, der mich umzuwehen droht. Anders als gestern sind die Wolken so dicht, dass sie wie erstarrt an den Bergen hängen, was der öden, trostlosen Landschaft eine mysteriöse Atmosphäre verleiht. Der Nebel verschleiert eine Wildnis aus Lavafelsen, eine öde Mondlandschaft aus Geröllfeldern, durch die ein trockener Sandfluss verläuft, aus dem Dampf aufsteigt. Der Sand ist heiß vom Dampf, wie ich feststelle, als ich mich hinknie und mit der Hand im Flussbett grabe. In diesem Moment höre ich einen seltsamen Schrei, fast wie ein elektronisch erzeugter Ton. Es muss eine Elster sein, die ich allerdings nicht sehe.

Ich komme zu der Stelle, an der 1901 mit dem Bau der Waihohonu-Hütte der Tourismus im Tongariro-Nationalpark seinen Anfang nahm. Die ersten Touristen, die die »Grand Tour« machten, kamen mit Raddampfern von der Südwestküste der Nordinsel den Whanganui River herauf bis Pipiriki gefahren und setzten ihren Weg von dort per Kutsche oder zu Pferd zur Waihohonu-Hütte fort. Die Fertigstellung der Haupteisenbahnlinie 1908 verlagerte den Tourismus von den östlichen Hängen des Vulkanparks auf die westlichen, wo National Park die Haltestation der Eisenbahn ist. Inzwischen werden an dem ehemaligen Bahnhofsgebäude Motocrossräder und Geländefahrzeuge vermietet.

Am Abend reißen die Wolken auf. Der Gipfel des Vulkans Mount Ruapehu mit seinen dampfenden, dunstigen Kraterrändern wird von der untergehenden Sonne in Gold getaucht. Das Rauschen des Flusses übertönt alle anderen Geräusche.

Der Sonnenaufgang beleuchtet den Ruapehu vor einem kalten blauen Himmel. Das Wasser draußen in der Spüle vor der Waihohonu-Hütte ist über Nacht gefroren. Bei meinem Aufbruch entdecke ich ein Warnschild:

Vulkanische Aktivität! An diesem Track ergießen sich Lahare, Schlamm- und Geröllawinen, in die Täler. Sollten Sie auf eine Gefahr treffen, begeben Sie sich in höheres Gelände. Am Krater und in Windrichtung können giftige Gase Atemprobleme verursachen. Ascheschichten können den Untergrund unsicher machen wie Schnee.

Im September 1995, 50 Jahre nach seiner letzten Eruption, brach der Ruapehu aus. Tausende verängstigter Skifahrer mussten zusehen, wie Schlamm- und Geröllawinen sich in drei verschiedenen Bahnen die Hänge hinunter ergossen. Dampf, Schlamm aus dem Kratersee, Felsen und Asche wurden in den Himmel geschleudert, und der See durchbrach die ihn umgebenden Wände. Angesichts anhaltender Vulkanaktivität war es auch in den folgenden Monaten unmöglich, Ski zu fahren. Dann legte der Ruapehu eine Ruhephase ein bis zum Juni 1996, als er erneut seine Spitze wegsprengte, was zu gewaltigen Ascheexplosionen und Feuerfontänen führte. Vulkanische Asche bedeckte die Schneehänge, sodass beide Skigebiete geschlossen werden mussten. Der Vulkan übermittelte nur eine freundliche Erinnerung, dass Neuseeland auf einem Pulverfass liegt.

Das imposante Gebäude des Hotels »Grand Chateau« beherrscht das Dorf Whakapapa (in etwa wie »Fuck-a-papa« ausgesprochen, was den Begriff zu einem der wenigen Maori-Ortsnamen macht, den man sich gut merken kann). Das Hotel wirkt menschenleer, und niemand hindert mich daran, seine weitläufigen Räumlichkeiten zu erkunden, zum Beispiel die riesige, mit teuren Teppichen ausgelegte Lounge, die mit Kronleuchtern geschmückt ist und Fenster vom Boden bis zur Decke aufweist. Hinter dem Prachtbau erstrecken sich sehr gepflegte Rasenflächen und ein Golfplatz. Das

1929 eröffnete Hotel, das die Luxushotels in Banff und Lake Louise in Kanada zum Vorbild hatte, bot einen in Neuseeland bis dahin ungeahnten Komfort. Durch die verglaste Tür, die die Lounge vom Speisesaal trennt, sehe ich ein paar Japaner, die im Restaurant Sushi essen. Sie starren mich an, mit meinen schlammverschmierten Stiefeln und Beinen, mit meinem schweren Rucksack bepackt und mit meinen wie gewöhnlich ungewaschenen, zerzausten Haaren. Ich starre zurück.

Im Touristenbüro von Whakapapa höre ich aufmerksam zu, als ein Führer aus einem Prospekt die Geschichte des Nationalparks vorliest.

»Die Vulkane Tongariro, Nghauruhoe und Ruapehu personifizierten einst die Vorfahren des Maori-Volkes, und ihnen wurde großer Respekt und Ehrfurcht entgegengebracht. Nur selten drangen Maori in die Berge vor, es sei denn, um bei den Tama Lakes *titi* (Möwensturmvögel) zu fangen und in den heißen Quellen von Ketetahi zu baden. Die Berge waren so heilig, dass die Maori sie nicht einmal anzuschauen wagten, wenn sie die Rangipo Desert durchquerten. Sie verdeckten die Augen mit Blättern, aßen nichts und nutzten nicht das Holz, das sie hier hätten sammeln können. Die meisten Europäer hatten für die Ehrfurcht der Maori ihren heiligen Bergen gegenüber wenig Verständnis. John Bidwell bestieg 1839 als erster Europäer einen der Vulkane, den Ngauruhoe.

Horonuku Te Heuheu, der örtliche Chief, war erzürnt über diese Verletzung seines Ahnen-*mana*. Er hatte sich von den anderen Stämmen den Besitz der heiligen Berge bestätigen lassen und sah den Zeitpunkt näher rücken, an dem die Pakeha alles verändern würden. Als oberster Chief der Ngati Tuwharetoa, die in der Region um die Tongariro-Berge lebten, beriet Te Heuheu sich mit seinem Schwiegersohn, Lawrence Grace, der damals Abgeordneter von Tauranga war. Grace stimmte ihm zu, dass die Berge keinesfalls wie gewöhnliche Berge behandelt werden dürften, sondern weiterhin als *tapu* (heilig) gelten müssten. Er sagte zu Te Heuheu: ›Warum machen wir aus ihnen kein *tapu* der Krone? Einen heiligen Ort unter dem *mana* der Queen? Die einzige Möglichkeit, sie für immer zu schützen, besteht darin, sie als Schutzgebiet oder Park dem Staat zu überlassen. Dann können sie im Gedenken an Te Heuheu und sein Volk Eigentum aller Neuseeländer werden.‹

Also bot Te Heuheu am 23. September 1887 die Berge offiziell der Krone als Nationalpark an – den ersten dieser Art in Neuseeland.«

Als Peter kommt, der Besitzer der Unterkunft für Rucksacktouristen, und mich mit seinem Shuttlebus mitnimmt, erkundige ich mich nach dem Streit um die heißen Quellen von Ketetahi. Während er seinen Minibus aus Whakapapa fährt, sagt er: »Ah yeah, da geht es nur noch ums Geld, lächerlich. Inzwischen geben wir alles an die Maori zurück, zahlen ihnen Unsummen für Fischgründe vor der Küste, noch dazu in solchen Tiefen, dass mir keiner erzählen kann, die Maori hätten dort vor 200 Jahren gefischt.« Ärgerlich schüttelt er den Kopf. »Wenn so viel darüber geredet wird, dass Neuseeland eine Republik werden soll, hängt das damit zusammen, denke ich, weil wir als Republik nicht an den Vertrag von Waitangi gebunden wären.« Wir fahren über leere Straßen, an deren Rand hohes Toitoi-Gras wächst.

»Sie meinen, die britischen Gerichte entscheiden über solche Fragen?«

Peter spannt den Kiefer an. »Der Vertrag von Waitangi wurde 1840 von den Briten und den Maori unterzeichnet. Mit uns heutigen Pakeha hat es nichts zu tun, aber wir müssen stillhalten, während sich die Verhandlungen darüber, was wem gehört, endlos hinziehen.«

»Welche Verhandlungen?« Ich achte nicht auf die Landschaft, weil ich mich auf die Unterhaltung konzentriere.

»Das Waitangi-Tribunal. Da sollen die strittigen Fragen geklärt werden, aber die geben sowieso alles an die Maori zurück. Wenn wir es nicht zurückgeben, geht die Sache an das höchste Berufungsgericht der Maori, an den Privy Council in England, weil es ein britisches Gericht ist und das Waitangi-Abkommen ein Vertrag mit den Briten war. Die Briten wollen eine gute Figur dabei machen, es ist für sie ja auch leicht, das ganze Land zurückzugeben.«

»Wenn die Neuseeländer aber nicht die bewährten britischen Gesetze und den Privy Council als oberstes Schiedsgericht hätten, vielleicht brächten ausländische Investoren dann nicht das Vertrauen auf, in die neue Republik von Neuseeland zu investieren.« Zum ersten Mal, seit ich in Neuseeland bin, habe ich das Gefühl, die weißen Kiwis zu verstehen. Sobald das Thema Land angesprochen wird, ist es mit ihrem freundlichen Scherzen jedenfalls vorbei.

»Die Maori wollen nichts als Geld«, betont er noch einmal.

»Aber eigentlich sind Sie es doch, die mit den Vulkanen Geld machen. Wanderer, die den Tongariro Crossing Track gehen, bezahlen dem DOC nichts, aber wir bezahlen Ihnen die Übernachtung vor und nach dem Track und dafür, dass Sie uns zum Ausgangspunkt fahren und dort abholen.«

»Ich muss dem DOC für jeden Wanderer, den ich absetze, eine Summe zahlen.«

»Ach, wirklich?«

»Yeah.«

»Und wie viel?«

»50 Cents.«

»Das ist nicht gerade viel.«

»Aber immerhin etwas«, brummt er.

»Und wann bezahlen Sie?«

»Das läuft auf Vertrauensbasis. Wir führen Buch, wie viele Wanderer wir abliefern.« Er hält an einer Kreuzung, obwohl kein Verkehr in Sicht ist, dann biegt er in Richtung der Ortschaft National Park ab. Ich glaube, dass Peter in Sachen Bezahlung absolut ehrlich ist, aber die Summe ist meiner Meinung nach lächerlich gering.

Als müsse er seinem Ärger Ausdruck verleihen, unternimmt er erst gar nicht den Versuch, einem toten Opossum auf der Straße auszuweichen. »Sorge nur dafür, dass es wirklich tot ist«, brummt er, als wir über den Kadaver fahren und ihn mit den Reifen platt quetschen, und mit einem Blick in den Rückspiegel: »Der Breitreifen, der einzige natürliche Feind des Opossums in Neuseeland!«

Aber es gereicht Peter zur Ehre, dass er eigens einen Umweg macht, um mir einen Maori-*pa* zu zeigen, ein Wehrdorf, das zum Kampf gegen die Briten erbaut wurde. Die alte Maori-Festung ist von Gras überwuchert, aber die Mauern, die Wälle der kleinen Befestigungsanlage, sind noch gut zu erkennen. Eine kleine Tafel informiert die Besucher, dass die Maori-Krieger, die im Kampf für ihr Land starben, auf dem Gelände beerdigt sind. Ein Gedenkmonument steht dort aber nicht, kein Grabstein, kein Name und kein Datum. Es kommt mir widersprüchlich vor, dass im Gegensatz zu all den eindrucksvollen Denkmälern für die Neuseeländer, die im Ersten und Zweiten Weltkrieg tapfer gekämpft haben und gefallen sind, hier außer einem simplen Symbol nichts an die namenlosen Maori erinnert, die ihr Leben ebenso tapfer im Kampf um ihr Land gelassen haben.

Abends schlendere ich durch den verschlafenen Ort National Park. An der Straße steht auf einer leeren Koppel ein alter Lastwagen, der zu einem Haus umgebaut wurde, inklusive Schornstein und Holzschindeln auf der spitz zulaufenden oberen Hälfte, genau wie ein richtiges Dach. Die Seitenwände des Lasters sind wie die Regalbretter eines Schranks herausgezogen worden, wodurch sich der Innenraum fast um das Dreifache der ursprünglichen Lastwagenbreite erweitert hat. Die Koppel ist überwuchert, aber das fahrbare Haus sieht gepflegter aus als die daneben stehenden barackenartigen Behausungen, deren Gärten rostige Motorblöcke und schlammverspritzte Geländewagen schmücken. Gelangweilt dreinblickende Hunde, die in den Höfen angebunden sind, kläffen mich an, als ich vorbeischlendere.

Vor dem National Cosmopolitan Club parken Autos und Lieferwagen. Neugierig spähe ich in einen verrauchten Raum. Stämmige Männer sitzen gedrängt um einen Tisch, auf dem mehrere Bierkrüge stehen. Sie haben aufgedunsene Bierbäuche, die über ihren dicken Beinen hervorragen, breite Hüften und übergroße, mit Tätowierungen verzierte Bizeps. Anscheinend haben auch alle Zahnlücken und zottelige Haare. Die Gruppe besteht aus ebenso vielen Maori wie Weißen, allerdings ist es schwierig, sie auseinander zu halten. Die Innenwände des Klubhauses sind mit den gewaltigen Köpfen erlegter Rothirsche und Wildschweine geschmückt.

Ein Maori ruft mir zu: »Willst du ein Bier?«

Es ist zu spät, um noch einen Rückzieher zu machen. »Gern.«

Ich folge ihm und nehme an der Bar Platz. Er kehrt hinter den Tresen zurück und streckt den Arm aus, um mir die Hand zu schütteln. »Willkommen im Cosi Club.« Er schenkt mir ein Bier ein. »Und was machst du hier in der Gegend?«

»Ich reise vier Monate durch Neuseeland.«

»Ah yeah? Und wo warst du schon?«

»Habe die ganze Südinsel durchwandert. Jetzt will ich langsam die Nordinsel hinauf.« Dann frage ich: »Was hat es denn mit den heißen Quellen von Ketetahi auf sich?«

Er blickt sich um, um sich zu vergewissern, dass ihn auch niemand hört. Er ist groß und sieht gut aus, hat einen markanten Kiefer, eine recht kleine Nase und die für die Maori typische olivfarbene Gesichtshaut. »Ah yeah, ganz einfach. Die *iwi*, das ist unser hiesiger

Clan, und die Vertreter der Ngati Tuwharetoa wollen den DOC zum Kurswechsel zwingen.«

»Kurswechsel?«

Er wendet sich von den rauen Typen an der Bar ab, die Drinks bestellen wollen, und spricht leise weiter. »Die *iwi* haben die Nase voll vom DOC, von Ausrüstern, Hütten und Flugchartergesellschaften, die mit dem Tongariro-Nationalpark Geld scheffeln. Der Park wurde als Geschenk überschrieben, nicht um sich damit eine goldene Nase zu verdienen. Hier kassieren alle ab für jede Kleinigkeit, nur die *iwi* sehen nichts davon.«

Er verstummt, als einer der Gäste an die Bar kommt, bedient ihn und fährt dann fort: »Die meisten der Ältesten möchten die heißen Quellen sperren lassen und sie als *tapu*, heilig, erklären, wie in früheren Zeiten. Sie sollen wieder ein spiritueller Ort für die Ngati Tuwharetoa werden.« Er zuckt die Achseln. »Aber die Jungen sind dagegen. Bei den Versammlungen sind sie oft unhöflich und schreien die Ältesten nieder. Viele, aber nicht alle von den Jüngeren wollen mit den heilenden Kräften der Quelle das große Geld verdienen. Sie sehen, dass der DOC, die Hüttenbesitzer und Ausrüster mit dem Vulkan gute Geschäfte machen, und wollen die Quellen daher in ein Gewinn bringendes Heilbad verwandeln. Der Stamm kommt zu keiner Einigung, deshalb lässt man die Sache jetzt schon seit über einem Jahr ruhen.«

»Das ist lange.«

»Nicht für uns.« Er tritt herausfordernd vom Tresen zurück. »Unser Volk hat Geduld.«

Peter hatte mir in der Hütte erklärt, dass die Ausrüster, die Reiseagenturen und Hüttenbesitzer ungeduldig auf eine Entscheidung warten, wie sie auch ausfallen mag, damit sie ihre touristischen Angebote planen und vermarkten können. Für sie sei ein Verzögern schlechter, als wenn sie die Quellen nicht mehr nutzen dürften.

Ich wiederhole, was ich von Peter wusste: »Viele Pakeha sind über die Beschlüsse des Waitangi-Tribunals zugunsten der Maori empört. Zum Beispiel über Fischbestände meilenweit vor der Küste und in Tiefen, in welchen die Maori niemals auf traditionelle Weise haben fischen können. Ihrer Meinung nach zeigt das, welch absurde Richtung das Tribunal eingeschlagen hat, um früheres Unrecht wieder gutzumachen, und sie finden es nicht fair.«

Der Barkeeper beugt sich lächelnd zu mir hin und sieht mich an. »In Ordnung, sollen die Pakeha vor Gericht dagegen ankämpfen. Dann wissen sie wenigstens, wie das ist.« Er lacht, aber in seinen Augen blitzt Wut auf.

Ruapehu

Tief hängende schwarze Wolken verdecken die Berge. Ich trampe ins Dorf Whakapapa, die Bruce Road hinauf, die zum Upper-Bruce-Parkplatz führt. Die oberen Sessellifte des Skigebiets sind von Wolken verhangen, das im Sommer grau-schwarze Gelände wirkt wie eine Mondlandschaft aus vulkanischen Felsbrocken, steilen Felsspitzen, tiefen Spalten, bodenlosen Schluchten und Kliffs. Weit und breit ist nichts Grünes, Wachsendes oder Lebendiges. Die Skilifte wirken bizarr, ihre Stahlpfeiler ragen haushoch aus den vulkanischen Felsblöcken heraus. Zugegeben, jetzt ist Sommer, und im Winter wird dieses Durcheinander aus zerbrochenen Felsbrocken vom Schnee verdeckt, aber es fällt doch schwer, sich vorzustellen, dass hier jemand Ski fährt. Inmitten der Unmenge herumliegender Felsblöcke sind Skihütten, Sportgeschäfte und Verleihbetriebe aus dem Boden gestampft worden. Ich gehe zu dem nebelverhangenen Sessellift hinauf, setze mich und werde in den Nebel davongetragen. Während der Fahrt ist nichts zu sehen, bis ich durch die Wolkendecke stoße und einen klaren blauen Himmel über mir habe.

Der nahe Ngauruhoe ist ein perfekt geformter Kegel, der aus der scheinbar festen Wolkenmatratze herausragt. Ich steige aus dem Sessellift und nehme den nächsten, der mich über einen Haufen großer Felsen trägt, die zur Seite gesprengt wurden, um eine Skipiste zu ebnen. Mühelos gelange ich auf 2.000 Meter Höhe, so schnell, dass ich den Druckunterschied in meinen Ohren ausgleichen muss. Von der Bergstation zieht ein Schlepplift im Winter die Skifahrer noch weitere 700 Meter den Berg hinauf. Ich befinde mich nur wenige Meter unterhalb des Vulkangipfels und stapfe durch frischen und immer tiefer werdenden Schnee zum Notch hinauf, von wo aus sich ein Blick auf den riesigen Krater und die Gletscher Whakapapa, Mangatoetoenui und Whangahu bietet. Vom Knob-Gletscher blicke ich zurück auf den Tongariro und Ngauruhoe und bedaure, dass ich den Vulkan nicht ebenfalls von ganz unten bestiegen habe. In recht kurzer Zeit habe ich den Kamm erreicht, der den Whakapapa-Gletscher und das Summit-Plateau verbindet, ein Amphitheater, das selbst wie das Zentrum eines riesigen Kraters aussieht. In 2.072 Meter Höhe bin ich knapp oberhalb des Dome Shelter und blicke auf den dampfenden, von Eiskliffs, Schneefeldern und alten Lavaströmen umgebenen Crater Lake hinab.

Als ich an diesem wunderbar klaren Tag schließlich auf dem Ruapehu stehe, werde ich unweigerlich von einer tiefen Trauer darüber ergriffen, dass der Berg durch Sessellifte, frei gesprengte Skipisten, Chalets und Skidörfer seiner Würde beraubt wurde. Man hat ihn in einen kommerziellen Skizirkus verwandelt, wohingegen der Maori-Chief, als er die Vulkane einst als Geschenk darbot, dies in dem Glauben tat, sie könnten als Nationalpark ihr *mana* bewahren.

Ich werde von einem Reiseagenten abgeholt, bei dem ich eine Kanufahrt den Whanganui River hinunter gebucht habe. Der DOC vermarktet dies als Whanganui Journey, als eine der neun »großartigen Wanderrouten« Neuseelands, obwohl es genau genommen ja gar keine Wandertour ist. Der Whanganui River war früher der Weg ins Landesinnere. Bis zum Bau der Eisenbahnlinie und dann der Straße wurden Waren und Menschen auf dem Fluss transportiert.

»Treffe Sie in drei Tagen unten an der Flussmündung«, sagt der Reiseagent und fährt mit seinem ramponierten, alten Van in einer Staubwolke davon, der leere Anhänger holpert wild hinterher. Die Farbe des Flusses ist grau, als enthalte er Industrieabwässer, doch in Wahrheit lässt der vulkanische schwarze Sand ihn trüb erscheinen, nicht etwa die Umweltverschmutzung. Er fließt durch eine tiefe Schlucht aus weichem, aus dem Meeresboden gebildeten Sand- und Schlammstein. An manchen Stellen treten Meeresfossilien aus den Sedimenten hervor. Der Fluss hat sich dramatisch in die Landschaft eingegraben. Während ich verträumt flussabwärts treibe, tröpfeln Rinnsale an marmorglatten Felswänden hinab, und immer wieder erscheinen Höhleneingänge oder verborgene Zuflüsse von Nebenarmen und kleinen Buchten. Härtere Felsblöcke ragen wie Schokoladensplitter aus dem zerfallenden Biskuit aus Grundgestein heraus. Flaumiger Löwenzahnsamen treibt vorbei und überschlägt sich so sachte, dass der feine Samen auf der Oberfläche des Flusses tanzt, ohne nass zu werden. Ich paddle langsam und genieße die Kulisse, bis ich nach etwa sieben Stunden und einigen Stromschnellen die John-Coull-Hütte erreiche.

An der Hüttentür ist ein unheilvolles Hinweisschild angebracht:

Kanufahrer sollten anhalten und rückwärts paddeln, damit Jetboote überholen können. Insbesondere, wenn sie voll besetzt sind, brauchen Jetboote, falls sie wegen eines Hindernisses ihr Tempo drosseln müssen, über eine lange Strecke volle Kraft, um sich wieder aufzurichten und über dem Wasser zu schweben. Deshalb sollten sich Kanufahrer möglichst in Gruppen zusammenschließen, anstatt über eine längere Distanz einzeln zu fahren.

Ich war davon ausgegangen, dass ich Vorfahrt habe, weil ich in einem schwächeren und langsameren Boot unterwegs bin. Wenn ich mich hier mit Jetbooten messen muss, dann verliert mein Kommen seinen Sinn.

Der Hüttenwart verwickelt mich in ein Gespräch. Er erzählt mir, dass er früher als ungelernter Arbeiter in Großbritannien gearbeitet hat, bevor er, noch als Teenager, mit seiner jetzigen Frau nach Neuseeland gekommen ist. Durch viele harte Arbeit gelang es ihnen, genügend Geld zu sparen, um sich eine Milchfarm zu kaufen und Farmer beziehungsweise »cockies« zu werden. Als sie die Farm verkauften, haben sie von dem Erlös einen kleineren Hof erworben, auf dem sie jetzt eine kleine Rinderherde halten. Ihren einwöchigen Jahresurlaub verbringen sie immer damit, aushilfsweise als DOC-Hüttenwarte zu arbeiten.

Seine Schultern sind von den Jahrzehnten schwerer Arbeit breit, seine Unterarme dick, seine Finger knotig und wettergegerbt. Er hat sich seit ein paar Tagen nicht rasiert, und weiße Bartstoppeln sprießen auf seinen geröteten Wangen. Ich frage ihn nach dem Maori-Dorf, von dem Meri gesprochen hatte.

»Das liegt flussabwärts. Du kannst hingehen und mit ihnen reden, wenn du willst, dass sie dir die Ohren voll jammern. Eigentlich sind sie aber recht freundlich und erzählen dir ihre Sicht der Geschichte.« Er wägt seine Worte sorgfältig ab. Als Aushilfshüttenwart fühlt er sich als Botschafter seiner Wahlheimat. Seine Frau sieht ihn mit ausdruckslosem Gesicht an und serviert ihm schließlich ein dickes Steak.

Er informiert mich: »Der Whanganui ist der längste ununterbrochen befahrbare Fluss in Neuseeland. Die erste Siedlung am Fluss wurde um 1350 n. Chr. gegründet, als ein Volk namens Te Atihau nui a papa rangi, das auf dem Fluss von der Küste ins Landesinnere vordrang, ins Tal kam.«

Während er spricht, schneidet er sich ein Stück von seinem Rindersteak ab, und er erzählt mir auch von den Kiwi-Soldaten, die aus dem Ersten Weltkrieg zurückkehrten. Flussabwärts am Mangapurua-Flussarm erhielten sie Land zugesprochen, dort, wo die berühmte »Bridge of Nowhere« über eine tiefe Schlucht führt. Seine Miene drückt Stolz aus, aber auch das Mitgefühl, das er für die Pionierfamilien empfindet, die schufteten, um den Busch zu zähmen, und nach etwa 20 Jahren aufgaben, gebrochen und dem Staat noch immer Geld schuldend. Er fügt hinzu: »Jetzt ist keine Spur mehr von dem Blut, dem Schweiß und den Tränen zu sehen, die diese Familien vergossen haben, um sich dort eine Lebensgrundlage aufzubauen. Der Busch hat alles wieder an sich gerissen.«

Ich spaziere zum Flussufer. Die Sonne geht unter, und der fast volle Mond späht durch das Dach aus wuchernder Vegetation hoch über dem Fluss. Ein Kuckuckskauz stößt einen unheimlichen Schrei aus, wie ein *kaitaiki*, ein von den Maori-Vorfahren an den heiligen Plätzen entlang des Flusses zurückgelassener wachsamer Geist. Ich ziehe mich in die Sicherheit der Hütte zurück, nur für den Fall, dass es tatsächlich der Warnruf eines Maori-Wachpostens ist.

Am nächsten Tag ist der von steilen Felswänden umgebene Fluss nebelverhangen. Ich packe zusammen und schiebe mein Kanu in die wirbelnden Schwaden. Im Laufe des Vormittags vertreibt die

Sonne den Nebel, und schon bald wird das Flusstal zu einem unerträglich heißen Kessel. Weiter flussabwärts bietet ein verborgener Zufluss vom Tangarakau River mit dem Schatten überhängender Vegetation eine willkommene Abkühlung. Ich paddle das träge Gewässer hinauf, dessen Ufer dicht bewachsen ist mit Podocarpeen-Mischwald, Palmen und Farnen, wie ein Tunnel in einem tropischen Dschungel. Selbst die Baumstämme sind von grünen parasitären Pflanzen überwuchert. Ich könnte mich in Borneo, am Amazonas oder in Afrika wähnen, es fehlen nur die heimischen Wildtiere, hier gibt es lediglich ein paar Opossums oder wilde Ziegen, Damwild, Schweine, Katzen und Hunde. Außerdem sind überraschend wenige Vögel zu hören, abgesehen von dem allgegenwärtigen Tui, dessen Ruf mir bereits wie der eines vertrauten Freundes erscheint.

Während ich vorbeitreibe, bläst mir aus einer schmalen, nur einen Meter breiten Spalte ein kalter Windstoß entgegen, die in eine tiefe, geheimnisvolle Höhle führt. Ich paddle rückwärts gegen die Strömung an und erhasche einen flüchtigen Blick in eine verborgene Welt. Das Wasser hat eine Kammer von der Größe einer Kirche ausgehöhlt, vielleicht 50 Meter im Durchmesser. Die Kammer ist mit Farnen und Palmen bewachsen, Tümpel und Wasserkaskaden sind zu erkennen. Durch das üppige Blätterdach dringt fast kein Sonnenlicht. Ich halte an und klammere mich am Felsen fest, um einen Blick in die verborgene Biosphäre zu werfen.

Als ich den Mangapurua-Seitenarm erreiche, binde ich das Kanu an einen Stahlpfosten, der in den weichen Untergrund gerammt wurde, und klettere die in den Schlammstein gehauenen Stufen hinauf. Ein Spaziergang von 30 Minuten über einen breiten Weg, durch einen Tunnel von Vegetation, bringt mich zu der berühmten »Bridge of Nowhere«. Die massive Betonbrücke, die in Schwindel erregenden 100 Meter Höhe über den Mangapurua River führt, ist inzwischen von der vordringenden Vegetation fast vollkommen verdeckt.

Ihre Stützen zerfallen, und von den aufgegebenen Farmen, die dem Busch so mühsam abgerungen wurden, sind nur Reste steinerner Feuerstellen übrig geblieben. Üppige grüne Palmen waren die ersten Pflanzen, die das gerodete Land zurückeroberten.

Mir war es seltsam vorgekommen, dass in den Worten der Kiwis eine solche Ehrfurcht mitschwang, wenn sie von der Brücke sprachen. Jetzt wird mir jedoch klar, dass nicht die Brücke selbst so wichtig ist. Sie stellt vielmehr ein Symbol dar für die vergeudeten Leben der Siedler, denen es nicht gelang, den Busch zu besiegen. Die ländlichen Neuseeländer messen dem eine große Bedeutung zu.

Die Kammhöhen sind von hohen Schwarzbuchen und Podocarpeen-Mischwald bewachsen. Neben dem Weg liegt ein Pflug. In seinem rostigen Metall sind die Worte »Made in England« eingraviert. Vermutlich haben die Farmer, ihre Frauen und Kinder auch diesen Weg benutzt. 1942 gab der letzte Kriegsveteran auf. Der Whanganui River war schon seit Ende der 1920er-Jahre nicht mehr die Hauptverkehrsader, allerdings befuhren bis in die 50er-Jahre noch Boote den Fluss. Am ergreifendsten erinnern die bunten, eingeführten Blumen, die am Wegesrand blühen, an die gescheiterten Siedler.

Wenig später höre ich das laute Dröhnen eines Jetboots von den steilen Wänden des Flusses widerhallen, und schon nach ein paar Minuten hat es mich eingeholt. Ich halte mich am Rand der Schlucht, während das Geschoss vorbeidonnert. Keiner der Passagiere, nicht einmal der Skipper, erwidert mein Winken. Nachdem das Boot verschwunden ist, bleibt mir nichts anderes übrig, als mich am Dollbord festzuhalten und das Kanu auszubalancieren, während es vom Kielwasser des Jetboots gefährlich hin und her geworfen wird.

In Tieke Marae fällt mein erster Blick auf wasserdichte Planen, die über Holzpfähle gespannt sind und dem Maori-Dorf die Atmosphäre einer Squattersiedlung verleihen. Unsicher, was mich wohl erwartet, paddle ich ans Ufer. Während ich das Kanu auf die Sandbank ziehe, bläst ein junger Maori in eine Schneckenmuschel. Er kommt herunter und bittet mich, ihm durch einen Bogengang aus Farnen zu folgen.

Im Gehen erzählt er mir etwas von der Geschichte des *marae*. »Das war früher einer unserer alten *pas*, unser Volk hat hier befestigte Dörfer errichtet. Deshalb habe ich den *puterino*, die Schneckenmuschel, geblasen, um meinen Leuten Ihre Ankunft anzukündigen. Als die Straße im Osten gebaut wurde, ist unser Volk vom Fluss und den alten *pas* zu den Betrieben und Jobs entlang der Straße gezogen. Die Regierung hat das Land zum öffentlichen Gebiet erklärt, was gut war, denn es hat die Siedler davon abgehalten, Bäume zu fällen und die Böden zu bestellen. Aber der Staat hat das Land unserem Volk nie abgekauft, und als der DOC einen Nationalpark einrichtete, hatten sie gar nicht das Recht dazu.«

Er hält inne, um Atem zu holen, und unterstreicht damit die Bedeutung dieser Botschaft. »Wir sind zurückgekommen, um unsere Landrechte einzuklagen. Deshalb haben wir die DOC-Hütte besetzt und sie zu unserem *marae* gemacht. Der *marae* ist ein Symbol für die Identität und Solidarität unseres Volks.«

»Was ist überhaupt ein *marae*?«, frage ich und folge ihm weiter den Hang hinauf.

Der junge Mann wendet sich um und sieht mich stolz an. »Früher bedeutete *marae* das offene Stück Land unmittelbar vor dem mit Schnitzereien verzierten Versammlungshaus. Heute bezeichnet *marae* sämtliche Gemeinschaftshäuser, nicht nur das heilige Versammlungshaus.« Er warnt mich ganz offiziell: »Sie dürfen weder Alkohol noch Drogen, noch Feuerwaffen in das *marae* mitnehmen. Ich bringe Sie zum *powhiri*, dem Willkommensritual. Als *manuhiri*, als Besucher also, sollten Sie dort Platz nehmen, wo ich es Ihnen zeige. Jemand singt für Sie, dann folgt eine Ansprache, ein paar von uns führen einen Tanz vor. Anschließend erzählen Sie uns bitte, wer Sie sind, woher Sie kommen und was Sie hier tun.«

Er führt mich zu der offen stehenden Tür einer ehemaligen DOC-Hütte, an deren Außenwand eine Maori-Flagge genagelt ist. Im Innern der Hütte ist auf einer Seite eine große Plastikplane befestigt worden, um Küche und Essbereich abzutrennen. Auf behelfsmäßig zusammengezimmerten Holzregalen stehen Lebensmittel. Becher und Kochgeräte hängen an Nägeln von den Dachsparren. Hinten in der Küche ist eine offene Feuerstelle, und zwei riesige, rauchgeschwärzte Töpfe stehen auf den offenen Flammen.

Ich setze mich an die mir zugewiesene Stelle. Der junge Mann nimmt neben mir Platz, um mir zu erklären, was vor sich geht. Eine Frau singt mit hoher Stimme das *karanga*, ein Willkommenslied, um die in die Geisterwelt übergegangenen Geister zu wecken. Dann hält ein junger Maori mit Sommersprossen, Dreadlocks, zerschlissener Hose und einer zerrissenen Windjacke in seiner Muttersprache eine kurze Rede. Es ist eine melodiöse Sprache, bei der viele Silben wiederholt werden. Zum ersten Mal in Neuseeland habe ich das Gefühl, in einem »fremden« Land zu sein. »Ich übersetze das jetzt in meine zweite Sprache«, sagt er voller Stolz, »damit Sie es verstehen.«

Er wiederholt seine Ansprache auf Englisch, heißt mich willkommen und teilt den Wächtern, den Geistern und Ahnen, mit, wer ich bin. Zwei weitere junge Männer gesellen sich zu ihm. Einer hat eine gebrochene Nase, und ihm fehlen mehrere Zähne. Der andere besitzt asiatische Gesichtszüge, hat lange, glatte schwarze Haare und die traditionellen Tätowierungen im Gesicht. Die Männer stehen vor mir, die Beine auseinander, die Knie leicht gebeugt. Absolut synchron führen sie einen *haka* vor, einen wilden Kriegertanz, der von aggressivem Aufstampfen, lautem Klatschen auf die Schenkel, von Fausthieben in die Luft und Gesten begleitet wird, die mich an

Karateschläge erinnern. Dann stehen sie still und schütteln ihre waagrecht ausgestreckten Hände und Finger. Am Ende einiger *wero*, ritueller Schreie, verziehen sie das Gesicht, reißen die Augen auf und strecken die Zunge heraus.

Trotz dieser beängstigenden Vorführung stellen sie sich danach in der Reihe auf, um mir die Hand zu reichen und mir das traditionelle *hongi* anzubieten, das heißt, ihre Nase und Stirn gegen meine zu drücken. Danach begrüßen mich auch die Kinder auf diese Weise, dann die Frauen, die jungen Männer und schließlich der Patriarch des Clans. Ich komme mir vor, als sei ich in eine Familie aufgenommen worden.

Die meisten der schmalen Matratzen sind von den Etagenbetten der DOC-Hütte genommen und nebeneinander auf den Boden gelegt worden, sodass sie nun als Doppelbetten dienen. Die Wände sind mit Familienfotos geschmückt, die wenigen Habseligkeiten in Plastiktüten gestopft und an Nägeln aufgehängt. Ich fühle mich wie ein Eindringling, als ich durch dieses improvisierte »Schlafzimmer« in den hinteren Teil der Hütte gehe, wo ich ein leeres Einzelbett mit Matratze finde.

Es wird allmählich dunkel. Draußen zupft ein junger Maori mit Strickmütze auf einer Gitarre herum. Mehrere Frauen unterhalten sich und bereiten das Gemüse für das Abendessen zu.

Ich sitze neben Gay, einer Lehrerin aus Auckland. Sie erzählt mir: »Das Grab meiner Urgroßmutter, Tauwiri Cribb, wird übermorgen enthüllt, eine offizielle Enthüllung, die *huru kohatu* genannt wird. An die 60 Maori sind zu der Wiederbestattung beziehungsweise *hui* eingeladen. Meine Urgroßmutter wurde in der Stadt Wanganui beerdigt, die Überreste sind vor einem Jahr exhumiert worden, und hier, am Ort des alten *pa*, sollen sie nun bestattet werden.«

»Ihre Urgroßmutter hatte einen englischen Nachnamen?«, frage ich.

»Sie hat einen Engländer namens Cribb geheiratet, einen Landvermesser.«

»Das war ein geschickter Schachzug von ihm, die Tochter eines Maori-Chiefs zu heiraten.«

»Ich glaube, der Vorschlag kam von ihrem Vater. Er war schlau. Er hat seinen Schwiegersohn benutzt, um die britischen Gesetze so auszulegen, dass er an Land gekommen ist.« Sie lacht, aber ich erkenne Bitterkeit. »Darum geht es doch die ganze Zeit. Um Land.« Sie lässt die Augen über die Hütte, die Planen und das Gelände schweifen. »Wir haben unser Land wieder besetzt.« Ihr Gesicht zeigt Entschlossenheit, spiegelt die Leidenschaft wider, die sie für diese Sache empfindet. »Wir haben es nie weggeben oder verkauft.«

»Und der DOC?«

»Die sind inzwischen unwichtig«, sagt sie verächtlich. »Sehen Sie die Maori-Jungen da? Viele unserer *rangatahi*, der jungen Generation, sind in den Städten in Schwierigkeiten geraten, entrechtet worden. Die soziale Struktur der Maori wurde durch die moderne Pakeha-Gesellschaft völlig zerstört. Die Pakeha stellen fast 80 Prozent der neuseeländischen Bevölkerung, die Maori nur 13 Prozent. Sogar die Polynesier von den Pazifikinseln machen 5 Prozent aus. Jetzt bringen wir unsere jungen Leute, die Probleme haben, hier heraus, damit sie die alte Maori-Lebensweise lernen. Manche sind schon über ein Jahr da und wollen nicht mehr fort.« Trotz ihres wilden Gesichtsausdrucks bei der Aufführung des *haka*, ihrer Tätowierungen, Dreadlocks und ihrer abgebrochenen, verfärbten Zähne machen die Teenager einen warmherzigen, ehrlichen Eindruck, und was das Wichtigste ist, sie sind stolz auf ihre Maori-Identität. »Sie werden uns von überall hergeschickt, oft sind es Problemjugendliche, die aus Jugendstrafanstalten ausgebrochen sind.« Sie lacht. »Hier können sie ausbrechen, aber wohin? Da müssten sie gute Wanderer sein, um den ganzen Busch zu durchqueren.«

»Wer ist hier für sie verantwortlich?«

Sie deutet auf den Mann, der sich gerade über das Feuer beugt. »Mark Cribb, unser Chief, war immer verantwortlich.« Der alte Mann spricht gerade mit zwei anderen Alten. »Er ist der Enkel des Landvermessers.«

»Er lebt jetzt nicht mehr hier?«

»Nein, er ist wieder nach Raetihi gezogen, aber er kommt von Zeit zu Zeit her.« Sie redet mit den Händen, den Augen und Augenbrauen, genau wie Meri in der Ketetahi-Hütte.

Ein junger Mann setzt sich neben mich. Er trägt ein rotes T-Shirt mit der Aufschrift: »Lieber tot als unterworfen.« Sofort bestimmt er die Unterhaltung. Gay schweigt. Als ich Fragen über die Maori stelle, antwortet er achselzuckend: »Ich weiß nicht. Fragen Sie meinen Onkel« und zeigt auf den alten Mann. »Er ist unser *kaumatua*, der Wahrer des Wissens und der Traditionen. Er kennt sich in politischen Angelegenheiten aus.«

Ich frage ihn: »Wissen Sie etwas über Te Heuheus Landgeschenk an die Regierung zwecks Schaffung des Tangariro-Nationalparks?«

»Nein«, antwortet er, offenbar war er auf meine Frage nicht gefasst. Dann fügt er barsch hinzu: »Woher wissen Sie das?«

»Vom Touristenzentrum in Whakapapa«, antworte ich vorsichtig.

»Von Pakeha geschrieben?«

»Ich weiß nicht.«

»Die Pakeha wissen gar nichts. Die schreiben Bücher über Maori-Angelegenheiten in Englisch.«

»Ich bin nicht an Pakeha-Versionen interessiert, ich möchte etwas über die Geschichte der Gegend erfahren«, gebe ich zur Antwort und fühle bereits eine Antipathie gegen diesen jungen Mann.

»Yeah, von den Pakeha«, ruft er verächtlich aus. »Wie sollen die sich in Maori-Angelegenheiten auskennen, wenn sie nicht mal unsere Sprache sprechen?«

Es ist unmöglich, die Unterhaltung fortzusetzen, deshalb wende ich mich, als er wieder darauf hinweist, dass Mark der Wahrer des *marae* ist, an den alten Chief. Mark spricht leise, und ich muss mich anstrengen, ihn zu verstehen. Er erzählt von der Natur und der Fülle an Fischen und Vögeln, die es hier noch gab, als er ein Junge war. Als ich erwähne, dass mir aufgefallen ist, dass entlang des Flusses kaum Vögel zu sehen sind, antwortet er: »Der DOC versprüht von Hubschraubern aus das Gift 1.080. Das tötet die Opossums, aber auch die Vögel. Sie geben zu, dass 1.080 die Vögel in Mitleidenschaft zieht, behaupten aber, dass weniger Schaden entsteht als durch die Opossums, die Eier und Küken fressen.« Traurig schüttelt er den Kopf. »Das 1.080 bringt sie wirklich um. Es sind keine Vögel mehr da.« Seine Augenlider fallen zu und verstärken den traurigen Eindruck, den er macht.

Mark erzählt, wie die Maori vor fast vier Jahren die DOC-Hütte besetzt haben. »Schon wenige Wochen nachdem wir uns hier niedergelassen hatten, ist die Polizei gekommen, um uns zu verjagen. Sie händigten uns einen Brief vom Justizminister aus. Unsere Antwort lautete: ›Stellt uns vor Gericht. Wir weichen nicht.‹ Dann haben sie ihre Nachforschungen angestellt, mit dem Ergebnis, dass der Staat gar kein Recht hatte, uns zu vertreiben.« Stolz hält er inne und lässt die Information wirken. »Wir hatten auch unsere Nachforschungen angestellt. Zwar war unser Volk vor Jahrzehnten vom Fluss weg in die Ortschaften entlang der neuen Straße gezogen, die anstelle des Flusses zu unserer Lebensader geworden ist, aber wir hatten auf unser Anrecht auf die alten *pas* am Fluss nicht verzichtet. Die Regierung hatte das Land im Alleingang zum Nationalpark erklärt, dazu hatte sie nicht das Recht. So ist es den Maori im ganzen Land gegangen. Der Staat hat einen Rückzieher gemacht, als ihm klar wurde, dass ihm ein Fehler unterlaufen war. Jetzt muss der DOC unser *marae*«, er deutet mit einer ausladenden Handbewegung auf die

Planen und Zelte, »in sein Informationsmaterial zum Whanganui-Nationalpark aufnehmen, der ohnehin größtenteils auf Maori-Land liegt. Inzwischen herrscht eine Art Waffenstillstand zwischen dem DOC und unserem Volk, das die DOC-Hütte ›besetzt‹, die ihrerseits den traditionellen Ort eines Maori-*pa* und -*marae* besetzt hält.« Er schweigt und blickt in die Flammen der Feuerstelle. Tiefe Falten durchziehen sein wettergegerbtes Gesicht.

»Da Sie jetzt Ihr Recht auf diesen Ort durchgesetzt haben, wohin gehen Sie als Nächstes?«, frage ich ihn.

Er holt tief Luft. »Ich mache das Gleiche überall am Fluss. Es gibt schon einen weiteren *marae*, den, an dem Sie kurz nach der John-Coull-Hütte vorbeigekommen sind. Am Ende gehört uns wieder der ganze Park.«

Das Abendessen ist fertig, und als Gast, als *manuhiri*, werde ich aufgefordert anzufangen. Es ist jede Menge Essen da: Töpfe voller Blumenkohl mit Käsesauce, Kohl, Kartoffelpüree, Corned-Beef-Scheiben und eine Art Eintopf.

Mark erteilt den Segen, und wir alle greifen zu.

Hier gibt es keinen formellen *paepae*, jenen Platz, wo die Ältesten zu ihren zeremoniellen Versammlungen zusammenkommen, daher steht Mark später am Abend vor dem Feuer und spricht leise und langsam mit großer Autorität. Als *kaumatua* ist er der letzte Redner. Er spricht ein Gebet in Maori und deutet mit einem Stock auf die Hügel, die Berge, den Himmel und den Fluss. Petroleumdrucklaternen erhellen sein Gesicht. Während er in Maori betet, schließt er die Augen, doch als er in Englisch betet, hat er sie geöffnet und blickt zum Himmel. Dann stellt er sich offiziell vor, spricht über die lange weiße Wolke und seine Abstammung. Er prahlt damit, dass er jahrzehntelang als Deckhelfer auf den Flussdampfern gearbeitet hat. »Es ist gut, wieder zurück zu sein«, stellt er abschließend fest.

Der Reihe nach steht jeder von uns auf, um sich vorzustellen und von unserer *whakapapa*, unserer Herkunft, zu berichten. Die jungen Leute aus Auckland sind sich ihrer eigenen Abstammung nicht so sicher. Als ich an der Reihe bin, erzähle ich ihnen: »Der Vater meines Vaters war Schotte und die Mutter meines Vaters Französin. Die Mutter meiner Mutter kam aus Irland und der Vater meiner Mutter aus England. Meine Eltern sind nach Kanada ausgewandert, wo ich geboren wurde, aber als ich drei Jahre alt war, sind wir von dort weggezogen. Ich habe in Asien und Afrika gelebt, bis ich in Kanada und Frankreich die Universität besucht habe. Inzwischen lebt meine Familie auf den Bermudas, in England und Kanada, und ich habe bis jetzt in meiner Wahlheimat Norwegen gelebt. Wie Sie bin auch ich auf der Suche nach meinen Wurzeln.« Kein Wunder!

Der junge Maori mit der Wollmütze erhebt sich. Er nimmt seine Mütze ab und dreht sie nervös in den Händen. Gay flüstert mir zu: »Er ist erst seit zwei Tagen hier. Manche der Maori-Jungen aus der Stadt haben so wenig Selbstwertgefühl und Selbstsicherheit, dass sie nicht vor alle hintreten und in einer Versammlung wie dieser hier ihren Namen sagen können, nicht einmal nach mehreren Wochen. Für mich ist es eine ergreifende Erfahrung mitzuerleben, wie sie etwas von ihrem Stolz und Selbstwertgefühl zurückgewinnen.« Der Junge nennt uns seinen Namen, Sonny, und beschreibt sein *waka*, sein Kriegskanu, und seine Abstammung. »Und das ist alles, was ich zu sagen habe«, meint er abschließend.

Dann führen die jungen Männer noch einmal ihren wilden *haka* auf, allerdings ein wenig anders als zuvor. Dieses Mal sind es ein halbes Dutzend Maori-Jungen. Einer kennt die Bewegungen noch nicht richtig, beobachtet während des Tanzens die anderen und macht ihnen alles nach, aber einen Sekundenbruchteil zu spät. Trotz seiner zaghaften Schritte ist er offensichtlich stolz darauf, dass diese Tradition wieder zum Leben erweckt wird. Obwohl die jungen Männer in Lumpen gekleidet und barfuß sind, machen sie das, was ihnen an Kostümen fehlt, durch Begeisterung mehr als wett.

Noch einmal dankt Mark allen und spricht dann größtenteils in Maori ein *karakia*, ein an die Götter in der Geisterwelt gerichtetes Gebet.

Am Morgen, nach einem ausgedehnten Frühstück, trocknen Murray, ein großer Mann mit tätowiertem Gesicht und Armen, und ich das Geschirr ab. Zärtlich hält er ein kleines Baby in der Armbeuge, sein Bizeps ist so groß wie das Baby. Seine Schläfen sind glatt geschoren, und der Rest seiner langen schwarzen Haare ist zu einem Pferdeschwanz zusammengebunden. Seine Zähne sind verfärbt oder fehlen ganz.

»Wirklich traurig, dass man am Anfang, wenn man jung ist, so schön aussieht und am Ende, wenn man älter wird, so hässlich«, scherze ich.

Er nimmt das Baby auf den anderen Arm. »Ich will Ihnen eine Geschichte erzählen. Ein Maori war in Europa, um einen Freund zu besuchen, und sie sind an einem Drehorgelspieler vorbeigekommen. Sie wissen schon, an einem Mann mit einer Drehorgel, der einen Affen auf der Schulter sitzen hatte. Der Maori wirft ihnen ein Geldstück hin. ›Warum tust du das?‹, fragt ihn sein Kumpel. ›Ich dachte, du magst keine Pakeha.‹ Der Maori antwortet: ›Ich mag die Pakeha nicht, aber ihre Kinder sind einfach süß.‹«

Als Besucher muss ich mit dem *poroporoaki*, der Abschiedszeremonie, beginnen. Ich entrichte eine *koha*, eine Spende in Form von Geld und Lebensmitteln für den *marae* im Gegenzug für ihr *manaaki*, die Gastfreundschaft. Mark dankt mir für meinen Besuch. Alle begleiten mich zum Flussufer und winken mir nach, während ich davonpaddle. Irgendjemand bläst in eine Schneckenmuschel, und die klagenden Töne hallen noch lange nach meiner Abfahrt durch das Tal.

Flussabwärts paddelnd, komme ich an Zelten und drei Gummiflößen vorbei, die ans Ufer gezogen sind. Weiße Männer, Frauen und Kinder liegen am Strand oder schwimmen im Fluss. Einer von ihnen ruft mir einladend zu: »Willst du einen Schluck, Kumpel?«

Ich lege das Paddel auf das Dollbord des Kanus und greife nach der kalten Bierdose. Während ich vorbeitreibe, frage ich: »He, seid ihr schon in Tieke Marae gewesen?« Ich deute mit dem Daumen über meine Schulter in die Richtung, aus der ich gerade komme. Es war ein Highlight meiner Reise durch Neuseeland, in dem *marae* zu übernachten, mit den Maori zu sprechen und so vieles über sie zu erfahren.

»Nie im Leben!«, bellt mir ein großer Mann mit einem leuchtend roten Bart wütend hinterher.

National Park – Taupo – Rotorua

Als ich in den Ort National Park zurückkomme, lädt mich Peter, der Hüttenbesitzer, ein, ihn und seinen Sohn Paul nach Feilding zum Autorennen zu begleiten. Obwohl es Wochenende und ihre Hütte voll belegt ist, wollen sie nicht auf den alljährlichen Ausflug zu den Sonntagsrennen verzichten.

An der Rennbahn von Feilding sitzen wir hinter ein paar Männern, die ihr Revier auf der Tribüne deutlich abgesteckt und auf einer mit Schaffell bezogenen Autobank Platz genommen haben. Auf einem tragbaren Grill grillen sie Würste und Speck, die Füße liegen auf ein paar Kühlboxen, aus denen sie sich hin und wieder ein Bier holen.

Formel-V-Fahrzeuge, mit VW-Motoren ausgestattete Miniversionen der Formel-I-Rennwagen, rasen nach dem Start los. In der ersten Kurve stoßen Autos zusammen, und eine bläuliche Rauchwolke steigt auf. Danach liegen vier Wagen zerbeult an der Strecke. Das Rennen ist das reinste Crash-Derby, überall liegen Autos herum, manchmal befinden sich mehr Fahrzeuge neben als auf der Strecke. Was den Fahrern an Können fehlt, machen sie mit Entschlossenheit wett, doch die Formel-V-Jockeys sind noch gar nichts im Vergleich zu den Fahrern des Mad Max Mazda RX-7, die nach ihnen an die Reihe kommen. In der ersten Kurve wird ein halbes Dutzend Mazdas ramponiert und zerbeult, doch erstaunlicherweise setzen alle Fahrer das Rennen fort.

»Da draußen geht es hart auf hart«, verkündet der Ansager über den Lautsprecher. »Sie kommen Stoßstange an Stoßstange auf die Gerade, und der Expresszug geht in die zweite Runde.« Wieder fliegen zwei Autos aus der Kurve, eines überschlägt sich sogar. »Noch zwei weitere sind im Kiesbett gelandet, und scheinbar ist einer umgekippt.«

Außerdem informiert der Kommentator die Zuschauer, von welcher Insel, der Nord- oder der Südinsel, der jeweilige Rennfahrer kommt. Die Autos werden von ganz unterschiedlichen Firmen gesponsert: »Romenas Massagesalon« wirbt beispielsweise auf einer Motorhaube mit einem verführerischen Bild zweier nackter Frauen, deren schöne Beine allerdings völlig außer Form gedrückt worden sind. Neben Romenas Massagesalon gibt es andere, gleichermaßen passende Sponsoren, zum Beispiel »Foxton Prothesen«, »Akademie Bestattungsunternehmen« und »Prestige Unfallreparaturen«. »Robbs Obst und Gemüse« erscheint mir weniger passend, es sei denn, mit dem zermatschten Obst und Gemüse sind die Fahrer gemeint.

Zum Schluss steigt der Gewinner auf die Tribüne. Er sagt, er sei »total von den Socken«, dass er gewonnen habe, und das ist schon seine ganze Siegeransprache. Er nimmt die Flasche Champagner als Preis entgegen, öffnet sie und spritzt den Inhalt herum, bevor er den Rest austrinkt. Dann steigt er in sein zerbeultes Auto und fährt ruckelnd und qualmend zu den Boxen zurück.

Wir kaufen uns riesige panierte, in Öl gebratene und in Tomatensauce getunkte Hot Dogs. Ein großer Mann mit tätowierten Armen und wallendem Bart dreht sich zur Tribüne und macht eine große Show daraus, sein schwarzes T-Shirt hochzuheben und seinen sehr weißen, sehr runden und dicht mit roten Haaren bewachsenen Bauch zu zeigen. Er stützt ihn mit den Händen und schüttelt ihn voller Stolz auf seine wabbelige Masse auf und ab.

»Komm schon!«, kreischt mir eine Frau von hinten begeistert in die Ohren. »Zieh alles aus! Zier dich nicht so!«

Am nächsten Morgen sitze ich auf einer der makellos sauberen Toiletten in der Hütte in National Park und bemerke zu spät, dass kein Toilettenpapier mehr da ist. Ich warte geduldig in der Hoffnung, dass bald jemand kommt, den ich bitten kann, mir eine Rolle aus einer anderen Kabine zu reichen. Nach langen 20 Minuten gebe ich die Hoffnung auf, gerettet zu werden, ich watschle in Hockposition nach vorn, um den Riegel zur Seite zu schieben und vorsichtig die Tür der Kabine zu öffnen. Außer mir ist niemand in der Toilette. Ich ziehe die Tür auf und wage mich weiter vor, noch immer in Hockposition, die Shorts und Unterhosen schön um die Fußknöchel gewickelt, das Hemd über meinen nackten Hintern hochgeschoben. Ich bin ganz aus der Kabine heraus, nach vorn gebeugt und gerade dabei, zur Seite in die angrenzende Kabine zu schlurfen, als Wilma, die Putzfrau, hereinkommt. Ich erstarre, und wir beide stieren einander an. Ich schlurfe zur Seite und wie ein sich zurückziehender Einsiedlerkrebs wieder zurück in meine Toilettenkabine, aber in der Eile stolpere ich über das Durcheinander meiner Kleider, die mir die Füße zusammenschnüren. Ich falle auf den nackten Hintern, knalle mit dem Kopf gegen die Porzellantoilettenschüssel und kicke mit beiden Füßen die Tür zu.

»Brauchen Sie vielleicht Toilettenpapier?« Wilma hat meine Notlage richtig erfasst.

»Ah yuh«, antworte ich aus meiner Rückenlage, und schon wieder vermassle ich die Kiwi-Aussprache.

Wilma streckt die Hand diskret unter der Tür durch und gibt mir eine Rolle Toilettenpapier. »Übrigens«, sagt sie trocken, »das ist hier die Damentoilette.«

Später erzählt mir Wilma, die unser früheres Zusammentreffen diskret übergeht, dass sie heute mit Lani, ihrem Mann, nach Taupo fährt. Ich kann mitkommen. Obwohl ich Wilma jeden Tag beim Putzen in der Hütte gesehen habe, hatte ich noch keine Gelegenheit, mit ihr zu sprechen. Sie sitzt mit ihrem Sohn Didi auf der Rückbank des großen Autos mit Allradantrieb.

»Ich bin als Abteilungsleiter beim hiesigen Sägewerk angestellt«, erzählt mir Lani. »Ich bin ein Maori aus dem Norden, Wilma ist eine Maori hier aus der Gegend.«

Während wir über den zweispurigen Highway fahren, kommen wir an dem Engländer vorbei, der auf dem Weg von Invercargill nach Cape Reinga an der Straße entlangtrottet. Sein Gesicht wirkt entschlossen, der Blick ist auf den Boden vor seinen Füßen gerichtet.

»Soll ich ihn mitnehmen?«, fragt Lani.

»Nein«, antworte ich und schüttele den Kopf. »Der ist zu Fuß unterwegs von Invercargill nach Cape Reinga. Er nimmt keine Abkürzungen und lässt sich auch nicht mitnehmen.«

Ich bewundere seine Entschlossenheit, frage mich aber zwangsläufig, was ihn wohl antreibt.

Wilma beugt sich vom Rücksitz vor und fragt: »Ist es o.k., wenn wir Sie mit Ihrem ins Maori übersetzten Namen ansprechen?«

»Nein, überhaupt nichts.«

Sie sagt mir: »Anaru, gestern waren wir bei Sir Hepe Te Heuheu. Er ist 79 Jahre alt und direkter Nachfahre von Horonuku Te Heuheu Turkino, der die Vulkangipfel der britischen Krone geschenkt hat. Sind Sie auf die Vulkane gestiegen?«

»Ja.«

»Und wie fanden Sie es?«

»Ich war enttäuscht.«

Lani, ein riesiger Mann mit Fäusten, so groß wie Bärentatzen, schaut zu mir herüber. Er fragt mit tiefer Stimme, die beinahe wie ein Echo in seiner Brust klingt: »Warum? Schlechtes Wetter?«

»Nein, ich hatte schönes Wetter, so wie heute. Das war zum Teil das Problem. Auf dem Tongariro drängten sich an die 1.000 Wanderer. Es ist schwer, inmitten so vieler Leute ein Gefühl für das *tapu* und *mana* des Vulkans zu bekommen. Am nächsten Tag bin ich mit einem Sessellift auf den Ruapehu gefahren. Das flößt nicht gerade Ehrfurcht ein. Es ist traurig, den Park mit Sesselliften, frei gesprengten Hängen und eigens angelegten Skipisten verschandelt zu sehen. Da bekommt man kein Gefühl von Heiligkeit oder Macht.«

Lanis Augen weiten sich beim Zuhören.

Ich mache meinen Gefühlen unaufgefordert Luft: »Ich würde alle Skigebiete schließen und den Berg wieder zu einem heiligen Ort machen. Vielleicht ist der Berg ja gleicher Meinung und sprengt deshalb dauernd seinen obersten Teil weg. Es steht mir eigentlich nicht zu, das zu sagen, aber selbst als Tourist werde ich wütend, wenn ich sehe, wie ausbeuterisch mit den Vulkanen umgegangen wird, vor allem, nachdem ich erfahren habe, warum sie überhaupt als Nationalparks verschenkt worden sind. Aber sicher wurde inzwischen zu viel Geld investiert, um das alles wieder zurückzudrehen.«

Ich bin eigentlich kein unvoreingenommener Beobachter. Vor vielen Jahren musste ich nach einem Skiunfall am Knie operiert werden und bin seit diesem Unglück nie mehr Ski gefahren. Ich habe auch gar nicht das Verlangen danach.

Lani hat geschwiegen, aber jetzt kann er sich nicht länger bremsen. Er sagt: »Wir haben vor Freude gelacht, als der Berg in den beiden letzten Jahren ausgebrochen ist, als ob uns die Geister der Vulkane etwas sagen wollten.«

Er schaltet das Radio aus, obwohl die Musik kaum hörbar war. »Wissen Sie, wenn ein Wanderer auf den Vulkanen umkommt, geht beim DOC alles wie gehabt weiter. Sie schließen nicht etwa den Berg aus Respekt vor dem Verstorbenen. Das ist nicht die Maori-Art. Für uns muss ein Reinigungsprozess stattfinden.«

Wilma sagt ganz ernst: »Wir betrachten die Berge mit Ehrfurcht. Te ha o Taku Manawa. Der Atem meines Berges ist mein Herz. Wir sind stolz, dass sie der Nation geschenkt wurden, dessen Volk, weil es doch Naturfreunde sind, ihnen eigentlich Respekt entgegenbringen sollte. Der Respekt der Maori für die Berge geht tief. Laut unserer Mythologie stammt alles Leben von denselben Eltern ab, von Papa, der Erdmutter, und Rangi, dem Himmelsvater, sodass der Mensch und alle Lebewesen durch die Blutsbande in Harmonie miteinander leben. Wir betrachten die Vulkane als Vorfahren, und diese Verwandtschaft erinnert uns auch an unsere Ahnen, die sich vor Jahrhunderten am Fuß der Berge angesiedelt haben. In unserer Erinnerung vermengen sich Vergangenheit und Gegenwart und sichern Kontinuität. Deshalb erweisen wir den Bergen unsere Ehrerbietung.«

Sowohl Wilma als auch Lani sind beim Thema Maori-Geschichte rührend wortgewandt.

Wilma fährt fort: »Unser Volk möchte als Teil der Wiederentdeckung des Maori-Lebens an den Fuß des Berges zurückkehren. Aber wir sind unsicher, wie wir Tongariro begegnen sollen, die Entscheidung, welches der richtige Weg sein könnte, ist heutzutage schwierig. Vor einiger Zeit haben wir eine Busfahrt organisiert, manche der Alten waren aber wegen des *tapu* gar nicht darauf erpicht mitzukommen. Andere wollten nicht weit auf den Berg hinauf. Sie müssen wissen, dass wir, obwohl die meisten von uns Christen sind, unsere Maori-Lebensweise nicht vergessen haben. Die Frauen haben im Bus Maori-Gebete gesprochen. Einige waren zum ersten Mal im Park, obwohl sie schon fast ihr ganzes Leben bei Taumarunui oder Turangi wohnen. Die Frage des *tapu* ist wichtig. Wir wollen, dass die Leute sich an dem Berg erfreuen, aber wir wollen nicht, dass er entweiht wird. Für manche aus unserem Volk ist das wichtiger als für andere. Einige wollen gar nicht, dass der Berg kommerzialisiert wird. Andere können das akzeptieren, weil sowieso nur die Pakeha dort Ski fahren. Das *tapu* hat immer noch Bestand, aber es ist nicht mehr von jener tödlichen Art. Das Geschenk war eine Sache zwischen Maori und Pakeha, und wir wollen, dass es so bleibt, aber die Kommerzialisierung entzweit unsere Gemeinschaft.«

Lani meint: »Als unsere Vorfahren, die ersten Polynesier, nach Neuseeland kamen, fanden sie ein reiches, leeres Land vor. Während sie sich ansiedelten, haben sich einzelne Gruppen auf der Suche nach gutem Ackerland bekämpft. Der Krieg gehörte zum Leben, obwohl die Kämpfe meist begrenzt waren und häufig höchstens zu Verwundungen führten. Bis zur Ankunft der Pakeha beruhte die ganze Maori-Kultur, von den Gesängen und Tänzen bis hin zur Wahl der Führer und Lebensräume, auf dieser Kriegskultur. Der Krieg war die höchste Inspiration, aber er war aufgrund der Einfachheit unserer Waffen begrenzt.« Er sieht mich an. »Sie haben vom Vertrag von Waitangi gehört?«

Ich nicke.

Er schaut wieder auf die Straße, seine dicken Finger umklammern das gepolsterte Lenkrad. »Damals war die Bay of Islands ein Sündenpfuhl. Europäische Seeleute, Holzfäller, Deserteure, Krimi-

Der Lake Angelus, ein 1.650 m hoch gelegener Bergsee.

Im Nelson-Lakes-Nationalpark.

Berglandschaft im Tongariro-Nationalpark.

Von Eis bedeckte Skihütte.

Sessellift am Mount Ruapehu.

Aufstieg zum Ruapehu, dem heiligen Berg der Maori.

Im Whanganui –Nationalpark.

Kanufahrt auf dem Whanganui River. Gepäck und Vorräte sind in wasserdichten Fässern verstaut.

Am Whanganui River.

Whakarewarewa, eine der berühmten Thermalquellen Rotoruas.

Thermalsee.

Die Wasserfontäne des Pohutu-Geysirs in Rotorua.

Krater im Tongariro-Nationalpark.

Thermalkrater am Tongariro Northern Circuit mit Blick auf den Mount Ngauruhoe.

nelle – alle haben die einheimischen Maori korrumpiert, indem sie Musketen gegen Land tauschten und uns unsere Frauen wegnahmen. Dann, als Chaos und Gesetzlosigkeit herrschten, haben die britischen Regierungsvertreter ein paar Maori-Chiefs aus der Gegend überredet, die Briten um Schutz zu bitten – vor den Weißen ebenso wie vor den Maori, die mit ihren neu gekauften britischen Musketen die Gegend unsicher machten. Mit diesem Stück Papier, das sie Vertrag von Waitangi nannten, sind die Briten durch das ganze Land gezogen und haben jeden Meter Boden konfisziert, der jenen Maori gehörte, die die britische Herrschaft nicht anerkennen wollten.« Er lacht ironisch. »Stellen Sie sich das vor! Der Vertrag von Waitangi war von 39 Maori-Chiefs aus der Gegend um die Bay of Islands unterzeichnet worden, doch das Stück Papier gab dem britischen Monarchen die Herrschaft über ganz Neuseeland! Die meisten Maori verstanden sowieso kein Englisch.«

Lani blickt durch die Windschutzscheibe, aber das mindert nicht die Eindringlichkeit seiner Worte. »Ein Pfarrer hat damals den englischen Originalvertrag in Maori übersetzt, aber nicht richtig. Am Ende haben 500 Maori-Chiefs das Dokument unterschrieben. In der Maori-Version wurde aber nur das Recht zu regieren abgetreten, nicht das Recht der Maori auf die Chiefwürde. Jedenfalls fehlte dem Vertrag jede rechtliche Basis.« Er schaut mich an, um diesen Punkt zu betonen. »Absolut keine rechtliche Basis.« Er starrt wieder auf die Straße, fährt langsam, hat keine Eile, nach Taupo zu kommen. »Stellen Sie sich vor, die Japaner würden heute das Pakeha-Neuseeland besetzen, ihm ihre eigenen Gesetze und Religion aufzwingen, das Land konfiszieren, falls jemand gegen sie rebelliert, und auf dem konfiszierten Land japanische Einwanderer ansiedeln! Stellen Sie sich vor, wie die Pakeha reagieren würden!«

Er legt eine Pause ein, und ich denke über das nach, was er gesagt hat. Dann kehrt er mit einem Blick auf die Vulkane zum Anfangsthema unserer Unterhaltung zurück: »Meiner Meinung nach wird es die Skigebiete in Zukunft nicht mehr geben. Die Skihütten werden verschwinden, die Sessellifte, die Geschäfte und die Cafés. Der Vulkan hat noch immer sein *mana*, er wird alles zerstören, vielleicht nicht jetzt, vielleicht nicht einmal im Laufe unseres Lebens, denn diese Zeitspanne ist gar nichts für einen Vulkan. Aber irgendwann wird das ganze von Menschen gebaute Zeugs verschwinden.«

»Und die Einnahmen?«

»Und die Einnahmen.« Er zuckt die Achseln. »Das war ja das Problem: Geld und Gier. Aber das *mana* und das *tapu* des Berges sind erhalten geblieben, und das ist schließlich wichtiger.« Er wendet sich seiner Frau zu. »Das alles wird geschehen, die Veränderungen werden kommen.« Sie nickt zustimmend. »Das ganze Land hier«, mit einer ausladenden Handbewegung deutet er nach rechts auf die Vulkane, »gehört uns. Es wird an uns zurückfallen.«

»Meinen Sie das im Ernst? Es wird an Sie zurückgegeben? Das ganze Land rund um den Park beziehungsweise der Nationalpark selbst?« Ich kann mich seiner Überzeugung schwerlich anschließen.

»Hauptsächlich der Park.«

»Und da sind Sie sich sicher?«

Er lacht. »Ich bin mir absolut sicher. Vielleicht braucht es Zeit, aber Geduld gehört zur Maori-Lebensweise. Ein Jahr, viele Jahre bedeuten nichts.« In vielem erinnert mich Lani an die nordamerikanischen Indianer, aber mir scheint, die Maori haben wesentlich mehr Anlass, optimistisch zu sein, als die Ureinwohner überall sonst in der kolonisierten Welt. Sie haben sich weit mehr in den Mainstream integriert, sind aber ihrer Kultur oder Identität nach wie vor verbunden. »Das Land fällt an uns zurück, ich weiß es. Alles kommt in Ordnung. Maori-Glauben. Wir haben Vertrauen, dass immer alles wieder in Ordnung kommt. Das ist unsere Tradition.«

»Wenn Sie das Land zurückbekommen mit all der Macht, die es mit sich bringt, dann wird das eine ganz neue, sehr verzwickte Angelegenheit.«

Er lacht: »Yeah. Wie wahr!«

»Dann geht es wieder nur um Geld und Gier, diesmal nur bei den Maori, nicht bei den Pakeha.«

»Stimmt.«

Wir fahren gerade über eine Bergkuppe und sehen Lake Taupo vor uns liegen.

Ich breche das Schweigen, indem ich ihnen von meiner Kanufahrt den Whanganui hinunter erzähle. »Ich war beeindruckt, dass die Maori das alte *pa* bei Tieke Marae besetzt halten.« Lani weiß darüber bestens Bescheid, er kennt auch Mark Cribb. »Da ist ein Exempel statuiert worden«, rede ich weiter. »Ich finde es großartig, dass die Wiederbesetzung erfolgreich war, aber auf lange Sicht habe ich meine Zweifel.«

»Warum?«

»Mark Cribb gehört zu den Älteren, und man konnte gut mit ihm reden. Er ist versöhnlich, vertritt die Meinung, dass Maori und Pakeha gleichermaßen Kiwis sind. Die Landfrage werfe nur einige der alten Ungleichgewichte wieder auf. Der junge Maori, der, wie mir gesagt wurde, seine Nachfolge antreten wird, ist ein richtiger Hitzkopf. Bei ihm hatte ich den Eindruck, dass die Pakeha für ihn so gut wie gar nicht existieren.«

Lani nickt nachdenklich und starrt aus der Windschutzscheibe. Zwei Radfahrer kommen uns entgegen, sie haben sehr zu kämpfen, den langen Hügel hinaufzuradeln. Er winkt ihnen zu. »Die jungen Maori, die ihre eigene Geschichte und Kultur nicht kennen, die Alten niederbrüllen und zu radikal sind, stellen ein großes Problem dar. Aber auch Greenpeace musste radikal sein, damit die Leute aufmerksam wurden, deshalb bin ich nicht sicher, ob es wirklich schlecht ist. Jedenfalls ist die Jugend überall auf der Welt häufig wütend und unwissend, nicht nur bei den Maori. Wenn sie ihre eigene Geschichte nicht kennen, keine Geduld haben, wenn sie nicht zuhören, die Sachen nicht im Konsens regeln, dann handeln sie nicht nach der Maori-Tradition.« Er schüttelt den Kopf. »Viele Maori aus der Stadt sind nie in einem *marae* gewesen. Viele haben so gut wie keinen Kontakt zu ihren kulturellen Wurzeln. Das ist schlecht.« Er nimmt die Hand vom Lenkrad, um seiner Feststellung mit einer Geste Nachdruck zu verleihen. »Aber ich bin sicher, dass der junge Mann lernen wird. Allein schon dadurch, dass er dort ist, wird er viel über die Geschichte seines Volkes erfahren. Und Gespräche mit Besuchern wie Ihnen machen ihm klar, was er nicht weiß. Es ist also nicht hoffnungslos. Er kann nicht für immer unwissend bleiben.«

Mir gefällt Lanis Gabe, die Dinge von der positiven Seite zu betrachten.

»Hat man Sie mit dem *hongi* begrüßt?«, fragt Wilma von der Rückbank.

»Ja.«

»Wissen Sie, warum man sich dabei die Nasen reibt?«, fragt Lani.

»Um den Lebensatem auszutauschen?«

»Nein, das glauben alle, sogar die Maori. Ursprünglich ging es nicht darum, dass die Nasen sich berühren, es ging um die Berührung mit der Stirn.« Um das zu betonen, klatscht er sich gegen die Stirn. »Die Nasen berühren sich nur zufällig.«

»Und welche Symbolik steckt hinter dem Berühren mit der Stirn?«

»Der Austausch von Wissen. Für die Maori war der Kopf *tapu*. Bei Zeremonien wurden die Schädel der Ahnen hervorgeholt, als wären sie noch am Leben, damit sie ihre Weisheit beisteuern. Es hatte nichts damit zu tun, sich mit den Nasen zu berühren.«

»In allen Reiseführern, die ich gelesen habe, steht, dass es um den Austausch des Lebensatems geht.«

»Das ist falsch, das weiß ich bestimmt.« Wieder legt er die Hand an den Kopf. »Traditionell war die Berührung mit der Stirn ein symbolischer Austausch von Wissen.«

An einer Stelle, von der man einen Ausblick auf den Lake Taupo hat, fährt er an den Straßenrand und schaltet den Motor aus. »Wissen Sie, dass der Lake Taupo einer der größten aktiven Vulkane der Welt ist? Als der Vulkan 186 n. Chr. ausbrach und diesen See schuf, war das eine der gewaltigsten Eruptionen aller Zeiten.«

Er beschreibt mit seiner ausgestreckten Hand einen Halbkreis. »Das Land vor Ihnen ist für die Maori-Kultur sehr bedeutsam. Traditionell musste die Besetzung eines Gebiets durch einen Stamm gegen andere verteidigt werden. Auf diese Weise erhielt ein bestimmter Stamm die Rechte auf das Land. Es gab keinen ›Privatbesitz‹, wie wir ihn heute kennen. Das europäische Recht hat uns Privatbesitz und -rechte aufgezwungen. Genau deshalb hat Horonuku Te Heuheu Tukino die Vulkane ›verschenkt‹. Es war ein letzter Versuch, die Pakeha davon abzuhalten, uns alles zu nehmen.«

Wir steigen aus dem Auto. Didi bleibt hinten sitzen und liest. Lani deutet auf den Vulkan. »Die Gebeine von Mananui Te Heuheu Tukino II. sind die Hänge des Tongariro hinaufgetragen und dort bestattet worden, um den Besitzanspruch seines Volks, der Ngati Tuwharetoa, zu unterstreichen. Zum obersten Chief war er aufgrund seiner Fähigkeit gewählt worden, seine Leute gegen die aus dem Norden vordringenden Stämme zu führen, die von den Pakeha Musketen erhalten hatten. Als er die Landbesetzung durch die Ngati Tuwharetoa in der Region Taupo-Tongariro erfolgreich verteidigte, wurde er zum einflussreichsten und mächtigsten Führer im Innern der Nordinsel«, erzählt Lani stolz. Ich könnte mir Lani selbst durchaus als obersten Chief vorstellen. »Er war einer der bedeutendsten Maori-Chiefs und gehörte zu denen, die sich geweigert haben, ihre Unterschrift unter den Vertrag von Waitangi zu setzen.«

Wir gehen bis zum Geländer am Rand des Aussichtspunkts und blicken auf den riesigen Kratersee und die weite Landschaft um uns.

Lani fährt mit seiner Geschichtslektion fort. »Der Chief ist bei einem Bergrutsch ums Leben gekommen. Sein Bruder, Iwakau Te Heuheu, trat seine Nachfolge gerade zu dem Zeitpunkt an, als die Maori-Gesellschaft durch den Druck, Land an Siedler zu verkaufen, zerstört wurde. Außerdem war sie durch Krankheiten geschwächt, welche die Pakeha eingeschleppt hatten, und durch den Alkohol. Um jeder weiteren Besiedlung hier zuvorzukommen, haben die Maori akzeptiert, dass ein Maori-König, genau wie der König der Briten, gewählt wurde, der die interne Maori-Politik führen und stabilisieren sollte.« Er stellt einen Fuß unten auf das Geländer. »Deshalb wird es auch als ›King country‹ bezeichnet, nicht etwa wegen des britischen Königs. Die Pakeha antworteten damit, dass sie fast eine Million Hektar ›Rebellenland‹ konfiszierten.« Er deutet nach Westen. »Das ist Pukawa, wo die Kingitangi-Bewegung ihren Ausgang nahm. Genau dort haben sie beschlossen, einen König zu wählen.

Nach dem Tod Iwikaus, seines Onkels, trat Horonuku Te Heuheu, der Sohn von Mananui Te Heuheu Tukino II., die Nachfolge als oberster Chief an. Krieger der Ngati Tuwharetoa kämpften in der Schlacht von Orakau mit. 300 Maori-Männer, -Frauen und -Kinder schlugen 800 britische Soldaten zurück, die mit Kavallerie und Artillerie ausgerüstet waren. Das war unser letzter erfolgreicher Kampf gegen die Briten. Danach verloren wir bei den Land Wars endgültig unser Land. Anstatt mit den Maori zu verhandeln, wurde ihr Landbesitz nach dem British Native Land Act privatisiert. Das erleichterte es den Agenten, die Land ankauften, einzelnen Maori-Eigentümern Land abzukaufen. Das europäische System des Grundstücksrechts hat die traditionelle Grundlage des Maori-Landbesitzes zunichte gemacht.«

Die Sonne brennt auf uns herab. Wilma holt Getränke aus dem Auto und reicht sie herum. Lani erzählt weiter: »Mein Großvater hat mir, als ich ein kleiner Junge war, jeden Abend eine Geschichte erzählt. Als er jung war, hat ihm sein Vater berichtet, wie die ersten Pakeha, denen die Maori zahlenmäßig weit überlegen waren, nach unseren Bedingungen in Neuseeland lebten. Dann kamen immer mehr Händler, Walfänger, Robbenjäger und Holzfäller. Die Beziehungen zu den Pakeha vervielfachten sich, und die Ausgewogenheit war dahin.« Er trinkt einen Schluck. »Stück um Stück ist unsere Maori-Kultur untergegangen. Die Händler haben unsere Gesellschaft nach und nach zerstört, in erster Linie, indem sie den Maori Musketen verkauften. Die soziale Balance unter den Maori-Gruppen war dahin, und die Pakeha, die von der neuen Uneinigkeit profitierten, rissen die Herrschaft an sich. Deshalb war es 1840 so einfach, schwache Maori-Chiefs dazu zu bewegen, den Vertrag von Waitangi zu unterschreiben. Als die Pakeha den Vertrag von Waitangi in der Tasche hatten, benutzten sie ihn, um den Widerstand unseres Volkes zu brechen. Wir wurden vor die Wahl gestellt, uns entweder dem Willen der Pakeha zu fügen oder vernichtet zu werden. Leider sind die Kulturen der Maori und der Pakeha immer noch weit voneinander getrennt.«

Er grübelt eine Weile, dann dreht er sich mir mit einem Lächeln zu. »Na ja, es könnte noch schlimmer sein. Zumindest hat man uns nicht völlig enteignet wie die Aborigines in Australien oder die Indianer in Nord- und Südamerika. Hier in Neuseeland waren die Ureinwohner in höherem Maße in den Mainstream integriert.« Und nach kurzem Überlegen: »Eigentlich haben wir allen Grund, dankbar zu sein.«

Nach einer Weile fährt er fort: »Wissen Sie, dass wir einen Adoptivsohn haben, einen Pakeha? Er wurde immer gehänselt, weil er nicht so dunkelhäutig ist wie wir Maori. Eines Tages, als er sieben war, kam er ganz glücklich von der Schule nach Hause und sagte zu Wilma: ›Ich weiß, dass ich zum Teil Maori bin.‹« Lani lacht so sehr, dass ihm Tränen in den Augen stehen. Auch Wilma lächelt, als sie sich an die Geschichte erinnert. »›Woher weißt du das?‹, fragte ihn Wilma. ›Weil ich braune Sommersprossen habe.‹«

Wir gehen zum Auto zurück und steigen ein. Didi sitzt noch immer da und liest.

»Betrachtet sich Ihr Adoptivsohn immer noch als Maori?«, frage ich Lani.

Er lächelt. »Jetzt ist er 21, und er ist so sehr Maori wie jeder andere Maori auch. Selbst rechtlich ist er Maori.« Er dreht sich um und fragt Didi: »Betrachtet sich dein Bruder als Maori?«

»Yeah«, antwortet Didi und blickt kurz von seinem Buch auf. »Er kann ja nichts dafür, dass er nicht als Maori geboren wurde.«

Lani lässt den Motor an, und wir fahren wieder auf die Straße. Völlig unvermittelt stellt er mir die Frage: »Wie nahe stehen Sie der Natur?«

Ich überlege. Es ist schwierig zu antworten, ohne kitschig zu klingen. »Wo immer ich auch bin, ich bin erst dann wirklich ich selbst, wenn ich der Natur nahe bin. Durch die Natur halte ich Zwiesprache mit mir, finde meinen Frieden und erreiche eine höhere spirituelle Ebene. Es ist ein bisschen so, wie sich andere Leute fühlen, wenn sie in eine Kirche gehen.« Ich schaue aus dem Fenster, da wir gerade über eine Brücke fahren, die einen funkelnden türkisfarbenen Fluss überspannt. »Hier in Neuseeland habe ich bisweilen ein Maß erreicht, der Natur nahe zu sein, das alles übersteigt, was ich bisher kennen gelernt habe. Die Regenwälder sind hier so dicht, dass es manchmal unmöglich ist, etwas zu sehen, was nicht grün oder lebendig ist. Irgendetwas, eine Art von Erdenergie, führt dazu, dass mein Körper und mein Geist darauf reagieren. Ich verspüre ein Glücksgefühl, als wüsste mein Körper, dass der dichte Wald, den es schon lange vor den Menschen gab, genau das ist, was mich am Leben erhält. Hier in der Natur Neuseelands gibt es nichts, was mir gefährlich werden könnte, und ich fühle mich im Einklang mit mir. Ich wandere immer allein, und kaum bin ich in eurem Busch, da spüre ich diese Ruhe.« Ich blicke auf die vielleicht schönste Landschaft, die ich je gesehen habe.

»Aber ihr könnt das, was ihr hier habt, schnell kaputt machen. Mit all den Jetskis und Jetbooten, Hubschraubern, Flugzeugen, dem Bungeespringen und den Seilbahnen wird der Friede eurer Natur zerstört. Mit eurer Vorliebe für Extremsportarten ähnelt ihr den Nordamerikanern. Vielleicht ist meine Einstellung eher die eines Europäers, der Naturgebiete lieber als Horte des Friedens bewahrt, anstatt daraus einen Abenteuerspielplatz zu machen. Ich betrachte die Sache aus beiden Perspektiven, aber wenn ich persönlich die Wahl hätte, wüsste ich, wie sie ausfallen würde.«

Wir fahren am Ufer des Sees entlang in Richtung Taupo. Es ist Mittag, und der Wind drückt das hohe Toitoi-Gras zur Seite. Das Wasser des Lake Taupo ist klar, in den See ergießen sich einige der besten Forellenbäche der Welt. Die schneebedeckten Vulkangipfel, die am anderen Ende des Sees deutlich zu sehen sind, bilden die Kulisse. Der Vulkan Taupo ist nicht erloschen. Man rechnet damit, dass er irgendwann wieder mit einer wahnsinnigen Wucht ausbricht.

Die Stadt Taupo gleicht einem hyperaktiven Ameisenhaufen von Abenteuertouristen. Wir halten bei einer Eisdiele an. Didi trägt das, was Lani seine Schweißermaske nennt, was aber in Wahrheit eine modische Vollsichtsonnenbrille ist. Er nimmt ein Eis entgegen und macht sich in Richtung Computerladen auf.

Ich habe den Eindruck, auf der Fahrt von National Park hierher mit Lani und Wilma Freundschaft geschlossen zu haben. Ich sage ihnen ganz ehrlich: »Dieses Gespräch mit Ihnen war einer der Höhepunkte meiner Neuseelandreise.«

»Danke, dass Sie uns Ihre Gedanken mitgeteilt haben. Sie haben uns die Augen im Hinblick auf Jetboote und dergleichen geöffnet. Vielleicht müssen wir unsere Einstellung zu Erholungsmöglichkeiten und zu unserer Umgebung überdenken«, sagt Lani aufrichtig.

Als es für mich Zeit ist, in meinen Bus zu steigen, erscheint es mir völlig natürlich und angemessen, dass wir uns mit einem traditionellen *hongi* verabschieden. Wir haben gerade ein paar Stunden miteinander verbracht, in denen wir unser Wissen ausgetauscht haben, und das symbolische Aneinanderpressen der Stirn versinnbildlicht diesen Austausch. Ich steige in den Bus und winke Lani, Wilma und Didi zum Abschied zu. In den wenigen kurzen Stunden habe ich mich ihnen sehr nahe gefühlt. Ich bin über die Intensität der Unterhaltung, die wir geführt haben, überrascht. Allein im Bus, vermisse ich sie schon jetzt.

Rotorua wurde 1880 für die Europäer gegründet, damit sie die heilenden Thermalquellen und die sagenumwobenen rosafarbenen und weißen Sinterterrassen genießen konnten, die später durch einen Vulkanausbruch zerstört wurden. Der Ort besitzt trotz der allgegenwärtigen Zeichen einer florierenden Tourismusindustrie einen gewissen Reiz. Ich schenke den schicken Hotels entlang der Fenton Street keinerlei Beachtung und nehme mir ein Zimmer in einer Unterkunft für Rucksacktouristen, die eine eigene natürliche Heißwasserquelle besitzt.

Am nächsten Morgen fragt der Fahrer, der zugleich der Reiseführer ist, im Rucksacktouristenbus: »Woher kommen Sie?«

»Aus Norwegen«, antworte ich und wechsle mal wieder nach Lust und Laune die Nationalität.

»Cool, ein schönes Land«, sagt er. Er legt den Gang ein, und wir fahren los mit dem Bus, der auch schon bessere Tage gesehen hat.

»Willkommen in Rotovegas, Leute.« Um uns aufzuwärmen, erzählt er uns einen Witz. »Ein Kiwi kommt in Australien zu einer Farm und sieht ein Schaf, das mit dem Kopf im Zaun feststeckt. Der Kiwi nähert sich dem Schaf von hinten, lässt die Hose runter und bang, bang, bang. Dann wendet sich der Kiwi an den Australier und sagt: ›Okay, jetzt bist du an der Reihe.‹ Der Australier lässt die Hose runter und steckt den Kopf in den Zaun.«

Ein Australier hinten im Bus schreit: »Das ist aber ein Aussie-Witz über Kiwis!«

»Ah yeah? Nee, Kumpel, das ist ein Kiwi-Witz über Aussies.«

»Verdammte, eingebildete Kiwis«, murmelt der Australier, allerdings laut genug, dass der halbe Bus ihn hören kann. »Die machen ihre große Auslandsreise nach Australien und meinen, sie hätten die Welt gesehen.«

Als wir in den schwefelhaltigen Bezirk der Stadt gelangen, dringt der penetrante Gestank der Thermalquellen nach faulen Eiern in den Bus. Der Fahrer lässt uns wissen: »Rotorua ist der einzige Ort in Neuseeland, wo einem gedankt wird, wenn man einen Furz lässt.« Sicher ein Standardgag, den er schon hunderte Male wiederholt hat.

Allmählich bedaure ich meine Entscheidung, diese Touristenfahrt mitzumachen. Mit vielen anderen Touristen werden wir zum Lady-Knox-Geysir getrieben, der sich etwa zwei Meter wie ein Miniaturvulkan auftürmt und oben ein wenig Dampf ausstößt. Wir warten gespannt, wie auf den Start einer TV-Show. Eine Angestellte wirft ein Kilo Seifenstücke in den Geysir, um die Oberflächenspannung des Grundwasserspiegels zu verringern. Nach wenigen Minuten spuckt der Geysir Seifenwasser. Laugengeruch hängt in der Luft, als Seifenblasen aus der Öffnung zu blubbern beginnen. Der Geysir gehorcht wie ein dressiertes Zirkustier und spuckt wie auf Knopfdruck dampfendes Wasser zehn Meter hoch in die Luft. Dann ist die

Show plötzlich zu Ende. Die Touristenschar eilt davon und steigt in die Busse, gespannt auf die nächste planmäßige Naturattraktion.

Man kann leicht verstehen, warum die Neuseeländer sich gegen jede Nutzung der Atomkraft aussprechen: Das Land ist reich an Energiequellen mit einem riesigen Potenzial sowohl an Hydro- als auch an Thermoenergie. Allein zwischen Taupo und Rotorua finden sich mehrere 100 heiße Quellen, welche die Maori jahrhundertelang zum Kochen genutzt haben.

Aus reiner Neugier betrete ich auf dem Rückweg zu meiner Herberge ein Waffengeschäft. Der Mann hinter der Theke fragt: »Kann ich Ihnen helfen?«

»Wie besorge ich mir einen Jagdschein?«, entgegne ich.

Er blinzelt mich an, seine Augen sind durch dicke Brillengläser vergrößert. »Sie brauchen keinen Jagdschein. Sie bekommen einen Waffenschein, und dann können Sie sich so viele Gewehre kaufen, wie Sie wünschen, und jagen, was Sie wollen.«

»Und wie bekomme ich einen Waffenschein?«

»Fragen Sie Ihre Frau«, sagt er.

»Meine Frau?«

»Yeah. Absolut lächerlich, nicht wahr?«, sagt er. Trotz der Tatsache, dass ich Ausländer bin und solch alberne Fragen stelle, scheint er mich zu mögen.

»In diesem Land fragt man seine Frau, wenn man einen Waffenschein haben will.«

»Wie meinen Sie das?«

»Zuerst prüft die Polizei, ob Sie in irgendeiner Form aktenkundig sind. Das ist ja auch richtig so. Aber sie fragen auch Ihre Frau, ob sie etwas dagegen hat, dass Sie einen Waffenschein bekommen. Was sie das angeht? Nun, seit es das Gesetz gegen häusliche Gewalt gibt, muss Ihre Frau einverstanden sein, dass Sie einen Waffenschein bekommen.« Wieder blinzelt er, und seine blauen Augen sind im Verhältnis zu seinem Gesicht übermäßig vergrößert. Er schüttelt den Kopf. »Sie muss zustimmen, denn es kann ja sein, dass sie sich bedroht fühlt. Wenn sie ablehnt, sagt die Polizei Ihnen nicht, warum sie keinen Schein bekommen, für den Fall, dass Sie Ihrer Frau die Faxen aus dem Leib prügeln wollen.« Er schlägt mit seiner kleinen Hand auf die Theke. »Absolut lächerlich, dass ein Mann seine Frau um Erlaubnis bitten muss, eine Waffe besitzen zu dürfen. Auch in Kanada, Großbritannien und sogar in Australien wird es schwieriger, an einen Waffenschein zu kommen. Das ist eine Verschwörung! Haben Sie das gewusst?« Ich schüttele erstaunt den Kopf, was er als Anteilnahme interpretiert. »Die verdammte UN oder so ist schuld. Ich hab gehört, irgendeine Frauengruppe in der UN will dafür sorgen, dass bis zum Jahr 2000 alle in Privatbesitz befindlichen Schusswaffen eingezogen werden. Das können die hier nicht bringen! Die kennen die Neuseeländer nicht, wenn die meinen, dass sie das hier durchziehen können. Da bricht ein Bürgerkrieg aus!«

»Wie meinen Sie das?«

»In Neuseeland sollen Waffenbesitzer ihre Waffen bei der Polizei abgeben?« Vor Erregung blinzelt er unentwegt. »Zum Teufel! Da gibt es hier garantiert einen Bürgerkrieg. Wir kämpfen für das Recht, Waffen zu besitzen!«

Die ganze Zeit spuckt sein Faxgerät Faxe aus. Hinter der Theke liegt eine Ausgabe der Zeitschrift *Soldier of Fortune*. Das Telefon klingelt. Er nimmt ab, und ich nutze die Gelegenheit, um mich hinauszuschleichen, bevor er noch versucht, mich für seine Sache zu rekrutieren. Indem ich mir den ausgestreckten Daumen ans Ohr halte und Mundbewegungen mache, signalisiere ich ihm, dass ich ihn später anrufen werde, wenn er nicht mehr so damit beschäftigt ist, die Revolution zu organisieren.

Ich verschwinde im angrenzenden Buchladen und sehe mich in der Natur-Abteilung um. Einige Bücher sind Variationen des Titels:

Wie bringe ich den Schinken nach Hause? Die Autoren posieren mit blutigen Schweinen auf der Schulter oder kniend neben toten Keilern, deren Maul mit Stöcken aufgehalten wird, damit man die bleistiftdünnen Stoßzähne sieht. Ich blicke auf ein scheußliches Schwarz-Weiß-Foto von einem Mann, der rittlings auf einem Schwein sitzt. Das Tier verdreht in Panik die Augen, an seiner blutigen Schnauze zerrt ein Hund, und zwei weitere Hunde haben sich in sein Ohr und seinen Hinterlauf verbissen. Das Foto zeigt den Mann, wie er dem Schwein gerade ein Messer in die Flanke rammt. Ein ganzes Regal von Büchern, deren Autoren, Männer wie Frauen, uns Lesern vorführen, wie man den Schinken auf die harte Tour nach Hause bringt.

Als ich den Buchladen verlasse, fällt mein Blick auf einen kleinen Artikel auf der Titelseite der Zeitung:

MANN NIMMT ES MIT HAI AUF
Gestern ist ein Mann aus Invercargill im Milford Sound von einem Boot gesprungen und hat mit einem vier Meter langen Hai gerungen. Grant Lightfood befand sich auf einem Tauchboot, als der Hai gesichtet wurde. Alle an Bord befindlichen Personen versammelten sich an der Bootsseite und sahen sich den Riesenhai an, Mr. Lightfood jedoch sprang ins Wasser und tötete ihn mit seinem Messer. »Ich weiß nicht, warum ich das getan habe. Es war ganz spontan.« Mr. Lightfood plant, den Kiefer des Hais als Trophäe aufzuheben.

Was ist nur mit diesen Leuten los?

Februar

Lake Waikaremoana

Obwohl ich vorn neben dem Busfahrer sitze, weil mir im Bus immer so leicht schlecht wird, spüre ich die Übelkeit in mir aufsteigen, während wir auf einer endlos langen, serpentinenartigen Strecke unterwegs sind und schon in die nächste Kurve hineinfahren, bevor wir die vorhergehende hinter uns haben. Man könnte meinen, der Fahrer steuere einen Formel-1-Wagen über eine Rennstrecke anstatt einen Bus über eine unbefestigte Straße. Die Vorderreifen kommen der Kante fast senkrecht abfallender Kliffs immer wieder gefährlich nahe. Trotz der Zusicherung des Fahrers, dass er diese Route seit 20 Jahren fährt, ergreift mich Angst. Es wäre mein Pech, ausgerechnet dann neben ihm zu sitzen, wenn seine Glückssträhne zu Ende geht.

Stunden später kommen wir zu meiner großen Erleichterung am abgelegenen Lake Waikaremoana an. Draußen ist es kalt, und graue Wolken hängen tief am Himmel. Nach dem Rucksack und dem ausgerollten Schlafsack in der spartanisch ausgestatteten DOC-Hütte zu urteilen, ist noch jemand da, der mir Gesellschaft leistet.

Um meine von der Busfahrt steifen Glieder ein wenig zu lockern, gehe ich zum See hinunter. Eine Frau springt gerade in das dunkle Wasser, schwimmt ein ganzes Stück hinaus, kehrt dann wieder um und kommt schließlich auf den Kiesstrand herauf. Sie merkt, dass ich sie anschaue, und lächelt mich mit einem breiten Grinsen an. Von den Winkeln ihrer verblüffend blauen Augen verlaufen ein paar Krähenfüße zu den Schläfen. Ihr markanter Gesichtsausdruck lässt auf eine resolute Persönlichkeit schließen. Ihre Haare sind zu einem Knoten zusammengebunden, sodass ihre weiche Haut am Nackenansatz zu sehen ist.

Ingrid, mit der ich mir die Bude teile, stellt sich vor und begrüßt mich mit festem Händedruck. Während wir gemeinsam zur Hütte zurückgehen, erzählt sie mir, dass sie in einem gebraucht gekauften Auto durch Neuseeland reist. Sie hat einen kaum hörbaren deutschen Akzent.

»Du hast einfach beschlossen, ein Jahr Urlaub zu nehmen und durch Neuseeland zu fahren?«, frage ich und halte ihr die Tür der Hütte auf.

»Ja«, antwortet Ingrid. Während sie eintritt, erklärt sie, als verrate sie ein dunkles Geheimnis: »Ich lebe in den Tag hinein. Der Direktor meiner Schule hat gemeint, ich solle mir so viel Zeit nehmen, wie ich brauche. Weißt du, ich gebe Förderunterricht für Kinder.«

Sie erzählt von ihren Schülern und lacht: »Ich vermisse sie.«

Ingrid stellt Wasser für den Tee auf, dann zieht sie ihren Badeanzug aus und schlüpft in wärmere Kleider. Sie muss Mitte dreißig sein, hat aber den schlanken, muskulösen Körper einer jüngeren Frau.

Wir sitzen draußen auf den Eingangsstufen und trinken Kräutertee. Tief hängende, dichte Wolken verdecken die Sonne. Ingrid macht mich mit einigen Highlights ihrer Neuseelandreise bekannt. »Ich habe den Mount Aspiring und den Mount Cook bestiegen. Ich liebe Bergsteigen. Daheim in Deutschland sind wir, mein Mann und ich, ständig mit den Motorrädern unterwegs gewesen.« Sie zögert kurz, bevor sie fortfährt: »Wir sind durch ganz Europa gefahren und haben viele Bergtouren gemacht. Wir haben den Mont Blanc bestiegen, von ganz unten, ohne eine Seilbahn zu benutzen.«

Um sich gegen die Kälte hier draußen zu wärmen, hält sie ihren Teebecher mit beiden Händen umklammert. »Hier habe ich einiges erlebt, was mich richtig glücklich gemacht hat.« Wenn sie redet, wirkt ihr Gesicht lebhaft, voller Vitalität. Sie legt ein fast kindliches Verhalten an den Tag, das von ihrem hemmungslosen Kichern noch verstärkt wird. »Ich war am Dusky Sound in Fiordland, auf einem Boot mit einer Gruppe Touristen. Nachdem wir schon im Wasser gewesen waren, entdeckten wir Große Tümmler, die im Fjord schwammen. Da haben wir uns schnell die Tauchanzüge übergezogen und sind wieder ins Wasser gesprungen.« Ihre Begeisterung ist ansteckend. »Ein Delfin ist dageblieben und hat mit uns gespielt. Wir haben uns an der Hand gehalten und einen Kreis gebildet, der Delfin ist von unten in den Kreis geschwommen und in unserer Mitte aus dem Wasser gesprungen. Du kannst dir vorstellen, wie wir gestaunt haben. Er tat das ein paar Mal und wäre beinahe auf uns gelandet. Ich habe ihn immer wieder angefasst. Es gefiel ihm offensichtlich, er ist nicht fortgeschwommen, sondern immer wieder gekommen, vor allem zu mir. Die anderen sind zurück an Bord geklettert, weil ihnen kalt war, aber ich bin im Wasser geblieben. Der Delfin ist die ganze Zeit ganz nahe um mich herumgeschwommen. Es war einfach zu verlockend, deshalb habe ich mich an seiner Rückenflosse festgehalten, und er hat mich durchs Wasser gezogen. Als ich mich nicht mehr halten konnte und losließ, kam er zurück, als wollte er mich abholen und irgendwohin mitnehmen.« Sie lacht bei dieser Erinnerung. »Er hat mich fast eine halbe Stunde herumgezogen und ist immer wieder zurückgekommen, wenn ich losgelassen habe. Das war ein wunderbares, eigenartiges Erlebnis.«

Sie schweigt eine Weile, und als ich zu ihr hinüberblicke, sehe ich, dass sie weint. Sie wischt sich die Tränen aus den Augen. »Es ist unmöglich, meine Gefühle zu beschreiben, wirklich.« Sie erzählt weiter: »In Akaroa habe ich etwas Ähnliches erlebt. Ich bin ganz weit hinausgeschwommen, weil ich gehört hatte, dass es dort Hectordelfine gibt. Ich habe angefangen, unter Wasser zu singen. Nach fünf oder zehn Minuten kamen sechs Hectordelfine und spielten mit mir. Später bin ich ans Ufer geschwommen. Am Strand standen Leute, die mich beobachtet hatten und mir sagten, dass die Delfine den ganzen Weg mit mir zurückgeschwommen seien, allerdings habe ich sie nicht gesehen. Auch das war einfach herrlich.« Sie denkt eine Weile nach. »In Abel Tasman habe ich mir für ein paar Tage ein Kajak geliehen, und mehrere Male sind junge Seehunde auf mein Kajak geklettert.«

Die Sonne geht schon beinahe unter. Dunkle Wolken reißen im Westen auf und geben den Blick auf einen goldenen Horizont frei. Die Brise frischt auf und treibt kleine Wellen mit Schaumkronen über den See. Wir nutzen den klareren Himmel für einen Spaziergang. Ingrid führt mich einen ausgetretenen Weg durch dichten Busch. Unter uns schimmert der See. Er reflektiert die Farbe des Himmels, wie geschmolzenes Gold. Der Boden ist mit Farnen, Weinranken und Moos dicht bewachsen, aber am Rand des Kliffs fallen die Sonnenstrahlen schräg unter die Vegetationsschicht. Wir kommen zu einem riesigen Ratabaum, der laut einer an seinem Stamm angebrachten Tafel über 800 Jahre alt ist. Ich recke den Hals, um hinaufzublicken, und sehe zwei Ebenen, zwei Etagen von Vegetation. Auf jeder könnte man ein ordentliches Baumhaus bauen.

Die letzten Sonnenstrahlen fallen gefiltert durch das Blätterdach. Während das Licht verblasst, verdüstert sich der Wald bedrohlich. Dunkelheit legt sich auch über die Schneisen und Lichtungen, und die Finsternis lässt uns an Kobolde denken. Beim Abstieg durch den Busch folge ich Ingrids schattenhafter Gestalt.

Wieder in der Hütte, kochen wir uns heiße Schokolade und entfliehen warm gekleidet der Enge des Hauses. Wir sitzen draußen am See, betrachten die Sterne und halten nach Satelliten Ausschau. Hier gibt es anscheinend ebenso wenige Satelliten wie in der nördlichen Hemisphäre. Hin und wieder erzählen wir uns etwas, häufig schweigen wir. Aber die Stille ist angenehm. Der Wind treibt mit sanften, unsichtbaren Spritzern Wellen auf den Kiesstrand.

»Wo lebst du?«, fragt sie mich. Ich zögere. »Das weißt du nicht?«, wundert sie sich, weil sie mein Schweigen falsch interpretiert.

»In den letzten fünf Jahren habe ich in Norwegen gelebt.«

»In einer Beziehung?«

»Ja. Genau deshalb bin ich hierher gekommen.«

»Und sie bedeutet dir immer noch viel?«

»Ja, ich meine ... Ich kann es nicht richtig erklären. Obwohl ich sie seit Monaten nicht gesehen habe und nicht weiß, wann oder für wie lange ich sie wiedersehen werde, habe ich das Gefühl, dass mein Herz noch immer an ihr hängt.«

»Aber du hast sie verlassen – und Norwegen?«

»Offiziell ja.«

»Und inoffiziell?«

»Auch.« Ich blicke zu ihr hinüber. Es ist keine sonderlich zufriedenstellende Antwort, aber eine ehrliche.

»Warum denn bloß?«

Ich versuche, es zu erklären, finde aber nicht die richtigen Worte. Sie nickt trotzdem, als verstehe sie meine unbeholfene Rechtfertigung dafür, dass ich eine Frau verlassen habe, die ich liebe. »Und wohin gehst du nach deinem Neuseeland-Aufenthalt?«

»Ehrlich gesagt, ich weiß es noch nicht. Ich will einfach eine Weile über alles nachdenken. Ich bin hergekommen, weil ich hier weit weg bin von allen und jede Menge Zeit zum Nachdenken habe.«

»Und zum Heilen.«

»Ja.« Meine einsilbige Antwort kann man schwerlich als Meisterleistung der Konversation bezeichnen. Es ist komisch, aber alles andere als lustig, dass wir Männer unverständlich daherreden oder schweigen, sobald es um unsere Gefühle geht. Das ist uns Männern angeboren, denke ich.

»Und du? Was ist mit deiner Ehe?«, frage ich, um von mir abzulenken. Mal sehen, wie sie auf die gleiche Frage reagiert.

»Mein Mann ist gestorben.«

Wellen plätschern weiter ans Ufer, und das Geräusch füllt unser Schweigen. Sie hebt einen Kiesel auf, betrachtet ihn eingehend und wirft ihn in den See, wo er klatschend auf die Wasseroberfläche trifft. »Auch ich bin zur Heilung hier.«

»Das tut mir Leid«, sage ich. Meine Worte sind unpassend. Wir sind nicht hergekommen, um so weit der Realität zu entfliehen, dass wir uns wieder als Kinder fühlen. Ich hätte, wenn ich wollte, ja immer noch die Möglichkeit, die Uhr zurückzudrehen und zu einer Liebe zurückzukehren, von der ich mich verabschiedet habe. Sie kann das nicht.

»Ist schon okay. Ich bin hierher gereist, um alles hinter mir zu lassen, und ich habe lange nicht mehr darüber geredet. Vielleicht ist es gut, ab und zu davon zu sprechen.« Ihre Stimme, die zuvor nur ein Flüstern war, wird stärker, der Tonfall sanft und resigniert.

»Wie lange ist das her?« Ich drehe mich zu ihr hin. Selbst in der Dunkelheit sehe ich, dass der mädchenhafte Ausdruck auf ihrem Gesicht verschwunden ist. Auf einmal wirkt sie müde.

»Ein Jahr.« Sie hat die Finger fest ineinander verschränkt und betrachtet ihre Handrücken. Sie atmet tief ein. Die Wellen kräuseln das Wasser am Ufer. Es hat den Anschein, als schweige sie lange, obwohl es wahrscheinlich nur wenige Minuten dauert, bis sie weiterspricht. Ihre Stimme ist nun weniger, und sie kann ihre Gefühle kaum zurückhalten. »Ich habe mich nach seinem Tod einen Monat beurlauben lassen. Wir hatten uns in der Schule kennen gelernt. Er war der Schulbusfahrer. Wir waren neun Jahre verheiratet.«

Sie hält inne. Die Nacht wird plötzlich kälter, und mich fröstelt.

Sie fährt mit leiser Stimme fort, als sei sie weit entfernt. »Wir waren zu Hause in Deutschland, in der Nähe unseres Wohnorts, mit den Motorrädern unterwegs. Ich bin hinten gefahren. Ein alter Mann bog mit seinem Auto in die Straße. Mein Mann hat beschleunigt und versuchte, noch an ihm vorbeizukommen, aber der Alte fuhr über die Straße, um ihm auszuweichen. Mein Mann ist in das Auto geknallt.«

Der Schrei eines Kuckuckskauzes übertönt das rhythmische Plätschern der Wellen. Ingrid schweigt, dann sagt sie: »Er war schnell gefahren. Motorrad und Auto gingen sofort in Flammen auf. Als ich bei ihm ankam, habe ich ihn von der brennenden Maschine gezogen, aber ...« Ihre Stimme verebbt, und sie schweigt lange.

Sie dreht sich mir zu. »Bist du sicher, dass du das hören willst?«

»Ja, wenn du es mir erzählen möchtest.«

Ingrid nimmt einen Stein in die Hand und blickt lange darauf, bevor sie weiterspricht. »Er lag in meinen Armen, er lebte noch.« Sie atmet schwer, ihre Stimme ist leise, kaum vernehmbar. »Ich habe geschrien. Jemand hat mich von ihm weggezogen, dann kamen noch mehr Leute, sie haben mich weggeführt.« Ich schaue sie an. Tränen laufen ihr über die Wangen und hinterlassen nasse Streifen. Wieder holt sie tief Luft. »Es war schrecklich. Unvorstellbar.«

Als sei sie plötzlich erschöpft, stützt sie den Kopf auf ihre Handfläche. Sie beugt sich vor, betrachtet wieder den Stein, den sie in der anderen Hand hält, verharrt eine Weile so, bis sie schließlich auf den dunklen See blickt. »Ich wollte einfach bei ihm sein. Ich habe gewusst ... Irgendwie habe ich gewusst, dass alles zu Ende ist. In der einen Minute hatten wir noch unsere Zukunft vor uns, das ganze Leben, und in der nächsten war alles zu Ende ... Es ging alles so schnell. Die Leute haben mich zurückgehalten. Ich bin ganz ruhig geworden, damit sie mich loslassen und ich ihn wieder in die Arme nehmen konnte. Und schon bald war ein Arzt da.« Sie spricht monoton und schließt die Finger um den glatten Stein. »Sie haben mich die Hand meines Mannes halten lassen. Ich sah, dass seine Beine so schlimm gebrochen waren, dass es aussah, als gehörten sie gar nicht zu ihm. Ich habe seine Hand gedrückt und ihn gefragt, ob er mich hören kann. Ich habe ihm ins Gesicht geschaut und gespürt, dass auch er meine Hand gedrückt hat. Ich sagte ihm, dass ich ihn liebe, und er hat meine Hand wieder gedrückt, dreimal. ›Ich liebe dich.‹« Während sie redet, schließt sie die Faust dreimal so fest um den Stein, dass die Adern hervortreten. »Das hat er immer so gemacht.«

Sie öffnet die Hand, auf ihrer blassen Haut wirkt der Stein wie eine dunkle Lache. »Er konnte den Blick aber auf nichts konzentrieren. Er starrte mit leeren Augen geradeaus. Er sah mich nicht mehr, hörte mich aber noch. Aus seinem Mund, seiner Nase und seinen Ohren lief Blut. Er lag im Sterben. Der Arzt hat mir gesagt, dass er durchkommen würde, aber ich wusste, das stimmt nicht. Er war im Begriff loszulassen, er hat nicht gekämpft, und seine Hand hat die meine nicht mehr gedrückt. Ein Hubschrauber kam und dann Feuerwehr und Krankenwagen.«

Sie schweigt lange. »Sein Lederanzug war verbrannt.« Sie holt tief Luft. »Er hat sehr stark gerochen.« Sie atmet aus, dann wieder tief ein und hält die Luft an. Ich sitze ebenso still da und bin mir nicht sicher, was ich tun oder sagen soll. Jetzt schreit nicht einmal mehr der Kuckuckskauz. Sie atmet aus. »Es ist kalt«, sagt sie schließlich fröstelnd. Aber sie steht nicht auf.

»Nach einem Monat musste ich wieder zur Arbeit gehen, um mich zu beschäftigen, sonst wäre ich verrückt geworden. Die Kinder haben mir gut getan, aber als das Schuljahr zu Ende war, wollte ich weg. Der Direktor meinte, ich solle mir so viel Zeit nehmen, wie ich brauchte, meine Stelle würde frei gehalten. Mein Mann war schon fast ein Jahr tot, und dennoch hatte ich das Gefühl, als schaue er mir die ganze Zeit über die Schulter. Das war so real, ich konnte ihn neben mir spüren, seine Stimme hören. Manchmal habe ich unterbrochene Unterhaltungen mit ihm zu Ende geführt. Ich hatte das Gefühl, er flüstere mir etwas zu, als sei er noch da, sei nur plötzlich unsichtbar geworden.« Sie überlegt eine Weile, dann sagt sie: »Da habe ich beschlossen, nach Neuseeland zu fliegen. In der Nacht, bevor ich aus Deutschland abgereist bin, habe ich von ihm geträumt. Er sagte, dass er mir nicht folgen kann, wenn ich so weit wegfliege. Ich war traurig, aber irgendwie auch froh, vielleicht könnte ich ein neues Leben beginnen und anfangen zu vergessen.« Sie fügt hinzu, als sage sie einen auswendig gelernten Satz auf: »Es ist besser, dass ich vergesse und wieder lachen kann, als immer daran zu denken und traurig zu sein. Er ist sowieso immer bei mir.«

Sie hält den Stein fest, holt aus und wirft ihn so weit in den dunklen See hinaus, dass wir ihn weder aufschlagen sehen noch das Platschen hören.

Der Text eines bekannten Liebeslieds dringt in mein Unterbewusstsein. Ich weiß nicht, wo ich bin, ich habe die Augen noch geschlossen. Ich schlage sie auf. In einem Etagenbett neben mir liegt Ingrid in ihren Schlafsack gekuschelt. Ein Radiowecker in der Küche ist von einem früheren Wanderer auf sechs Uhr und auf den lokalen Radiosender eingestellt worden. Das melancholische Lied bricht die Stille in der Hütte. Ich höre zu, bis der Song zu Ende ist, dann schlüpfe ich aus meinem Schlafsack und wickle ihn um mich. Ich koche Tee und bringe Ingrid, die noch immer in ihren Schlafsack gemummelt daliegt, eine Tasse. Es ist so kalt, dass ich meinen Atem sehe.

»Ich konnte nicht schlafen«, sagt sie und greift nach dem Becher. »Es war Frost heute Nacht.«

Wir trinken Tee und unterhalten uns, und dieses Mal bin ich mit dem Erzählen an der Reihe, ich öffne mich mir mindestens genauso wie sie sich mir. Ich halte mit nichts hinter dem Berg. Es ist beinahe neun Uhr, als ich mich ans Zusammenpacken mache, fast zu spät, um das Wassertaxi zum Ausgangspunkt des Waikaremoana Track noch zu erreichen, falls es pünktlich kommt.

»Warum schließt du dich mir nicht an?«, frage ich, wohl wissend, dass Ingrid die viertägige Wanderung gerade hinter sich hat. Es ist das erste Mal auf dieser Reise, dass ich jemanden kennen gelernt habe, mit dem ich zusammen wandern möchte.

»Das Ganze noch mal?« Lachend rollt sie sich auf den Bauch, nippt an ihrem Tee – und zieht die Idee tatsächlich in Erwägung. »Ja, warum eigentlich nicht?«, sagt sie schließlich. »Gern, ich mag deine Gesellschaft.«

»Ich deine auch.«

Sie schlüpft aus ihrem Schlafsack und packt in aller Eile zusammen. »Ich habe aber nicht mehr viel zum Essen dabei, nur Linsen und Sojakeimlinge.«

»Ich habe eine Menge frisches Obst und Gemüse, genug für uns beide.« Und keine Erbsensuppe mehr. »Mach dir darum keine Sorgen.«

Wir, die einzigen Passagiere, erreichen das Wassertaxi über den See nach Onepoto und machen uns an den langen Aufstieg zum Panekiri Bluff. Der Weg führt durch das Armed Constabulary Redoubt, wohin Te Kooti, der religiöse Führer der Maori, sich zurückzog, nachdem er von Catham Island entkommen war und eine Reihe Angriffe auf East Cape unternommen hatte. Er hielt sich in den Wäldern hier versteckt und entkam den britischen Soldaten. Es gelang ihnen nie, ihn zu fangen, und am Ende wurde er offiziell begnadigt. Ingrid und ich gehen schweigend hintereinander her durch den geheimnisvollen dichten Regenwald. Es ist offensichtlich, dass Te Kooti sich hier sehr gut verstecken konnte.

Hin und wieder führt der Weg an den Rand des Steilhangs und bietet einen Panoramablick auf das Ufer des Sees, den wir umwandern. Fast oben am Kliff angekommen, picknicken wir und lassen die Beine über den senkrecht abfallenden Fels baumeln. Die Wolken sind dunkel und hängen tief, doch gelegentlich brechen breite Sonnenstrahlen durch die Lücken und erleuchten das eintönig graue Wasser, sodass es wie Quecksilber glänzt.

»Hier soll es angeblich wilde Rinder geben«, sagt Ingrid.

»Die sind dann wohl wie alle eingeführten Tiere, die nicht in Farmbesitz sind, zum Abschuss frei«, ist mein Kommentar. Am Rand meines Blickfelds sehe ich den Kopf eines Mannes über den Büschen auftauchen. Sein Gesicht ist gerötet und wird von einem riesigen Schnauzbart fast verdeckt. Seine langen graublonden Haare, die oben allerdings schon ein wenig schütter sind, fallen offen über seine breiten Schultern. Er hat sympathische Gesichtszüge, seine Wangen bekommen Grübchen, wenn er lächelt, und er lächelt so breit, dass seine blitzenden Augen beinahe nicht mehr zu sehen sind. Als er bemerkt, dass ich ihn gesehen habe, nickt er freundlich. »Hallo!«, rufe ich.

»Hi!«, antwortet er schüchtern. Trotz seiner beträchtlichen Größe und Breite spricht er leise. Er wirkt wie ein großes, aber scheues mythisches Wesen aus dem Regenwald.

Ich habe etwas frisches Obst und Gemüse in meinem Rucksack: Äpfel, Orangen, Aprikosen und Karotten. Ich hole einen Apfel heraus und werfe ihn ihm zu. Er fängt ihn geschickt und mampft genüsslich in der Sicherheit der Büsche.

Ich versuche, ihn in unser spontanes Picknick einzubeziehen. »Woher kommen Sie?«, frage ich ihn.

»Aus New Hampshire.«

»Und wie lange sind Sie hier?«, fragt Ingrid, dreht sich aber nicht um.

»Ein paar Monate, nur um dem Winter zu Hause zu entkommen.« Er bleibt hinter den Büschen verborgen, allem Anschein nach zu schüchtern, um aus dem Unterholz zu treten.

Ich zögere, mich ihm zu nähern, ich möchte ihn nicht verschrecken. »Wie heißen Sie?«, frage ich freundlich.

»Pat.« Er dreht sich ein wenig, und ich bemerke seinen grünen Rucksack von der US Army.

»Ich bin Andrew, und das ist Ingrid.« Ich werfe ihm noch einen Apfel zu, etwas mehr zu der einen Seite hin. Ingrid dreht sich, um hinzusehen, sie lächelt, sagt aber nichts.

Um den Apfel zu fangen, macht Pat einen Schritt hinter den Büschen hervor und stützt sich dabei auf eine feste Stange, seinen Wanderstock. Ingrid und ich packen unsere Rucksäcke zusammen und setzen unsere Wanderung fort, dabei ermuntern wir Pat, sich uns anzuschließen, indem wir ihn in die Unterhaltung einbeziehen und ihn weiter mit frischem Obst versorgen, das er dankbar annimmt.

Unweit der höchsten Erhebung des Kliffs treffen wir auf eine Frau mittleren Alters, die allein auf den Holzstufen sitzt, die über eine steile Felswand führen. Sie trägt ein grünes T-Shirt und eine grüne Fleecejacke und sieht wie eine pensionierte Lehrerin aus. »Sind Sie Hüttenwartin?«, frage ich sie.

»Nein, aber das wäre ich gern.«

»Wie meinen Sie das?«

»Seit drei Tagen bin ich jetzt auf der Route um den See unterwegs, und jeden Abend ist da eine Gruppe von Schülern mit zwei Lehrern. Die Jugendlichen sind völlig außer Rand und Band. Der DOC hat bereits elf von ihnen des Parks verwiesen, weil sie Marihuana geraucht und Hühnereier gestohlen haben, die als Köder in Opossum-Fallen ausgelegt waren. Aber es sind immer noch 28 übrig. Momentan belegen sie die Panekiri-Hütte, genau dort oben, mit Beschlag.« Sie deutet den Berg hinauf. »Es geht dort so laut und chaotisch zu, dass ich hierher gekommen bin, um ein bisschen Ruhe und Frieden zu haben. Kreischende Jugendliche, 16-Jährige, deren Hormone verrückt spielen. Nachts ist der Testosteronspiegel geradezu greifbar.«

»In diesem passenden grünen Outfit, das Sie da tragen, könnten Sie doch so tun, als seien Sie vom DOC«, schlage ich vor.

»Die wissen, dass ich nicht vom DOC bin. Aber ihr könntet so tun, als ob ...« Ihr Gesicht hellt sich auf, während sie mich mustert. »Mit dem riesigen grünen Rucksack dort.« Sie schaut zu Ingrid und Pat hinüber. »Ihr alle drei seht genau wie DOC-Mitarbeiter aus. Ihr könntet denen einen Schrecken einjagen und sie dazu bringen, dass sie sich benehmen.« Bei dem Gedanken lächelt sie.

»Sollen wir?«, frage ich Pat und Ingrid. Ein spitzbübisches Glitzern in Ingrids Augen sagt »ja«. Pat gibt stillschweigend und verschmitzt lächelnd sein Einverständnis. Ich ermahne sie: »Es wird nicht gelacht, okay? Wir wollen doch nicht gleich alles verraten.«

Die Hütte befindet sich noch etwa 15 Minuten weiter den Weg hinauf. Draußen haben sich zwei ältere Ehepaare, offenkundig ebenfalls von den lärmenden Jugendlichen vertrieben, auf dem Gras ausgestreckt. Vor der Hütte liegen überall Stiefel und Kleidungsstücke verstreut.

Innen herrscht das totale Chaos. Schmutzige Töpfe und Pfannen türmen sich. Überall steht Essen herum, als sei hier gerade eine Essensschlacht im Gange.

»Wer ist der Verantwortliche?«, belle ich los.

Pat steht in seinen Stiefeln im Military-Look breitbeinig in der Tür und hält seinen Wanderstock in der Armbeuge wie ein gegen seine breite Brust gedrücktes Sturmgewehr. Fassungslose Stille kehrt ein.

Schließlich antwortet einer der Schüler: »Einer unserer Lehrer schläft, der andere ist irgendwo draußen.«

Der Lehrer kommt, offenbar durch unsere Anwesenheit aufgeweckt, aus dem Schlafraum. »Sind das Ihre Schüler?«, schnauze ich ihn autoritär an.

»Ja.«

»Es hat den Anschein, als sei die Lage hier außer Kontrolle geraten«, stelle ich fest, wobei ich versuche, in möglichst tiefem Bass zu sprechen und meine Brust wie eine Taube aufzuplustern.

Schuldbewusst schaut er sich um. »Das würde ich nicht unbedingt sagen ...« Die Schüler hören wie versteinert zu. »Falls Sie bleiben wollen, finden wir bestimmt freie Betten für sie«, sagt der Lehrer besorgt.

Pat blickt sich um, und während er in die Mitte des Zimmers marschiert, dröhnt er los: »Wir sind das Anti-Drogen-Sondereinsatzkommando. Sind eigens von Washington mit dem Hubschrauber hergeflogen, um ein Auge auf die Vorgänge hier zu werfen. Wir schlafen heute Nacht draußen im Busch ...« Mit dem Kopf deutet er hinaus. »Nur um sicherzustellen, dass die Sache hier nicht aus dem Ruder läuft.« Er strahlt eine natürliche Autorität aus, und wäre ich nicht eingeweiht, würde ich ihm selbst glauben. Die beiden älteren Paare, denen sich inzwischen die Frau angeschlossen hat, die uns erst auf diese Idee brachte, stehen in der Tür. Mit ungerührter Miene sagt Pat zu ihnen, und die Jugendlichen können es deutlich hören: »Falls Sie Probleme bekommen, lassen Sie es uns wissen. Wir sind gleich da draußen, für den Fall, dass Sie uns brauchen.« Mit seinem eckigen Kiefer macht er eine Bewegung in Richtung Busch. »Ist jemand von euch auf Drogen?«

Einmütiges Kopfschütteln.

Die fünf Erwachsenen lächeln und sagen: »Dankeschön.« Der Lehrer tritt verlegen von einem Bein aufs andere, er ist sich zwar nicht sicher, was er von all dem halten soll, aber wohl zufrieden mit den Mächten des Guten, die so unverhofft auf der Türschwelle aufgetaucht sind. Die Schüler sitzen mit aufgerissenen Augen verdattert da. So weit geht also das Ausmaß der globalen Integration und der Gehirnwäsche, dass die Entsendung eines Sondereinsatzkommandos aus Washington, mit dem Auftrag, ein paar ungezogene Kiwi-Kids zur Räson zu bringen, plausibel klingt.

Man sieht geradezu, wie manche von ihnen überlegen: »Ein Sondereinsatzkommando aus Washington? Cool!« Pat und Ingrid überzeugen in ihren Rollen. Vielleicht sehe ich in ihrer Gesellschaft ja auch ziemlich kuh-ool aus.

Ich wende mich an Pat, versuche ihn nicht durch Grinsen in Verlegenheit zu bringen. »Sag ihnen, was wir mit Schülern machen, die wir beim Klauen von Opossum-Ködern erwischen.« Ich kann keiner Fliege etwas zuleide tun, geschweige denn eine Terroristengruppe beziehungsweise eine Klasse Gras rauchender Jugendlicher auf einem Schulausflug außer Gefecht setzen.

Pat zögert mit seiner Antwort keine Sekunde: »Wir binden sie an einen Pfahl, beschmieren sie mit Erdnussbutter und lassen die Opossums auf sie los.« Zwei Jungen fingern nervös an irgendetwas herum. Pat richtet seinen Stock anklagend auf sie. »Was habt ihr da?«

»Teebeutel.«

»Ich will euch jedenfalls geraten haben, dass das kein Hasch ist.«

»Das hat man uns schon abgenommen.«

»Wollen wir hoffen, dass das stimmt, denn andernfalls steckt ihr ganz tief in der Scheiße – und in was für einer!«

»Ja.«

Damit stolzieren wir hinaus und kichernd weiter zur nächsten Hütte. Als wir in der Waiopaoa-Hütte ankommen, wuchten wir unsere Schlafsäcke auf ein dreistöckiges Etagenbett. Ingrid und ich laufen zum Schwimmen zum See hinunter. Als wir zurückkehren, hat es zunächst den Anschein, als sei Pat verschwunden. Ich frage Ingrid: »Wo mag Pat nur sein?«

»Hier«, antwortet er. Trotz der Tatsache, dass wir die Hütte für uns haben und es genügend leichter zugängliche Betten gibt, hat er das oberste des Dreierbetts belegt, wo er kaum genügend Freiraum hat, um seinen Körper unter das Dach zu quetschen. Er hat sich, seinen Armeerucksack und seinen Wanderstock versteckt, als verberge er sich in einem Bunker vor dem Vietkong.

»Willst du nichts essen?«, frage ich.
»Hab schon gegessen.«

Beim Zähneputzen nach dem Frühstück lese ich eine Hinweistafel zu den in Neuseeland drohenden Gefahren:

Sicherheit:
Im Falle von Erdbeben begeben Sie sich in höher gelegene Regionen, und halten Sie sich von großen Bäumen fern, deren Äste abbrechen könnten. Sie sollten sich mindestens fünf Meter über Seehöhe befinden und mindestens noch 15 Minuten nach dem letzten Erdstoß dort bleiben.

Der schlimmste Moment des Tages ist der Morgen, wenn man sich aus den noch schlafwarmen Kleidern schält und in kalte Sachen schlüpft, die vom Vortag noch feucht und verschwitzt sind. Unsere Kleidungsstücke riechen modrig wie ein feuchter Heusack, verströmen einen erdigen, gar nicht einmal unangenehmen Geruch.

Der Morgen bricht verhangen und kalt an. Wir wandern im Uhrzeigersinn um den See, überqueren über eine Hängebrücke, die aus Maschendraht und Holzbrettern zusammengezimmert ist, einen kleinen Fluss. Daneben wird gerade an einer massiven Brücke gebaut, groß genug, dass Lastwagen darüber fahren könnten. Unterwegs begegnen wir einem älteren Kiwi-Paar, das in seinem Motorboot über den See gekommen ist.

»Haben Sie die Brücke gesehen?«, fragt die Frau. Das Bauwerk war wahrlich nicht zu übersehen. »Die macht, wenn sie einmal fertig ist, der Harbour Bridge von Auckland Konkurrenz. Seit der Katastrophe von Cave Creek, wo 14 Menschen ums Leben gekommen sind, als eine Aussichtsplattform einstürzte, ist der DOC paranoid, wenn es ums Bauen geht, aber das hier ist einfach lächerlich. Jeder

Holzbalken, der über ein Rinnsal führt, ist mit einem orangefarbenen Schild mit Seriennummer gekennzeichnet.«

Ingrid geht voraus, und Pat bildet die Nachhut. Als wir einen kleinen Bach überqueren, der von Toitoi-Gras und Farnen beinahe überwuchert ist, bleibe ich stehen, um die Aussicht zu genießen. Pat wartet, auf seinen Wanderstock gestützt und von dem hohen Gras fast verdeckt, geduldig auf der anderen Seite. Wir beginnen über den Bach hinweg mit einem verbalen Volleyballspiel, unterhalten uns über Frauen, Ehe, Kinder und den Sinn des Lebens. Dann taucht Ingrid wieder auf und unterbricht uns.

»Alles okay?«, fragt sie und wischt sich die Schweißperlen von der Stirn.

»Klar, warum?«

»Ich habe so lange auf euch gewartet, dass ich mir dachte, einer von euch könnte sich verletzt haben.«

Ich lache.

»Warum lachst du?«, fragt sie mit besorgter Miene.

»Ich bin monatelang allein umhergewandert. In dieser Zeit hätte mir alles Mögliche zustoßen können, und kein Mensch hätte mich vermisst. Jetzt bleibe ich bei dieser leichten Tour ein paar Minuten stehen, um mich zu unterhalten, und schon kommst du und suchst nach mir.«

»Ein paar Minuten? Ich habe eine ganze Stunde gewartet!« Sie ist weniger verärgert als vielmehr ernsthaft besorgt.

Ich nehme sie in die Arme: »Ingrid, es ist ein schönes Gefühl für mich, jemanden zu haben, der sich um mich sorgt.«

Wir gehen weiter und stehen nach einer halben Stunde am Rand einer tassenförmigen Mulde mit Blick auf Wasserfälle. Am Grund dieser Mulde haben sich kleinere Felsbrocken in einem tiefen, klaren Tümpel gesammelt. Er ist von Farnen umgeben und wird von hohen Buchen- und Rimubäumen beschattet, von denen Bartmoos herabhängt. Die Sonne scheint zwischen dicken, bauschigen Wolken hervor und beleuchtet das feine Spitzenwerk der Wasserkaskaden. Als wieder Wolken vor die Sonne ziehen, ist es, als habe jemand auf einer Bühne den Lichtdimmer eingeschaltet. Wir schauen gespannt zu, sind fasziniert von der Licht- und Wassershow.

»Nirgendwo ist es schöner als hier«, stellt Pat fest. »Jedenfalls nirgends, wo ich bisher war.«

Ingrid steigt zum Teich hinunter, um sich abzukühlen.

Ich frage Pat: »Bist du viel mit dem Rucksack durch Asien gereist?«

Er lacht auf. »Klar, aber es war eher Terrorismus als Tourismus.«

»Du meinst Vietnam?«

Zaghaft antwortet er: »Ich gehörte zu einer Fernspäherspezialeinheit, die entlang der Grenzgebiete operierte.« Er blickt starr nach vorn, und ich versuche ihn mir vorzustellen, wie er durch den Dschungel schleicht und jederzeit damit rechnen muss, aus dem Hinterhalt angegriffen zu werden. Trotz seiner schütteren grauen Haare ist es nicht schwierig, sich ihn 25 Jahre jünger vorzustellen, schlank und fit und – aufgrund der Unwissenheit der Jugend – zuversichtlich.

»Wir wurden mit dem Fallschirm abgesetzt, haben in Zweierteams gearbeitet, manchmal wochenlang, bis sie uns mit einem Hubschrauber in einer riskanten Aktion wieder rausgeholt haben.« Eine Weile denkt er nach. »Jetzt sehe ich Touristen, die T-Shirts mit der Aufschrift ›Ich war auf dieser oder jener Abenteuertour in Vietnam‹ tragen.« Er spricht leise, starrt dabei auf die Wasserfälle. »Damit werde ich immer noch nicht fertig, nicht, weil ich etwas gegen die Vietnamesen hätte, sondern einfach weil ... weil es mir als kolossale Vergeudung von Menschenleben und Anstrengung vorkommt, wenn, gar nicht lange nach dem Vietnamkrieg, junge Amerikaner, die nie etwas mit den Kämpfen zu tun hatten, auf

Abenteuerurlaub dorthin reisen.« Er blinzelt, als offenbar Erinnerungen in ihm aufsteigen, die er allerdings für sich behält. »Ich denke, ich war selbst dort auf Abenteuertour«, sagt er schließlich und schüttelt den Kopf. »Wir haben gegen den Kommunismus gekämpft. Jetzt unterstützen amerikanische Firmen das Wirtschaftswachstum im kommunistischen China. Wenn ich noch einmal zu entscheiden hätte, würde ich den Dienst aus Gewissensgründen verweigern.«

Er stützt sich eine Weile mit dem Kinn auf seinen Wanderstock, dann richtet er sich wieder auf. »Die eigentliche Ironie ist, dass ich übergelaufen wäre, wenn ich gewusst hätte, was ich heute weiß. Das will etwas heißen, denn schließlich sind wir dort hingeschickt worden, um Überläufer aufzuspüren, damit sie vom Nachfolgeteam umgebracht werden konnten.« Er ist so still, dass ich ihn sogar atmen hören kann. »Damals habe ich an das geglaubt, was wir gemacht haben. Zum Schluss wurden wir vor die Wahl gestellt. Entweder sollten wir unseren Dienst um einige Monate verlängern und dafür nach unserer Rückkehr in die Staaten sofort entlassen werden, oder wir wären planmäßig aus Vietnam abgezogen worden, hätten dann in den Staaten aber noch länger in der Armee bleiben müssen. Ich habe meine Dienstzeit in Vietnam verlängert. Kaum war ich zurück in den Staaten, war ich nicht mehr beim Militär und wanderte durch die Straßen der Stadt. Mit war, als hätten sich alle während meiner Abwesenheit verändert. Erst später wurde mir klar, dass meine Freunde noch genauso waren wie früher, ich war derjenige, der sich verändert hatte.«

Sein Blick schweift über die Wasserfälle, den Wald und den idyllischen Teich unter uns. Ingrid steigt aus dem Wasser, setzt sich ans Ufer und betrachtet ebenfalls die Landschaft. »Jetzt wünsche ich mir, wir wären hierher in die Regenwälder Neuseelands geschickt worden anstatt nach Hause in die Staaten. Nach Vietnam mussten wir erst wieder zu uns selbst finden. Hätten wir doch nur die Chance bekommen, hier in dieser Art Busch herumzulaufen, ohne Angst haben zu müssen, dass auf uns geschossen wird. Ohne Angst vor irgendetwas. Das wäre eine gute Therapie gewesen.«

Ingrid geht wieder ins Wasser. Ich hätte große Lust, ihr zu folgen, möchte aber Pat nicht unterbrechen. Ich will gerade etwas sagen, weil ich denke, dass von ihm nichts mehr kommt, da erzählt er weiter: »Nach Vietnam bin ich aufs College gegangen. Hab den Bachelor-Abschluss in englischer Literatur gemacht. Und einen Kurs über Frauenfragen belegt.« Er lacht. »Am ersten Tag, als ich in den Seminarraum kam, haben alle gedacht, ich hätte mich in der Tür geirrt. Es waren nur Frauen da. Ich habe ihnen gesagt, dass ich eine verkleidete Lesbe sei.« Er zuckt die Achseln. »Als ich auf dem College war, habe ich in den Ferien als Bauarbeiter gejobbt. Mein Dad hatte mir den Job besorgt, er war Bauarbeiter, genau wie sein Vater. Inzwischen habe ich meinen Collegeabschluss und bin immer noch Bauarbeiter. Manchmal komme ich mir vor, als würde ich die Welt Quadratmeter für Quadratmeter zupflastern.«

Er schüttelt den Kopf. »Das ist meine siebte Reise nach Neuseeland. Ich spare auf nichts anderes. Nur damit ich ein paar Monate am Stück durch den Busch laufen, mich an den Krieg erinnern und ihn vergessen kann. Ich hatte jahrelang Albträume. In Vietnam habe ich schreckliche Dinge gesehen, erlebt und getan. Damit habe ich immer noch zu kämpfen.« Er hält inne und lacht schüchtern. Es scheint kaum vorstellbar, dass dieser freundliche Riese je etwas Schlimmes getan haben könnte. »Als ich das erste Mal nach Vietnam kam, hielt ich mich für unsterblich. Das änderte sich schnell. Wenn du nur ein bisschen Fantasie hast, bist du überzeugt, dass du umkommen wirst. Ich fühlte mich in Vietnam unglaublich lebendig, weil ich mir meiner Sterblichkeit bewusst war. Es hatte aber gar nichts damit zu tun, dass auf mich geschossen und ich umgebracht werden konnte. In Neuseeland habe ich das gleiche Gefühl. Wenn ich hier durch den Busch laufe, fühle ich mich wieder lebendig, aber dieses Mal steht nicht die Frage im Vordergrund, ob ich den Tag überlebe.«

Ingrid sitzt am Ufer auf einem Felsen und beobachtet, wie die Wasserkaskaden in den Teich stürzen. Pat fragt: »Wie lange kennt ihr beide euch schon?«

»Habe sie am Abend getroffen, bevor wir dich kennen lernten.«

Er tritt erstaunt einen Schritt zurück. »Du machst Witze! Ich dachte, ihr seid schon lange miteinander befreundet.«

»Das sieht nur so aus«, antworte ich, als Ingrid gerade wieder zu uns heraufklettert. »Wir haben an diesem ersten Abend lange geredet. Und sind ganz offen miteinander gewesen.«

Danach gehen wir schweigend weiter, Ingrid führt, Pat bildet das Schlusslicht. Bis wir an der nächsten Hütte ankommen, ist es bereits früh am Abend. Außer uns ist niemand in der Hütte. Ingrid zündet eine Kerze an, die sie mitgebracht hat, und ich mache mich daran, das Abendessen zuzubereiten. Pat zieht einen Frischhaltebeutel fertiger Sandwiches mit Erdnussbutter und Marmelade heraus. Die Marmelade hat das Brot wie Rotebeetesaft verfärbt. Er isst sowohl zum Frühstück als auch zum Mittag- und zum Abendessen fertige Sandwiches, schwerlich eine angemessene Ernährung für einen Mann von seiner Größe.

»Hast du wirklich genug zu essen?«, fragt Ingrid. Gestern Abend hatte er darauf bestanden, dass er nichts anderes wollte oder brauchte als seine Sandwiches, aber inzwischen sind wir zwei Tage gewandert.

»Du verhungerst ja noch«, sage ich.

Pat wirft einen Blick auf den Topf mit Spagetti, die Ingrid und ich uns teilen. »Ich möchte ein bisschen abnehmen«, erklärt er und nimmt einen großen Bissen von seinem kleinen Sandwich. Er ist stämmig, vielleicht um den Bauch ein bisschen dicklich, aber keineswegs fett.

Ingrid und ich könnten die Spagetti problemlos verputzen, aber wir bieten Pat dennoch an, sie mit ihm zu teilen. »Komm schon, wir schaffen die sowieso nicht.«

Zuerst lehnt er ab. »Nein, danke.«

Schließlich bringen wir ihn dazu, dass er annimmt, und er schlingt die Nudeln gierig hinunter. Gesättigt und zufrieden lehnt er sich gegen die Holzwand der Hütte. Nun in mitteilsamer Stimmung, erzählt er uns: »Ich erinnere mich, dass ich auf meiner ersten Reise nach Neuseeland bei einer Kiwi-Familie zum Essen eingeladen war. Die haben mir unglaublich viel Fleisch auf den Teller geladen, und nach der ersten Portion fragten sie mich, ob ich noch etwas möchte. Ich konnte nicht mehr und verlegenes Schweigen. Irgendjemand fing an zu kichern. Ich wusste nicht, was ich Falsches gesagt hatte. ›No, really, I'm stuffed‹, habe ich wiederholt. Dann brach jemand in Gelächter aus, und sie erklärten mir, dass ›being stuffed‹ nicht gerade das sei, was man sagt, wenn man zum Essen eingeladen ist. Bedeutet hier wohl so etwas wie ›total am Arsch‹ sein.«

Draußen ist es neblig, und es nieselt. Der Wind treibt das gekräuselte Wasser gegen das felsige Ufer. Schon den zweiten Morgen in Folge wandert Pat durch den Wald, nachdem er vor Tagesanbruch so leise und verstohlen aus seinem Bett gekrochen ist, dass weder Ingrid noch ich ihn gehört haben. Pat hat eine solche Einsamkeit und Traurigkeit an sich, er ist der wahre LONELY GUY, auf der Suche nach sich selbst, nach der Jugend, die er in Vietnam verloren hat, nach irgendetwas – allerdings kann man das Gleiche eigentlich auch von Ingrid und mir sagen.

Ingrid macht in dem dickbauchigen Ofen Feuer. Die feuchten Holzscheite brauchen lange, bis sie brennen und Rauch aus dem Kamin aufsteigt. Pat taucht aus dem Nebel auf. Er ist frisch rasiert und sein grauer Schnauzbart perfekt gekämmt. Er öffnet eine weitere Frischhaltetüte, in der sich wieder verlaufene Erdnussbutter- und Marmeladensandwiches befinden. Nach dem Frühstück machen wir in der Hütte gründlich Ordnung, sodass sie am Ende weitaus sauberer ist als bei unserer Ankunft. Dann brechen wir in Richtung Te-Puna-Hütte auf. Mitten am Nachmittag kommen wir dort an.

Wir können den Schinken, die Würste, Bohnen und Pommes frites schon riechen, bevor wir in die Hütte treten. In offenen Kühlboxen liegen saftig rote Steaks und Würste, so viele, wie man sie in einer Metzgerei erwarten würde. Ein Plastikmüllsack ist mit leeren Bierflaschen voll gestopft, und volle Flaschen Scotch stehen auf einem Tisch. Pat gehen fast die Augen über, als er das Essen sieht, denn sein Entschluss, drei Tage von Erdnussbutter- und Marmeladensandwiches zu leben, um abzunehmen, ist inzwischen mächtig ins Wanken geraten. Mittlerweile pfeift er auf sein Gewicht. Wie ein hungriger Schwarzbär schleicht er um das unbewachte Essen, als würde er schon satt, wenn er sich nur in der Nähe davon aufhält. Drei Männer in Shorts und Gummistiefeln beachten uns gar nicht und tun fast so, als wären wir in ihr privates »bach«, ihre eigene Hütte, eingedrungen. Nachdem sie ihr spätes Frühstück beendet haben, lassen sie die restlichen Lebensmittel in der geschlossenen Kühlbox, packen ihr Boot jedoch mit Bier und Whisky voll.

Es hat wieder angefangen zu regnen, aber in der Hütte ist es warm und gemütlich. Als es dunkel wird, bereiten wir gemeinsam unser Essen zu und unterhalten uns stundenlang. Ingrid beschäftigt sich mit der flackernden Kerze, schiebt das heruntergetropfte Wachs wieder nach oben, damit sie länger brennt. Die Szene ist zeitlos, wie die Kopie eines alten Ölgemäldes, auf dem das warme Kerzenlicht Schatten wirft und das Spiel gedämpfter Farben in einen unheimlichen orangefarbenen Schein taucht.

Wir liegen in unseren Betten und schlafen tief und fest, als die Fischer zurückkommen. Ich wache auf, als ich den Außenbordmotor und das Knirschen des Aluminiumboots höre, das ans steinige Ufer gezogen wird, dann die näher kommenden Stimmen der Männer. Nach ihrer lauten Unterhaltung und ihrer Ungeschicklichkeit beim Betreten der Hütte zu urteilen, sind sie betrunken. Wir hören sie laut ihr Essen zubereiten, obwohl es weit nach Mitternacht ist, und es ist klar, dass sie weiter trinken und immer besoffener werden. Streit bricht aus: Einer besteht darauf, Wasserski zu fahren, aber der Besitzer des Motorboots ist dagegen, und sie stoßen einander herum. Einer geht hinaus, um das Boot zu starten, aber wir hören, dass er die Eingangsstufen hinunterstolpert und stürzt, sternhagelvoll einfach umkippt. Die anderen beiden klettern schließlich in ihre Betten im Schlafraum auf der anderen Seite der Hütte. Ich werfe einen Blick auf meine Uhr, es ist vier Uhr in der Früh.

Am nächsten Morgen schlafen die Fischer entweder noch tief, oder sie sind ohnmächtig – zwei in ihren Betten, einer draußen neben dem Weg ausgestreckt. Keiner von ihnen rührt sich, als wir aufbrechen. Wahrscheinlich waren sie so betrunken, dass sie sich an den erbitterten Streit von letzter Nacht nicht erinnern werden und weiter gute Freunde bleiben, als wäre gar nichts geschehen.

Als wir zur Anlegestelle kommen, an der uns das Wassertaxi abholen soll, beschließt Pat, doch noch ein paar Tage am Lake Waikaremoana zu bleiben. Ingrid und ich steigen in das Boot und winken ihm zu. Er ist halb von Büschen verdeckt, genau wie bei unserer ersten Begegnung. Ihn zurückzulassen, heißt für uns, einen guten Freund zu verlieren.

Der gesellige Besitzer des Wassertaxis fragt uns: »Und wo wollt ihr hin?«

Ingrid sagt: »Zurück zur Südinsel.«

Ich antworte ihm: »Nach Gisborne und zum East Cape.«

»Dahin fahre ich auch, nehme das Boot auf dem Anhänger mit, weil es dort gewartet wird. Sie können mit mir fahren, wenn Sie wollen.«

Der Vorschlag kommt unerwartet und ist sehr willkommen. Denn es würde nicht einfach sein, zum East Cape zu trampen, weil es dort sehr wenig Verkehr gibt. Ich nehme sein Angebot an, da ich weiß, dass Ingrid nach Wellington muss, um die Fähre zu erreichen, die sie bereits gebucht und bezahlt hat. Sollte sie die Fähre verpassen, wäre es schwierig, kurzfristig eine andere Überfahrt zu reservieren.

Die Traurigkeit, die wir empfinden, weil wir Pat zurückgelassen haben, wird noch verstärkt, als Ingrid und ich an der Hütte ankommen, bei der sie ihr Auto abgestellt hat. Sie packt den Wagen voll, um in Richtung Süden zur Fähre aufzubrechen. Wir tauschen unsere Adressen aus, schreiben sie in das Adressbuch des anderen: Das offizielle Ritual von Reisenden, die die Bedeutung einer Trennung nicht zugeben und sich das Ende einer gerade erst begonnenen Freundschaft nicht eingestehen wollen. Sie fährt los, winkt aus dem Fenster, solange ich in Sicht bin. Schon nach wenigen Minuten fühle ich mich einsamer als bei meiner Ankunft vor vier Tagen.

Missmutig laufe ich herum, bis mir der Besitzer des Wassertaxis ein Zeichen gibt, dass er abfahrbereit ist. Ich schiebe meinen Rucksack über den Querbalken hinten ins Boot, das jetzt trocken auf dem Anhänger liegt, und nehme auf dem Beifahrersitz in seinem Auto Platz.

Er ist froh, jemanden zum Reden zu haben. »Die hiesigen Maori haben mir, als ich diesen Betrieb aufgemacht habe, vorgeworfen, ich würde ihnen Jobs wegnehmen«, erzählt er mir, kaum dass wir losgefahren sind. »Hier gab es vorher keine Kajaks oder Wassertaxis, deshalb schaffe ich Jobs und nehme sie ihnen nicht etwa weg. Aber keiner will für mich arbeiten. Manche der Maori, nicht alle, behaupten, dass das Land ihnen gehört. Ich frage sie dann: ›Welchem Stamm?‹ Sie haben so viele Kämpfe darum geführt, dass ohnehin nicht klar ist, welchem Stamm welches Land gehört. Jetzt verlangen sie vom Waitangi-Tribunal Unsummen für die Wasserwerke, die aus dem See Energie gewinnen. Ich sage ihnen immer, dass ›ihr‹ Wasser schon vor langer Zeit aus dem See geflossen ist, und wenn sie mir zeigen können, welcher Teil des Wassers ›ihrer‹ ist, dann können sie ihn gern zurückhaben.«

Ich sitze da und höre ihm zu, bin aber nicht richtig bei der Sache, weil ich an die Zeit denke, die ich mit Ingrid und Pat verbracht habe.

An der Küstenstraße nach Gisborne sind die ehemaligen Schafweiden in Mais- und Kürbisfelder, Weinberge und Obstplantagen verwandelt worden. Mein Fahrer deutet auf die Landschaft. »An der ganzen Ostküste war das Land früher gutes Weideland für Schafe und Rinder. Aber dem Boden wurden die Nährstoffe entzogen, und ohne seinen früheren Baumbestand ist er den enormen Auswirkungen der Erosion ausgesetzt. Jetzt werden die ausgelaugten Hügel mit Monterey-Kiefern aufgeforstet. In zehn Jahren wird man sicher feststellen, dass auch das ein Fehler war.«

Wir fahren an einem großen Reklameschild für Bier vorbei: »Wenn du willst, dass ich mehr Zeit in der Küche verbringe, stelle mehr Bier in den Kühlschrank.«

Die Unterkunft für Rucksacktouristen in Gisborne ist ein imposantes ehemaliges Kloster, das 1930 erbaut wurde. Ich klingle an der Pforte und komme mir vor den großen hölzernen Eingangsportalen wie ein Zwerg vor. Eine Frau, die über den breiten Hüften einen Blumenrock trägt, öffnet mir. Sie führt mich durch das Kloster mit seinen hohen Räumen und den Schränken, Böden und Treppen aus Rimu-Holz. Die Lounge ist aufgrund der hohen Buntglasfenster und der beiden in die Wand eingebauten Beichtstühle als die ehemalige Kapelle zu erkennen, aber jetzt stehen ein Billardtisch und ein so großer Fernseher darin, dass man sich fast in einem Kino wähnt.

Ich frage die Managerin: »Was gibt es in Gisborne Besonderes?«

»Nichts.«

»In meinen Ohren klingt das gut.« Kein Bungeespringen, keine Jetboote, keine Jetski, kein Rafting, keine betrunkenen Fischer. Hier ist so wenig los, dass selbst das Kloster geschlossen werden musste, weil es zu wenige unverheiratete Teenager gab, die ungewollt schwanger wurden. Dann wurde es als Unterkunft für Rucksacktouristen und Saisonlandarbeiter wieder eröffnet. Gisborne ist eine authentische neuseeländische Stadt, und das reicht aus, dass ich von ihr fasziniert bin.

Ich wähle mir eines der Zimmer aus, die früher von den Nonnen bewohnt wurden. Es ist meine erste Übernachtung in einem Kloster, und als ich im Bett liege und an die hohe Decke starre, versuche ich mir vorzustellen, was die früheren Bewohnerinnen in diesem Bett wohl gedacht und geträumt haben. Waren die Nonnen einsam? Haben sie ihr Zuhause vermisst? Haben sie von der Liebe geträumt?

Ich tröste mich einsamen Menschen mit der Vorstellung, dass eine Nonne ihr Leben lang enthaltsam und Gott ergeben war. Vielleicht ist es ja verheißungsvoll, allein in einem Kloster im Bett einer Nonne zu liegen. Ich meine, es könnte eine in letzter Zeit ungenutzte Hotline von dieser Matratze zum Himmel geben, die nur darauf wartet, wieder aktiviert zu werden. Ich liege ausgestreckt im Bett und presse die Handflächen zusammen, schließe die Augen und spreche ein Gebet, nur für alle Fälle.

Die Straße führt an endlos weiten, menschenleeren Stränden entlang. Nur wenige Häuser und Siedlungen sind zu erblicken. Ein ehemaliger Umzugslaster, inzwischen als Ferienhaus genutzt, steht wie ein gestrandetes Schiffswrack halb vergraben in den Dünen.

Ein junger Schafscherer nimmt mich bis Hicks Bay mit, wo ich an einer kleinen Bucht mit eigenem Strand eine Hütte für Rucksacktouristen finde. Ich sitze am Küchentisch und lese, als eine Deutsche ankommt. Sie packt ihre Lebensmittel aus. Obwohl sie nur sehr schlecht Englisch spricht, verstehe ich zumindest so viel, dass sie Wissenschaftlerin, Homöopathin und Autorin ist.

Sie erklärt mir: »Ich verwende eine Vielzahl verschiedener Öle, die aus in Neuseeland wachsenden Pflanzen gewonnen werden, darunter zum Beispiel der Manuka-Strauch beziehungsweise Teebaum. Diese Öle helfen meinen Patienten in Deutschland, sich von Krankheiten zu erholen, welche die westliche Medizin bislang nicht heilen kann, einschließlich Krebs und Depressionen. Ich bin hier, um von meinen Lieferanten Ölextrakte zu kaufen und neue Quellen ausfindig zu machen, vielleicht sogar neue Öle. Und was ist mit dir? Was machst du hier?«

»Ich wandere seit vier Monaten meist durch den Regenwald.«

»Und tut das gut?«

»Sehr gut. Ich verspüre ein fast greifbares Wohlbefinden. Ich habe den Eindruck, als ob ich irgendwie auf Drogen wäre.«

Sie lacht. »Das bist du auch. Die Nase ist sozusagen die Hotline zum Gehirn.« Während sie die Sachen für ihr Essen zusammensucht, fährt sie fort: »Es gibt zweifellos eine psychochemische Reaktion. Die Düfte des Waldes, wahrscheinlich auch des Manuka-Strauchs, des Teebaums, werden direkt vom Gehirn aufgenommen.« Sie schneidet Knoblauch klein. »Kein Wunder, dass du dich so gut fühlst. Genau darum geht es bei meiner Therapie für Patienten, die an Depressionen leiden: die heilenden Eigenschaften der Öle des Manuka und anderer Bäume zu nutzen. Der einzige Unterschied besteht darin, dass du im Regenwald wanderst und die Aromatherapie in natürlicher Umgebung machst, während meine Patienten das Gleiche in einer sterilen Klinik tun, also in einer weniger harmonischen Umgebung. Du kannst dich glücklich schätzen.«

Sie verteilt den geschnittenen Knoblauch in einer Pfanne. »Sich zu dem zu entscheiden, was du tust – sich um seine Seele und seinen Körper kümmern, bevor etwas nicht in Ordnung ist –, hat viele Vorteile. Präventivmedizin und -therapie sind viel effektiver als spätere Heilversuche. Wir alle sollten jedes Jahr die Zeit für eine lange Wanderung, insbesondere durch die Regenwälder, investieren, genau wie wir ja auch Lebensversicherungsverträge abschließen, deren Beiträge wir jedes Jahr bezahlen müssen. Die Leute sind so sehr mit dem Geldverdienen beschäftigt, dass sie sich erst um ihre Gesundheit sorgen, wenn es zu spät ist. Wenn sie Glück haben, kommen sie zu mir, und es geht ihnen vielleicht ein bisschen besser. Wenn sie Pech haben, landen sie im Krankenhaus oder sterben eventuell gleich.«

Ich setze meinen Weg um das East Cape fort, und an der verkehrsarmen Anschlussstelle bei Hicks Bay am Straßenrand hält eine Maori-Lehrerin, um mich mitzunehmen. Sie fährt langsam und erzählt mir auf mein hartnäckiges Nachfragen hin von ihrem Volk, den Ngati Porou, und dem Land, das ihm durch das Waitangi-Tribunal zurückerstattet wurde.

»Jetzt erzeugen wir Farm- und Waldprodukte. Die Farm wird von Angestellten unter einem Kuratorium gemanagt und geführt. Von den Gewinnen werden Ausbildungsstipendien und Saatbeihilfen für kleinere Unternehmen vergeben. Ich bin stolz darauf, wie unser

Trust geleitet und was damit für mein Volk getan wird. Die Angestellten werden über lokale Agenturen vermittelt. Korruption und Vetternwirtschaft sind unbekannt. Wir sind die Ersten, die auf einem an die Maori zurückerstatteten Landstrich völlige Unabhängigkeit erreicht haben.«

Die Straße ist kurvenreich und schmal, mit wenig Verkehr in beiden Richtungen. Sie winkt den Fahrern zu, die uns entgegenkommen. Die wenigen Häuser stehen verstreut, abgeschieden, beinahe im Busch verborgen.

»Können Sie Maori?«, frage ich.

»Yeah, aber nicht sonderlich gut. Ich bin erst als Erwachsene von der Südinsel nach Cape East gezogen. Unten in Dunedin, wo ich aufgewachsen bin, wohnen inzwischen mehr Chinesen als Maori.« Sie deutet mit einer ausladenden Handbewegung auf das Land. »Das ist eigentlich meine Heimat. Meine Vorfahren wurden im letzten Jahrhundert von hier auf die Südinsel zwangsumgesiedelt, und zwar als Strafe dafür, dass sie die Landvermessungsstäbe der Pakeha-Siedler herausgezogen haben, nachdem diese unser Land besetzt hatten.«

Sie hat ihre Maori-Geschichte nicht nur kennen gelernt, indem sie ihrer Großmutter lauschte, sondern auch durch umfangreiche Lektüre. »Auf der Nordinsel sprechen sehr viele Maori unsere Sprache. Sie lernen sie von ihren Großeltern. Meine Großeltern wurden dagegen geschlagen, wenn sie in der Schule Maori sprachen, aber jetzt lernt mein Volk wieder, unsere eigene Sprache zu sprechen.«

Ich habe festgestellt, dass die Maori von »meinem Volk« sprechen, als herrsche zwischen ihnen allen eine tief verankerte Solidarität. Ich denke, dem ist tatsächlich so, sobald es darum geht, sich gemeinsam gegen die Pakeha zu stellen.

»Ich bin ganz begierig, Maori zu lernen«, erzählt sie weiter. »Ich hatte entfernte Verwandte in der Gegend, und als ich hier hingezogen bin, haben sie mich aufgenommen, obwohl ich sie bis dahin nie gesehen hatte. Das ist bei den Maori so üblich. Wenn man aus dem gleichen Einwanderungskanu kommt, vom gleichen Berg, vom gleichen Fluss, dann wird man als Familienmitglied betrachtet. Ich kann Ihnen mehr über die sieben verschiedenen Stämme der großen *waka*-Kanus erzählen als über die verschiedenen Bezirke Neuseelands.«

Sie hält vor ihrer Schule und setzt mich ab. »Ich würde Sie gern zum Tee einladen, aber dann komme ich zu spät in meinen Unterricht. Wenn Sie in meiner Mittagspause noch da sind, hole ich Sie ab, und wir essen zusammen zu Mittag.«

Potaka ist zwar auf der Landkarte vermerkt, aber es gibt hier nichts außer der Schule. Radfahrer haben es sicher schwer auf ihrer Rundfahrt, ihre Lebensmitteleinkäufe zu planen, wenn sie an Orte kommen, die zwar auf ihren Landkarten eingezeichnet sind, an denen sie aber gar nichts finden, nicht einmal einen Laden. Ich lehne meinen Rucksack gegen einen Zaun und warte.

Die Gipfel der mit Monterey-Kiefern in Monokultur aufgeforsteten Hügel sind nebelverhangen. Es sieht aus, als finge es bald zu regnen an. Um mir die Zeit zu vertreiben, mache ich Dehnübungen, schneide mir mit der Schere meines Schweizer Taschenmessers die Fingernägel, untersuche mit dem Vergrößerungsglas des Messers meine Niednägel und ziehe mir mit der Pinzette ein paar unansehnliche Nasenhaare heraus, was mir Tränen in die Augen treibt. Dann stecke ich das praktische Messer weg und sammle den am Straßenrand liegenden Müll.

Ein junger Mann mit kahl geschorenem Kopf, mehreren Ohrringen und einer falsch herum aufgesetzten Baseballkappe hält mit seinem kleinen Lieferwagen an. Er trägt ein T-Shirt mit dem Aufdruck: »Das Leben ist kurz, nutze es.« Er beugt sich herüber und schaut durch das offene Beifahrerfenster. »Wohin willst du?«

»Ist egal«, antworte ich. In dem ansonsten bartlosen Gesicht hat er direkt unter der Unterlippe ein Büschel gelber Barthaare, das so wirkt, als gehöre es nicht dorthin. Es sieht aus, als laufe ihm Eigelb übers Kinn. Ich würde es ihm gern wegwischen.

»Cool.« Er spricht es kuh-ool aus, genau wie die anderen. »Ich bin Scott und fahre auf der Suche nach guten Wellen herum.«

»Crisp«, antworte ich.

»Crisp?«

»Yeah, bedeutet cool, aber es ist cooler, ›crisp‹ zu sagen als ›cool‹«, verscheißere ich ihn.

Wir ziehen sein Surfbrett aus dem Auto und befestigen es auf dem Dachgepäckträger, damit ich überhaupt Platz habe. Ich sitze auf dem Beifahrersitz und halte mir eine gefährlich herumwedelnde Angelrute aus dem Gesicht.

»Im Urlaub?«, frage ich ihn, während wir auf der leeren Straße beschleunigen. Der Typ sollte besser auf einer Rennstrecke fahren.

Er lacht, aber seine Augen sind hinter der albern martialisch wirkenden Sonnenbrille nicht zu sehen. »Bin arbeitslos.«

»Und wie kannst du dir dann das Surfen leisten?« Ich drehe mich um und schaue nach hinten, denn das Auto ist voll gestopft mit Lebensmitteln und Campingausrüstung.

»Ich lebe billig in einem Zelt am Strand, und statt Alkohol zu trinken, rauche ich Hasch: Marihuana gibt es überall. Ich lebe von der Arbeitslosenunterstützung. Ein paar meiner Freunde haben es sogar geschafft, sich an zwei Orten arbeitslos zu melden, sodass sie jetzt das doppelte Arbeitslosengeld kassieren. Ein ineffizientes System«, meint er zufrieden.

In Waihu Bay hält mein gelassener Fahrer an und holt ein Fernglas aus dem Handschuhfach. Er betrachtet die Dünung. »Keine guten Brecher, auflandiger Wind, und die Wellen krachen nur an Land.« Es ist neblig, und es sieht aus, als könnte es jeden Augenblick zu regnen anfangen. Wir fahren weiter. Hinter einer Kurve tritt er voll auf die Bremse und kommt gerade noch vor drei Pferden zum Stehen, die mitten auf der schmalen Straße dahintrotten. Als wir unsere Fahrt fortsetzen, halte ich mich mit beiden Händen am Armaturenbrett fest, den Blick gebannt auf die Straße gerichtet. Wir verlangsamen unser Tempo nur, wenn wir steile Hügel hinauffahren und der kleine japanische Motor mit unserem Gewicht zu kämpfen hat. Bergab dagegen klebt Scotts Fuß am Gaspedal, das wiederum mit dem Boden verschweißt zu sein scheint. In Raukokore, wo er zu meinem Glück für seine ernsthafte, mir unbegreifliche Begutachtung der Dünung wieder einmal anhält, besichtige ich eine Holzkirche. Die Kirche wurde 1894 auf dieser windgepeitschten Halbinsel erbaut, sie ist mit einem handgeschriebenen Zettel versehen, den jemand mit Reißnägeln an die Eingangstür geheftet hat: »Bitte entschuldigt den Fischgeruch. Eine Pinguinfamilie nistet neben der Tür direkt unter dem Fußboden. Die Pinguinmutter ist sehr damit beschäftigt, den *whanau* frischen Fisch zu bringen.«

Wir fahren weiter, schießen an einem kunstvoll geschnitzten *marae*-Gebäude auf einem Schulgelände vorbei. Scott erzählt mir: »Einige meiner besten Freunde sind Maori, aber es ärgert mich, dass sie Stipendien kriegen, um hier oder im Ausland zu studieren. Okay, sie waren in der Schule schlau, aber auch unglaublich faul, und jetzt bekommen sie von den Maori-Trusts Stipendien und Fördergelder.« Er hält mir eine Tüte Chips hin und nimmt, nur eine Hand am Steuer, mit einer Wahnsinnsgeschwindigkeit die nächste Kurve. Das Auto schwankt bedenklich, und ich halte mich wieder mit beiden Händen fest, für den Fall, dass wir auf einen weiteren Trupp Pferde treffen, die auf der Mittellinie entlanglaufen. Da ich die Angelrute nicht mehr halte, baumelt sie mir ständig ins Gesicht.

Scott ist nicht zu bremsen: »Außerdem ärgere ich mich darüber, dass 90 Prozent der Inhaftierten Maori sind. Und es ärgert mich, wenn Land an die Maori zurückgegeben wird, und sie verkaufen es an Koreaner oder Japaner, die dann möglichst viel Geld damit machen und es nicht unbedingt im Interesse von uns Neuseeländern nutzen.« Er nimmt die Baseballkappe ab, um sich den kahlen Schädel zu kratzen. »Die Maori sind ein klasse Volk. Meine besten Kumpel sind Maori. Aber ein paar schlechte Typen verderben ihnen alles. Wenn ich Premierminister wäre, gäbe ich den Ausländern fünf Jahre Zeit, das Land an uns zurückzuverkaufen. Ich würde einen niedrigeren Lebensstandard hinnehmen, um das zu bezahlen, nur damit wir unser Land wiederhaben und Neuseeland so belassen, wie es ist, anstatt alles zu verkaufen und bald ohne Land dazustehen.«

Er hält an, um bei einem anderen Strand die Dünung zu begutachten. Ich sitze geduldig da, während er den Wellengang studiert. Es fängt zu regnen an, und obwohl die Straße rutschig ist, jagen wir mit unvermindertem Tempo durch die Landschaft. Mit neuer Energie stürzt sich Scott auf das Thema Maori: »Wenn wir Rugby spielen, machen wir den *haka* als Herausforderung an das gegnerische Team. Stimmt's?« Er schaut mich erwartungsvoll an.

»Stimmt«, antworte ich, halte den Blick aber auf die Straße gerichtet.

»Okay, nun schau dir die All-Blacks-Rugby-Nationalmannschaft von Neuseeland an. Das ist ein gemischtes Team aus Pakeha und Maori. Aber die Maori haben ihr eigenes Maori-Team, ganz ohne Weiße. Das nenne ich rassistisch. Es gibt kein nur aus Weißen bestehendes Rugbyteam. Ein Rugbyteam nur mit Weißen würden sie niemals zulassen. Aber eine reine Maori-Rugbymannschaft? Das ist okay. Sie wollen, dass alles nach ihrem Kopf geht, da gibt es kein Geben und Nehmen.«

Ich sitze schweigend da. Er war so großzügig, mich mitzunehmen, und außerdem, wenn ich jetzt anfange, ihm zu widersprechen, wirft er mich wahrscheinlich hinaus.

Vermutlich versteht er mein Schweigen als Zustimmung. »Was mir noch auf die Nerven geht, ist das Gerede, die Maori seien Naturschützer. In Neuseeland hat es zu Urzeiten flugunfähige Vögel namens Moa gegeben. Sogar elf Arten, einige davon kaum größer als Gänse, andere dagegen waren Riesen und wogen dreimal so viel wie das Pferd da drüben.« Er deutet auf ein zotteliges Pferd auf einer Koppel, das die Unterlippe hängen lässt und das Hinterbein bequem angestellt hat. »Die größten Moa waren die riesigsten Vögel, die es je gegeben hat. Sie haben diverse Veränderungen des Klimas und der Vegetation überlebt, welche die Eiszeit und die Vulkanausbrüche mit sich brachten, aber die Maori haben die Moa in nur wenigen Jahrhunderten ausgerottet. Also sag mir keiner, die Maori wären Naturschützer.«

Auf dem Armaturenbrett rutscht ein Taschenbuch hin und her. Weil mich das stört, nehme ich es zur Hand und blättere es durch. Es ist *A Good Keen Man* von Barry Crump. Mr. Crump, laut seiner Autobiografie ein renommierter Jäger, führt genau auf, wie viele Hirsche er im Laufe der Jahre abgeschlachtet hat.

Scott informiert mich: »Das ist das meistgekaufte Buch in Neuseeland.«

Entweder das oder Biografien 20 Jahre alter Rugbyspieler, denke ich mir.

»Was glaubst du, wer etwas von den ganzen Landansprüchen der Maori hat?«, stellt mir Scott die rhetorische Frage. »Nicht der Durchschnitts-Maori, das kann ich dir sagen. Nur die Rechtsanwälte und Steuerberater. Die hauen ihr eigenes Volk übers Ohr. Und die Maori-Betriebe, die sie da mit Trustgeldern aufbauen? Die gehen Bankrott. Warum auch nicht? Die Maori haben dafür nicht gearbeitet. Es ist nur ein Haufen Geld und Land, das man ihnen hinterherwirft. Sie haben keine Erfahrung, wie man damit umgeht. Wenn sie Bankrott gehen und Schulden haben, dann ist ihr Land nicht pfändbar. Wenn das meinem Dad passiert, der auch Farmer ist, verliert er alles, auch sein Land.« Er schüttelt den Kopf. »Es sieht so aus, als fehlten unseren Politikern nur noch ein paar Stöße zum Orgasmus, wenn sie das ganze Land den Maori zurückgeben.«

»Ein paar Stöße zum Orgasmus? Was soll das heißen?«

»Das heißt, dass ihnen ein paar Sandwiches zum Picknick fehlen, eine Dose für einen Sechserpack, ein paar *kumara* für den *hangi*.«

Die Neuseeländer haben große Anstrengungen unternommen, um das Unrecht, das den Ureinwohnern des von ihnen kolonisierten Landes angetan wurde, wieder gutzumachen. Sie haben eindeutig mehr getan und waren damit erfolgreicher als die Australier oder Amerikaner. In dieser Hinsicht haben die Kiwis etwas, worauf sie stolz sein können. Als Nicht-Neuseeländer kommt es mir beschämend vor, dass manche Kiwis, wie zum Beispiel Scott, nicht zu schätzen wissen, in welchem Ausmaß ihre Identität mit dem Maori-Vermächtnis verbunden ist.

In der Ferne zucken Blitze, Donnergrollen ist zu hören, und Regen prasselt auf das Autodach. Ein Aspekt des Trampens ist, dass man alle möglichen Leute kennen lernt. Im Auto ist es trocken und warm, draußen ist es kalt, und es schüttet. Deshalb siegt mein Pragmatismus, und ich behalte meine Ansichten für mich.

Coromandel Peninsula

Es ist Waitangi Day, ein nationaler Feiertag, der früher New Zealand Day hieß. Ich lese auf der Titelseite der Zeitung unter einem Foto folgenden Text: »Der gravierendste Zwischenfall bei den Feierlichkeiten zum Vertrag von Waitangi ereignete sich, als Demonstranten die Flaggenpfähle erklommen, die neuseeländische Fahne, den Union Jack und das Navy-Banner entfernten und stattdessen Flaggen hissten, welche die Souveränität der Maori demonstrieren.«

In einem Artikel weiter hinten heißt es:

LASST UNS NACH WAITANGI ZURÜCKKEHREN, SAGT DER GENERALGOUVERNEUR

Der Generalgouverneur, Sir Michael Hardie Boys, möchte, dass die Feierlichkeiten zum Waitangi Day künftig wieder in Waitangi stattfinden, »dem traditionellen und richtigen Ort«, um der Unterzeichnung des Vertrags zu gedenken. In einer Ansprache bei einer Veranstaltung im Government House sagte er, dass die Feier in Wellington »weit vom historischen Schauplatz« entfernt abgehalten würde. Man hatte die offiziellen Feierlichkeiten nach Wellington verlegt, nachdem Diplomaten und die damalige Generalgouverneurin, Dame Catherine Tizard, 1995 in Waitangi von Demonstranten bespuckt und beschimpft worden waren. Viele Neuseeländer betrachteten den Vertrag als »ein altes Papier, das heute keine Bedeutung mehr hat«, erklärte Sir Michael und führte aus, die Gerechtigkeit verlange, dass »echtes Unrecht« der Vergangenheit wieder gutgemacht werden müsse, weil sein Vermächtnis fortdauere, da »ein unverhältnismäßig hoher Anteil unserer Unterprivilegierten« Maori seien.

In der Stadt Coromandel steuere ich die nächstgelegene Unterkunft für Rucksacktouristen an und komme an einem Bankgebäude vorbei, vor dem schmutzige Gummistiefel aufgereiht sind. Im Schalterraum stehen barfuß die Farmer. In der Lounge meiner Unterkunft sitze ich bei einer Tasse Tee und lese im Gästebuch. Irgendjemand hat hineingeschrieben:

Die Sache mit dem Fernseher. Ein wichtiger Beweggrund, als Rucksacktourist zu reisen, besteht darin, viele Leute kennen zu lernen, Gedanken und Erfahrungen auszutauschen und Bekanntschaften zu schließen. Sobald man aber dieses kleine Monster in einen Raum stellt, ist alles dahin. Die Leute werden zu Alpha-Zombies, es gibt keinen Austausch mehr.

An diesem Abend ignoriere ich das kleine TV-Monster und den deprimierenden Anblick von Rucksacktouristen aus fernen Ländern, die wie hypnotisiert amerikanische Sitcoms anschauen. Es ist traurig genug, junge Leute zu sehen, die zu Hause das Leben aus sich heraussaugen lassen. Noch tragischer ist es aber, wenn sie um die Welt reisen, um sich dann vor einem Fernseher zu lümmeln, in dem die vertrauten Sitcoms laufen. Ich sitze allein draußen. Es ist ein kühler, windiger Abend, beherrscht von einem farbig abgestuften Himmel, dessen kobaltblaue, malvenfarbige und purpurrote Pastelltöne ineinander fließen. Die feinen Abstufungen werden vom silbern glänzenden Meer reflektiert, das durch lange Reihen aufgestellter Muschelbänke symmetrisch unterteilt ist. Hohe Ponga-Farne, die sich vor einem orangefarbenen Horizont abheben, umrahmen die über den dunklen Hügeln schwebende Mondscheibe.

An der Nordspitze der Coromandel Peninsula blicke ich die senkrechten Felsen hinauf und beobachte, wie Formationen von Tölpeln vorüberziehen. Sie schweben mühelos auf unsichtbaren Windströmungen, ohne ihre Flügel zu bewegen, sodass sie wie fliegende Drachen aussehen. Da ich auf dem Rücken liege, vermittelt mir mein starrer Blick auf die über mir vorbeischwebenden Wolkenhaufen die optische Illusion, dass das Kliff gleich auf mich herabstürzen wird, während die Wolken feststehen. Ich setze mich auf, um wieder die richtige Perspektive zu bekommen, und bemerke jenseits der Felsen einen Schwarm Delfine, der um die Landzunge herumschwimmt. Die Prozession zieht zuerst in Zweierreihen, dann in größeren Gruppen vorbei, gleitet mit Wind und Wellen dahin. Hunderte, vielleicht sogar tausende glitzernder glatter Rücken durchbrechen in einer über einen Kilometer langen Linie die Wasseroberfläche. Aufgrund ihrer Größe und Gestalt sind es wohl Große Tümmler. Sie schwimmen auf der windabgewandten Seite an den Felsspitzen vorbei in die wärmeren Gewässer, nur wenige hundert Meter vor der Küste, wo sie in einer bestimmten Reihenfolge verharren und möglicherweise auf die Nachzügler warten.

Angeregt von Ingrids Erzählungen, wie sie mit Delfinen geschwommen ist, renne ich über die Felsen so nahe wie möglich zu den Delfinen hin. Dann ziehe ich mich aus und springe ins Wasser. Das Meer ist kalt. Ich komme bei den ersten Delfinen an und beginne mit lauter, hoher Stimme unter Wasser zu singen. Drei Delfine schwimmen auf mich zu. Sie sind um einiges größer als die Dunklen Delfine. Obwohl ihre Gestalten erkennbar sind, bleiben sie für mich, ohne Taucherbrille, unscharf – und ich finde es unheimlich, wie sie mich umkreisen. Das Wasser ist eisig und raubt mir die Energie. Da ich außerdem spüre, wie ich aufs Meer hinausgetrieben werde, schwimme ich gegen die Strömung an, die mich vom Ufer wegzieht. Hier draußen gibt es nicht viel, was mich hindern könnte, in Richtung Amerika getrieben zu werden. Der Sog ist stärker und schneller, als ich dagegen anschwimmen kann, und mir wird mit zunehmender Panik bewusst, dass mich die Strömung aufs Meer hinauszieht.

Mir geht die Tatsache durch den Kopf, dass ich, wenn ich ertrinke, auch noch nackt aus dem kalten Wasser gefischt werde. Das heißt, falls mich überhaupt jemand findet. Ich schlage eine andere Richtung ein, und anstatt direkt gegen die Strömung anzukämpfen, schwimme ich schräg zum Ufer. Die Dünung des Meeres nutzend, koordiniere ich meine Schwimmzüge mit den herankommenden Wellen und ziehe mich schließlich auf die von Seegras bedeckten Felsen. Mit meinen Kräften am Ende, liege ich auf den schleimigen Steinblöcken und untersuche die Kratzer an meinen Knien und

Schienbeinen, die zu bluten beginnen. Noch ein wenig unter Schock angesichts der Gefahr, der ich gerade mit Müh und Not entkommen bin, beobachte ich die Delfine, wie sie aus dem Wasser springen und mit einem Klatschen seitwärts wieder hineinfallen. Noch hunderte schwimmen um die Spitze der Halbinsel. Nachdem ich wieder zu Atem gekommen bin, gehe ich auf meinen schmerzempfindlichen nackten Füßen zurück zu meinen Kleidern und Sandalen. Die Anstrengung, im kalten Wasser gegen die Strömung anschwimmen zu müssen, hat mich ziemlich erschöpft.

Am Abend sitze ich warm gekleidet und sicher oben auf einem Hügel und lausche dem Wind. Der Horizont draußen auf See wirkt wie eine leicht konvexe Rasierklinge, da er von Great Barrier Island, Little Barrier Island und, weiter im Norden, von noch anderen Inseln begrenzt ist. Das klare Abendlicht erinnert mich an Südafrika, nur dass hier keinerlei Gefahren drohen. Hier lauern keine Raubtiere im Busch, es sei denn, man betrachtet die 70 Millionen Opossums, die sich jede Nacht durch tausende Tonnen Grünzeug fressen, als solche.

Das Weideland unter mir ist grün und hübsch anzusehen, von Schafen und Kühen so abgegrast, dass es einem gepflegten Golfplatz gleicht. Aber wie mag es ausgesehen haben, als der Hügel noch von Kauri-Wald bedeckt war? Herrliche Bäume, jahrtausendealt, wurden gefällt, damit Gras wachsen konnte, um die Haustiere zu ernähren.

Als es kalt wird, gehe ich zur Hütte hinunter. Erst jetzt fällt mein Blick auf den Zeitungsartikel, der mit Reißnägeln innen an die Eingangstür geheftet ist und offensichtlich als Warnung dort angebracht wurde. Es geht um einen Fischer, der hier von den Felsen gerutscht ist. Er wurde von der Strömung mitgerissen und ward nie mehr gesehen.

So viele Einwanderer haben ihren Viertel-Acre-Abschnitt des »Versprochenen Landes« bekommen, dass man vom Boot aus meinen könnte, man brauche Stunden, um Aucklands ausgedehnte Vororte auf dem Weg nach Norden hinter sich zu lassen. Ich gehe in der Bay of Islands von Bord, an der Stelle, wo weiße Siedler und Maori zuerst miteinander zu tun bekamen, nicht weit von Waitangi entfernt, wo der gleichnamige Vertrag unterzeichnet wurde. Das angrenzende, von Touristen überschwemmte Paihia wartet mit zigarrenförmigen, 1.500 PS starken Motorbooten auf, die japanische Besucher nach einem engen Zeitplan durch den Meeresnationalpark schleusen. Die Rauchschwaden hinter diesen Meeresraketen, ihr allgegenwärtiges Dröhnen und die einfallslosen Fertigbauhotels am Strand der Stadt veranlassen mich, bis zu einem Farm-Hostel außerhalb von Kerikeri weiterzutrampen.

Claes, ein Schwede, heißt mich in seinem schönen Heim willkommen. Mit seiner blassen Gesichtshaut, den weißen Haaren und der schmalen Lesebrille erinnert er mich an die Helfer des heiligen Nikolaus.

Die Fernsehnachrichten melden ein Massaker unweit von National Park, wo ein Mann in einem Blutrausch mehrere Freunde und Verwandte erschossen hat. Claes sagt: »Die Gewalt kommt aus Amerika, sie wird durchs Fernsehen, durch Videos und Filme exportiert.«

»Deshalb sind wir aus den Staaten weggezogen«, fügt seine Frau hinzu, eine Amerikanerin. »Ich habe Claes kennen gelernt, als er in Florida als Schiffszimmermann gearbeitet hat.« Er ist gute 20 Jahre älter als sie.

»Dort ist das ganze Wertesystem aus den Fugen geraten«, fährt Claes fort. »Wenn du Geld hast, bist du ein gemachter Mann, und jeder schaut zu dir auf. In Amerika wird materieller Erfolg belohnt. Wenn du keinen Erfolg hast, bist du nichts. Die Reichen werden reicher, die Armen ärmer. Und die Familienwerte gehen flöten.«

»Ist es hier aber nicht genauso?«, frage ich. Die Wirtschaft Neuseelands war immer sozial. In den letzten Jahren hat sie sich jedoch zu einem System gewandelt, bei dem die Devise lautet: User pays, der Nutznießer zahlt, umsonst gibt es nichts. »Ist aus Neuseelands egalitärer Gesellschaft nicht auch eine Leistungsgesellschaft geworden, in der die Reichen reicher und die Armen ärmer werden?«

Mit der Feststellung treffe ich einen wunden Punkt. Er nickt. »Neuseeland unterscheidet sich nicht mehr so sehr von der kapitalistischen Welt Nordamerikas.«

»Waren Sie nicht versucht, nach Schweden zurückzukehren?«, frage ich. Wenn er in einem Wohlfahrtsstaat leben wollte, konnte er doch jederzeit in sein Heimatland zurückgehen.

»Schweden?« Er schüttelt den Kopf. »Eine graue Gesellschaft. Im Sommer ist es okay, aber im September wird der Himmel grau, alle ziehen graue Anzüge an, haben einen grauen Gesichtsausdruck und hasten von der Arbeit nach Hause und von zu Hause zur Arbeit.«

Seine Frau meldet sich wieder zu Wort: »In Florida mussten unsere Kinder in der Schule durch Metalldetektoren gehen, damit die Lehrer den Elfjährigen Messer und Pistolen abnehmen konnten. Deshalb haben wir den USA den Rücken gekehrt, unseren Kindern zuliebe. Hier ist es viel sicherer. Aber jetzt fühle ich mich so weit von zu Hause entfernt, von allem abgeschnitten.« Sie wird ganz sentimental, als sie an ihre Familie denkt.

Ich kenne das Gefühl. Manchmal hat es den Anschein, als würde es, je mehr Wahlmöglichkeiten man hat, umso schwieriger, einen Ort zu finden, den man als sein Zuhause bezeichnen kann.

Claes meint: »Jetzt ist es für unsere Freunde nicht mehr so einfach, uns zu besuchen.« Er schiebt sich die Lesebrille ein Stück höher. »Aber uns gefällt es hier.« Er schaut seine Frau an, die sich eine Träne von der Wange wischt, dann legt er ihr tröstend den Arm um die Schulter. »Neuseeland hat viel Gutes. Das Klima ist besser als in Florida. Hier ist es nicht so heiß.« Er ist entschlossen, ihrem Wegzug etwas Positives abzugewinnen.

Ich ziehe mich diskret zurück, damit sie sich gemeinsam fassen können, und erkunde die Farm. Am Ende eines Obstgartens mit Apfelbäumen werde ich durch einen Elektrozaun gestoppt. Vorsichtig berühre ich das leuchtend orangefarbene Band mit der Fingerspitze und prüfe, ob der Strom angestellt ist oder nicht. Kein Schlag, kein Strom. Ich steige mit einem Bein über den Zaun, weil ich mir die Gummibäume auf der anderen Seite aus nächster Nähe ansehen will, und stehe gerade über der mickrigen Barriere, als mir tausende Volt durch mein bestes Stück fahren. Vor Schmerz schreie ich laut auf. Dies ist ein Impulselektrozaun. Als ich ihn kurz mit dem Finger testete, hatte ich Glück und keinen Schlag abbekommen, als ich jedoch ein wenig länger über ihm stand, hatte ich mein Glück zu sehr strapaziert. Wie gelähmt stehe ich da, als seien wichtige Teile von mir mit dem Zaun verschmolzen. Ich bemerke Brandgeruch, und dann kriege ich den nächsten Schlag. Die Gesetze der Schwerkraft herausfordernd, katapultiere ich mich, bevor ich noch ganz verschmort bin, weg von der Stelle und vom Elektrodraht.

Ich hinke zum Farmhaus zurück. Eine Rucksacktouristin sitzt auf der Veranda und beobachtet mich. Sie hat ein sommersprossiges Gesicht, lange blonde Haare, zu einem Pferdeschwanz gebunden, und trägt eine Nickelbrille, die ihr ein gelehrtes Aussehen verleiht.

»Alles okay?«, fragt sie.

»Nur leichte Beschwerden«, antworte ich beiläufig. Mit einem gequälten Lächeln steige ich die Stufen zur Veranda hinauf und stehe o-beinig vor ihr, als sei ich nach wochenlangem Ritt vom Pferd gestiegen.

»Wirklich?«, fragt sie noch einmal.

»Warum, bist du Ärztin?«

»Nein, Studentin der Meeresbiologie.« Sie mustert mich eindringlich. »Fehlt dir wirklich nichts? Du siehst schrecklich aus.«

»Nein, nein. Mir geht es gut.« Meine Stimme klingt eigenartig.

»Ich heiße Lisa.«

»Aus Holland?«

»Woher weißt du das?«

»Ich kann Akzente gut erkennen.« Noch immer nicht ganz erholt, strecke ich die Hand aus. »Ich heiße Andrew.«

»Engländer?«

»In Kanada geboren«, antworte ich und lasse mich vorsichtig in einer Hängematte nieder. Mir ist noch immer ganz blümerant, und ich verlagere behutsam mein Gewicht, wobei ich diskret die Beine spreize, bis ich halbwegs bequem liege. Noch immer richtig schwach, fahre ich mir mit der Hand über den Kopf und prüfe, ob mir die Haare zu Berge stehen.

»Und du reist durch Neuseeland?«, frage ich. Ich bin geistig nicht ganz so auf Draht wie noch vor wenigen Minuten.

»Ich habe mein Studium für vier Monate unterbrochen.« Sie hat eine entwaffnende Gabe, mich unverhohlen anzustarren.

»Hast du schon zu Abend gegessen?«, frage ich, weil ich mir denke, das flaue Gefühl in meinem Magen könnte vielleicht durch eine Mahlzeit behoben werden. Die Hängematte schaukelt nur ein ganz klein wenig, aber in meinem gegenwärtigen Zustand werde ich mich bestimmt übergeben, wenn ich noch länger hier liegen bleibe. Erstaunlich, wie empfindlich Hoden sein können. »Ich kann für uns beide das Abendessen machen, wenn du willst, das macht nicht mehr Mühe, als es für mich allein zuzubereiten.«

Während wir gemeinsam kochen, kämpfen wir uns durch die üblichen einleitenden Gespräche von Rucksacktouristen: Wie lange man schon da ist? Wo man gewesen ist? Wo man noch hinwill? Lisa war in den letzten vier Monaten schon überall in Neuseeland, und sie reist am selben Tag ab wie ich. Wie ich hat sie zuerst die Südinsel durchwandert und sich nach Norden vorgearbeitet.

Wir haben das Farmhaus für uns. Claes ist draußen auf den Feldern und verbrennt grüne Zweige – das war der Brandgeruch, den ich wahrgenommen hatte. Seine Frau holt die beiden Kinder bei einer Freundin ab.

»Was war dein eindrucksvollstes Erlebnis hier?«, frage ich.

»Am schönsten in Neuseeland fand ich die Catlins auf der Südinsel. An einem Abend stand ich am Strand. Es hat geschüttet, und vom Meer wehte ein unglaublich starker Wind. Ich habe lange dort gestanden und es auf mich wirken lassen. Außer mir war niemand da. Ich habe nackt im Regen getanzt und gespürt, wie die Tropfen auf meinen Körper prasselten. Das war eine großartige Erfahrung, und am Ende hatte ich das Gefühl, ich wäre wie neugeboren.«

Sie rührt die Spagettisauce im Topf um, zu der ich die bereits angebratenen Zwiebeln und Knoblauch gebe.

»Außerdem liebe ich die Monterey-Kiefern. Sie sehen aus, als wären sie von einem verrückten Künstler gemalt. Unvorstellbar, wie sie sich zur Seite neigen, wie sie vom Wind fast in die Horizontale gedrückt werden. Und die Milchstraße ist so klar und hell, dass du die übrigen Sterne fast gar nicht mehr siehst. Einmal, als ich mitten in der Nacht spazieren ging, schaute ich zum Himmel. Ich konnte es kaum glauben. In Holland habe ich so etwas noch nie gesehen. Zum ersten Mal habe ich erlebt, dass es zwei völlig verschiedene Dinge sind, die Natur zu sehen oder sie zu erfahren.«

»Fühlst du dich nicht einsam?«, erkundige ich mich beiläufig, während ich den Salat wasche. »Ich meine, wenn du vier Monate allein unterwegs bist?« Das ist eine Frage, die mir häufig gestellt wird, und ich bin neugierig, wie sie darauf antwortet.

»Hin und wieder. Manchmal ist es ein gutes Gefühl, sich traurig und einsam zu fühlen.« Sie schneidet die Pilze klein.

»Warum sollte es sich gut anfühlen, traurig zu sein?«

Sie hält mit dem Schneiden inne, blickt aus dem Küchenfenster und überlegt. »Weil man fühlt, wirklich fühlt. Das geht tief. Es erinnert dich, dass du Emotionen empfinden kannst, dass dich etwas traurig machen kann. Nach Wochen oder sogar Monaten des Glücklichseins braucht man manchmal die Traurigkeit und Einsamkeit.«

Wir schauen durch das Küchenfenster, als ein Auto bis ans Ende der Einfahrt gefahren kommt. Der Fahrer steigt aus, nimmt sich einen der Körbe voll Äpfel oder Pfirsiche, die in einem offenen Schuppen stehen, legt Geld in eine Dose und fährt wieder davon.

Lisa spricht weiter: »Wenn du vier Monate durch Wälder und über Berge wanderst, muss dich das doch verändern. Wandern ist ein meditativer Vorgang, es klärt das Durcheinander im Kopf. Einen schweren Rucksack zu schleppen und zu wandern, ist eine gute Möglichkeit, die Energie auf andere Dinge als auf die Alltagssorgen zu konzentrieren.«

Ich bin immer wieder überrascht, dass sich Europäer, wie zum Beispiel Lisa, in einer fremden Sprache so gut ausdrücken können. Die Holländer sind auf diesem Gebiet anscheinend besonders begabt. »Und warst du hier glücklich?«, frage ich.

»Glücklicher als je zuvor. Als ich allein aus Holland abgereist bin, da saß ich am Flughafen und dachte, was für eine Loserin ich doch bin, so ganz ohne Freunde zu reisen. Jetzt habe ich, weil ich allein unterwegs war, eine fremde Kultur und Sprache in einem ganz, ganz fernen Land viel intensiver erlebt und eine Unabhängigkeit und Courage in mir entdeckt, von der ich bisher gar nichts ahnte. Inzwischen weiß ich besser, was ich will und wer ich bin. Ich werde mein Studium mit Freude beenden. Bis jetzt war es nur eine akademische Übung.«

Obwohl das Trampen kostenlos ist und die Unterkünfte für Rucksacktouristen einem harten Preiskampf unterliegen und somit relativ billig sind, ist Neuseeland doch ein überraschend teures Land. Ich wundere mich, wie eine Studentin es sich leisten kann, hier vier Monate herumzureisen. »Und das Geld für diese Reise?«, erkundige ich mich.

»Früher wäre es mir peinlich gewesen zu erzählen, wie ich mir das Geld verdient habe, um hierher kommen zu können. Jetzt nicht mehr.« Sie verteilt das Besteck auf dem Esstisch und kommt zurück, um die Teller zu holen. »Ich wollte von klein auf nach Neuseeland. Das war ein Traum. Deshalb habe ich in der Schule ein Jahr pausiert, und sechs Monate lang habe ich«, sie zögert, »... Müll sortiert: Plastik, Glas, Dosen. Ein absoluter Scheißjob, es hat fürchterlich gestunken, wurde aber gut bezahlt. Die Arbeit dort hat mir viele Einsichten gebracht. Die Angestellten in dieser Fabrik machen das ihr ganzes Leben lang, wühlen sich durch den Müll. Ich habe ihnen nicht gesagt, wofür ich das Geld spare. Ich bin mir sicher, dass sie es verstanden hätten, aber sie konnten es ja nicht so machen wie ich, weil sie eine Hypothek oder ein Auto abzubezahlen hatten oder eine Familie haben, die sie ernähren und kleiden müssen. Es war ihr Leben, den Müll anderer Leute zu sortieren. Für mich war es demütigend.«

Sie gießt die Nudeln ab. Wir setzen uns zum Essen nieder und reden weiter. Um einen bestimmten esoterisch-philosophischen Punkt hervorzuheben, will ich mit dem Finger auf den Tisch klopfen. Der Margarinebecher steht in der Schusslinie, und mein Finger landet darin. Ich kann nicht glauben, dass mir das tatsächlich passiert, ziehe vorsichtig meinen fettigen Zeigefinger heraus, halte ihn in die Luft und starre ihn an. Lisa fängt an zu kichern, zuerst zurückhaltend, aber dann bricht sie in lautes Gelächter aus. Wir beide brauchen eine Weile, bis wir uns wieder gefasst haben.

Wir wischen uns die Lachtränen vom Gesicht und machen uns wieder ans Essen. Auf einmal schlägt Lisa einen völlig anderen Tonfall an: »Heute habe ich einen Brief von meinem Vater erhalten.«

Ich erinnere mich, dass sie gerade einen Brief gelesen hatte, als ich schmerzverzerrt die Verandastufen hinaufgehumpelt kam. Sie hält das Blatt Papier hoch, damit ich es genau betrachten kann, dann faltet sie es zusammen und steckt es in den Umschlag. »Es war ein Schock.« Sie legt das Besteck auf den Teller und ist plötzlich ganz still. Es macht mich verlegen, allein weiterzuessen, deshalb lege auch ich das Besteck zur Seite und warte. »Noch nie habe ich von meinem Vater einen Brief bekommen«, sagt sie. »Ich fühle mich ihm nicht nahe. Überhaupt nicht. Ich habe mich im Postamt hingesetzt und den Brief geöffnet. Ich war neugierig, was wohl drinsteht.« Sie lässt ihre Hände auf den Schoß sinken. Ihre Körperhaltung hat sich verändert, als sei sie auf einmal zusammengebrochen.

Sie schweigt so lange, dass ich sie auffordern muss weiterzusprechen. »Was hat dein Vater denn geschrieben?«

Sie schüttelt den Kopf und starrt aus dem Fenster, vermeidet es, mich anzusehen. Schließlich sagt sie flüsternd: »Es waren nur drei Zeilen. Er hat mir geschrieben, wie sehr er mich beneidet, wie sehr er meinen Mut bewundert, allein hierher zu reisen, und wie sehr er mich liebt und vermisst.« Tränen stehen ihr in den Augen. Sie drückt sich eine Papierserviette gegen das Gesicht und verdeckt so ihre Augen.

Und dann sagt sie es mir. Ich spüre die emotionale Reaktion, die aufsteigende Übelkeit, als hätte mir jemand in die Magengrube geschlagen. Man liest in Zeitungen von sexuellem Missbrauch. Man kennt die Statistiken. Ich habe davon nie aus persönlicher Sicht erzählen gehört und schon gar nicht bis ins letzte Detail.

Ich reiche ihr meine Serviette, und sie nimmt sie, um sich die Tränen abzuwischen. Wir sitzen einander schweigend gegenüber, essen nichts. Sie hat den Blick gesenkt, dreht sich um und schaut über die Schulter auf den grünen Obstgarten hinaus. Ihre Augen sind gerötet, sie beißt sich auf die Unterlippe. So verletzlich sieht sie aus, eher wie ein Teenager als wie eine Erwachsene.

Ich möchte den Arm um sie legen, aber nach allem, was sie mir soeben erzählt hat, wage ich es nicht. Wir sitzen da und schweigen.

Als sie sich etwas gefasst hat, fragt mich Lisa: »Wo gehst du morgen hin?«

»In die Kauri-Wälder und dann zum Ninety Mile Beach, der zum Cape Reinga hinaufführt.«

»Da will ich auch hin. Können wir nicht zusammen gehen?«

Ich habe mich auf die letzten Tage in Neuseeland gefreut und würde es vorziehen, allein zu sein, anstatt den Rest meiner Reise mit jemandem zu verbringen. Aber Lisa scheint eine ideale Gefährtin zu sein. Sie ist nicht nur ebenso lange in Neuseeland wie ich, sie ist viele der gleichen Tracks gewandert, sogar die schwierigeren. Wir sind beide traurig, dass unsere Abreise bevorsteht.

»Ich würde den Tag über lieber allein wandern«, antworte ich.

»Ich auch. Wir können uns ja abends wieder treffen.«

Northland

Ich kann meine Sandalen nirgends finden. Lisa, Claes und seine zwei Töchter suchen überall, aber meine Sandalen sind wie vom Erdboden verschluckt. Es ist mysteriös. Ich rufe sogar in der letzten Unterkunft an, in der ich übernachtet habe, aber vergeblich. Schließlich sage ich zu Claes: »Macht euch deshalb keine Sorgen. Sie werden schon irgendwo auftauchen. Ich lasse etwas Geld da, dann könnt ihr sie mir zuschicken, falls ihr sie findet.«

Wir sind beinahe bereit zum Aufbruch, als Lisa mir eine Plastiktüte reicht und mir zuflüstert: »Deine Sandalen.«

Ich öffne die erstaunlich kalte Plastiktüte und weiche vor dem Käsegestank zurück. »Wo hast du sie gefunden?«

»Im Kühlschrank«, erklärt sie trocken. »Bei deinen Lebensmitteln.«

Ich hatte die Sandalen, weil sie so stanken, in eine leere Lebensmitteltüte gesteckt. Aus Versehen habe ich sie mit meinen frischen Lebensmitteln, die in den gleichen Tüten stecken, in den Kühlschrank geschoben.

»Wissen sie es?« Ich nicke in die Richtung der anderen, die, wie ich annehme, noch immer unter den Betten und Sofas herumkriechen.

»Dass ich deine Sandalen im Kühlschrank gefunden habe?«

»Yeah«, antworte ich und schaue mich um, um mich zu vergewissern, dass die anderen uns nicht hören.

»Nein.«

Ich lege den Finger auf den Mund. »Gut. Sag es ihnen bitte nicht.«

Gemeinsam trampen wir von der Farm los. Es ist ein gutes Gefühl, mit Lisa zusammen aufzubrechen. Kaum haben wir unsere Daumen ein paar Minuten ausgestreckt, da hält schon das erste Auto, und der Fahrer, ein Inder von den Fidschi-Inseln, bietet freundlich an, uns mitzunehmen. Er spricht mit dem starken Akzent des indischen Subkontinents und erzählt uns unumwunden: »Ich bin nach den Wahlen in Fidschi hierher ausgewandert. Die indische National Federation Party hat gewonnen, daraufhin hat die Fidschi-dominierte Armee geputscht und die Regierung übernommen.« Wenn er lächelt, leuchten die Zähne in seinem dunklen Gesicht. »Ich habe mehr Freunde unter den Maori als den Pakeha, weil sie mich für schwarz halten wie sich selbst. Mir gefällt es hier. Ich habe in Auckland ein Haus gekauft, es renoviert und mit großem Gewinn wieder verkauft. Mit dem Geld habe ich mir ein noch größeres Haus in Northland gekauft.«

An einer kleinen Landstraße muss er einen blockierten Abflussgraben reparieren, deshalb setzt er uns an der Kreuzung nach Dargaville ab. Lisa und ich stellen unsere Rucksäcke hintereinander, damit das Gepäck nicht so umfangreich wirkt und Fahrer womöglich davon abhält, uns mitzunehmen. Wir schauen die leere Straße hinunter und warten weniger darauf, mitgenommen zu werden, als vielmehr überhaupt auf Verkehr. Wir halten uns bei Laune, indem wir miteinander reden, aber achten stets darauf, ob ein Auto, ein Lastwagen oder sonst irgendetwas vorbeikommt.

»Bist du durch ganz Neuseeland getrampt?«, frage ich.

»Überallhin.«

»Ganz allein?«

»Du bist der Erste, mit dem ich zusammen trampe«, antwortet sie. »Ich hatte überhaupt keine Probleme. In Europa würde ich nie trampen. Wäre viel zu gefährlich.«

Ein Maori hält mit seinem Pick-up an. Er hat jemanden vorn in der Kabine, deshalb macht er hinten auf. Wir klettern auf die Ladefläche, ziehen die Isomatten aus unseren Rucksäcken und lehnen uns dagegen. Als er die kurvige Straße hinunterbrettert, werden wir trotz unserer Isomatten schmerzhaft gegen das harte Metall geworfen. Ich halte mich mit einer Hand an der Seitenwand fest und schiebe den anderen Arm um Lisas Schulter, nicht so sehr, um sie zu beschützen, als vielmehr, um zu verhindern, dass wir gegeneinander oder über das Seitenteil geschleudert werden.

Der Fahrtwind pfeift uns um die Ohren. Strähnen von Lisas Haar haben sich aus dem Pferdeschwanz gelöst und flattern ihr ums Gesicht. Sie lächelt und sagt: »Ich bin wirklich glücklich.«

»Ich auch.« Es ist doch ein gewaltiger Unterschied, ob man eine Gefährtin bei sich hat oder nicht.

Trotz unserer Wahnsinnsgeschwindigkeit entdecke ich den Kneipenbesitzer aus Großbritannien am Straßenrand, der unverdrossen in Richtung Cape Reinga marschiert. Ich brülle Lisa ins Ohr, wer er ist. Er stiert entschlossen vor sich auf den Boden und entschwindet unseren Blicken.

Der Waipoua-Wald ähnelt mit mehr als 300 Baum-, Strauch- und Farnarten, die in diesem Naturschutzgebiet wachsen, eher den tropischen Regenwäldern im Südwestpazifik als den gemäßigten Wäldern im übrigen Neuseeland. Ich hatte mir Sorgen gemacht, dass meine letzte Wanderung durch den Wald vielleicht enttäuschend verlaufen könnte, aber die Angst ist unbegründet. Ich brauche nur in die dichte, unberührte Vegetation zu spähen, und schon empfinde ich wieder das überwältigende Gefühl der Ruhe, das einem das Duftbouquet des Waldes einflößt. Ich atme durch die Nase, sauge die gesundheitsfördernden Drogendüfte der Bäume und Pflanzen ein.

Schweigend, als gingen wir über heiliges Gelände, folgen wir einem kurvenreichen Pfad aus Holzplanken. Lisa läuft auf dem erhöhten Holzweg voraus, der sich durch den dichten Baum- und Farnwald schlängelt. Der Weg endet bei Tane mahuta, dem größten Kauri-Baum, den es noch in Neuseeland gibt. Der Baum scheint seit Urzeiten dort zu stehen und hat die Form eines riesigen Brokkolis. Hoch oben in den Zweigen hat sich ein eigenes Ökosystem herausgebildet mit einer Unmenge verschiedener Pflanzenarten, die aus den dicken Ästen wachsen. Der Stamm ist so gigantisch, dass man glauben könnte, man stehe vor einer Steinmauer. Obwohl er insgesamt nur relativ geringe 52 Meter hoch ist, beträgt sein Umfang 13 Meter und das Gesamtvolumen gewaltige 244 Kubikmeter. Das jedenfalls teilt uns die Informationstafel mit.

Man braucht die Messwerte nicht, um die Macht dieses Lebewesens zu erfassen. Der Baum ist unglaublich eindrucksvoll: Man kann sich leicht vorstellen, warum es in der Maori-Kosmologie heißt, dass es nur Tane, dem Baum, Sohn von Rangi, dem Himmelsvater, und Papa, der Erdmutter, gelang, seine Eltern zu trennen und ihre Urumarmung zu lösen, um Licht, Raum und Luft in die Welt zu bringen. Tane ist der Lebensspender, und alle Lebewesen sind seine Kinder. Selbst der ihn umgebende Busch huldigt ihm, als werde ihm von einem nachsichtigen Monarchen eine Audienz gewährt. Von dem majestätischen Baum geht gleichermaßen ein Gefühl der Macht und der Güte aus. Wie in einer Kathedrale schweigen wir, erweisen unseren Respekt, sind vom Anblick eines Geschöpfs Gottes gerührt, das uns klein und unbedeutend macht. Es ist ein Erlebnis, das Demut einflößt.

Lisa flüstert mir mit der Begeisterung einer Gelehrten ins Ohr: »Für die Maori war es heilig, durch den Wald zu gehen, weil sie glaubten, dass wir alle gleichen Ursprungs sind. Im Gegensatz zu den eingewanderten Farmern, die das Land roden wollten, waren die Maori Jäger und auf den Wald angewiesen.« Sie starrt wie gebannt auf die gemaserten Stämme der großen Bäume. »Kaum vorstellbar, dass die Nordinsel einmal von diesen Kauri-Bäumen bedeckt war. Kauri-Holz war für den Schiffsbau ideal, deshalb haben die europäischen Siedler den Kauri-Wald abgeholzt, sodass jetzt, nach kaum 100 Jahren, nur noch weniger als ein halbes Prozent dieser Wälder übrig geblieben ist.«

Als wir weitergehen, kommen wir zu einem Hinweisschild: »Sie befinden sich inmitten eines kleinen Überrests eines der ältesten Ökosysteme der Erde. Atmen Sie tief, und verlassen Sie nicht die Wege.«

Wir folgen dem Yakas Kauri Track, der von einem Mr. Yakas angelegt wurde, einem offenbar sehr angesehenen Harzzapfer. Die Sonne des Spätnachmittags, dieses starke, helle Sommerlicht der südlichen Hemisphäre, fällt durch das Blätterdach und lässt den dichten Busch in unendlich vielen Grüntönen leuchten. Hin und wieder erhasche ich einen Blick auf Lisa vor mir, wie sie durch die dichte Vegetation streift. Als wir weiter in den Wald vordringen, kommen wir zu einem Hain, der aus 600 Kauri-Bäumen besteht. Sie sind bis zu 1.000 Jahre alt. Gewaltige, sich nicht verjüngende Stämme, die wie Säulen wirken, ziehen den Blick zu den sich enorm ausbreitenden Mustern der Blätter oben in den Baumkronen. Genauso muss ein Kauri-Wald vor der Besiedlung durch die Europäer ausgesehen haben.

Am Ende des Hains wird der Weg schmal und schlammig und windet sich wie eine Schlange zwischen Kauri-, Manuka- und Rimu-Bäumen, zwischen Kauri-Gras, Farnen und Moosen hindurch. Wir wandern durch den dichten, wunderbaren Wald, während das intensive Licht verblasst und der Abend anbricht. Die freundliche Atmosphäre wird auf einmal düster, da der Tag zu Ende geht und die einzelnen Schatten zu einer formlosen Dunkelheit verschmelzen. Wir sind beide erleichtert, als wir aus dem Regenwald kommen und auf einer Lichtung an einem Bach stehen. Sofort bauen wir das Zelt auf, schwimmen dann in dem tiefen, trüben Badeloch. Eine Kakophonie von Rufen unsichtbarer Vögel dringt aus dem Busch, als die letzten Strahlen der Abendsonne schräg in das Tal einfallen.

Wir packen aus und arbeiten wie ein eingespieltes Team zusammen, sodass schon nach wenigen Minuten das Essen kocht. Es ist ein bisschen, als richte man sich ein Haus ein. Bis wir fertig gegessen haben, surren Unmengen Stechmücken um uns herum, riesige, vampirartige Monster, die uns mit ihren Stichen terrorisieren. Bald nach Sonnenuntergang schwirren so viele durch die Luft, dass wir uns gezwungen sehen, uns in das winzige Zelt zu flüchten, ohne noch abzuwaschen. Eine innere Stimme warnt mich schwach und vergeblich: »Ein schlechter Schachzug, Andrew.« Trotz der Gefahr, die marodierenden Opossums anzulocken, lassen wir alles draußen, wie beispielsweise die schmutzigen Töpfe und Pfannen. Lisa zieht schnell den Reißverschluss des Zelts auf, und wir schieben unsere Rucksäcke hinein.

»Du zuerst«, sagt sie. »Beeil dich, bevor die Moskitos hineinkommen!«

Ich mache einen Hechtsprung ins Zelt, um den fliegenden Subkutannadeln zu entfliehen, schiebe die schweren Rucksäcke an die Zeltwand, rolle die Isomatten und Schlafsäcke aus.

»Bist du endlich fertig?«, fragt Lisa verzweifelt.

«Yeah«, antworte ich und drehe mich um, um ihr in dem kleinen Zelt Platz zu machen.

Lisa steckt den Kopf herein, aber gerade, als ich mich auf den Rücken drehe, stößt sie mit dem Kopf gegen mein hochgestrecktes Knie. Es kracht hörbar, und sie sackt auf dem Zeltboden zusammen. Die Moskitos nutzen die Öffnung für eine Invasion, aber Lisa rührt sich nicht. Angesichts ihrer Verzweiflung noch vor einer Sekunde ist das ein schlechtes Zeichen.

»Ist alles okay bei dir?«, frage ich idiotischerweise. Es ist ganz offensichtlich, dass nicht alles okay ist, so reglos, wie sie daliegt – wahrscheinlich sogar ohnmächtig.

Sie bewegt sich, führt die Hände ans Gesicht. »Meine Brille ist kaputt gegangen.«

»Tut mir Leid, es war meine Schuld«, sage ich, über sie gebeugt wie eine Buschversion von Quasimodo, dem Glöckner von Notre-Dame.

»Nein, war es nicht.« Sie macht sich mehr Sorgen über die hereinschwärmenden Moskitos. »Kannst du den Reißverschluss zuziehen?« Ihre Hände halten die Überreste ihrer Brille an Ort und Stelle. Ich krabble über sie, ziehe den Reißverschluss zu und hole meine Taschenlampe heraus.

»Du blutest ja«, sage ich zu ihr. Ein Brillenglas ist zerbrochen, und unter ihrem Auge hat sie eine blutende Schnittwunde. Und die

Wange schwillt bereits an. Ich krame herum, bis ich eine Wasserflasche und das Toilettenpapier finde. Da sind wir nun, in einem Ein-Mann-Zelt zusammengepfercht, zusätzlich beengt durch unsere zwei Riesenrucksäcke, mit Zigtausenden Stechmücken, die jenseits des Moskitonetzes auf uns lauern, und ein paar 100 weiteren, die sich diesseits fröhlich an unserem Plasma laben.

»Zuerst müssen wir die Glasstücke finden, sonst schneiden wir uns noch.« Sie setzt die zerbrochene Brille wieder auf und hält sich die Hand auf die Wunde. Wir tasten herum wie ein Schlammcatcherpaar, und sie macht sich mit mir an die beengte Suche auf dem Zeltboden und in den Falten unserer Schlafsäcke. Schließlich finden wir alle Glasscherben, und ich stecke sie in eine Tasche.

»Tut mir wirklich Leid«, sage ich zu ihr.

»Das ist nicht deine Schuld.« Sie legt sich auf den Rücken. Ich wickle jede Menge Toilettenpapier ab, gieße zitternd etwas vom Inhalt der Wasserflasche darauf und tupfe mit dem nassen Papier auf den Schnitt, um das Blut abzuwischen. Ich bewundere ihre stoische Ruhe, fühle mich schuldig und frage mich, ob die Wunde nicht vielleicht genäht werden müsste. Wie soll ich einen Arzt rufen? Ich bin mir nicht einmal sicher, wo genau wir uns befinden und wie weit es bis zur Straße ist. Sie liegt ganz still, während ich ihr das Gesicht abwische, dabei mehrere Male das Papier austausche, bis die Blutung nachlässt. Es ist unerträglich heiß und eng in dem winzigen Zelt.

»Das Bluten wird schon aufhören, es ist ja nur die Wange«, sagt sie, als ginge es ihr in erster Linie darum, meine Sorgen zu beschwichtigen.

Schließlich richten wir uns für die Nacht ein und legen uns auf unsere Schlafsäcke. Hin und wieder gebe ich ihr ein frisches Knäuel Toilettenpapier, das sie sich gegen die Wange drückt. Wir sehen durch das Moskitonetz, wie der Mond über der Lichtung aufgeht. Neben dem Schwirren der Stechmücken höre ich seltsame Geräusche, fast wie das Miauen eines Kätzchens. »Ein Kiwi«, informiert mich Lisa müde, dann schläft sie ein.

Irgendwann in der Nacht bellen jenseits des Flusses Jagdhunde. Das Heulen wirkt bedrohlich, die Tiere sind aggressiv und aufgeregt. Sie sind im Jagdfieber, einer Beute auf der Spur. Es tut mir Leid um die arme, verängstigte Kreatur, der sie auf den Fersen sind. Das wilde Gebell steigert sich zu einem schrecklichen Crescendo, und plötzlich hallt der grauenhafte Knall eines Gewehrschusses durch das Tal, dann ist es still.

Ich lausche den ungewohnten Geräuschen und kann nicht einschlafen. Mir schwirren zu viele Gedanken im Kopf herum, und bei jedem unbekannten Geräusch vor dem Zelt geht die Fantasie mit mir durch. Selbst wenn es da draußen keine wilden Raubtiere gibt, so laufen dort doch eine Menge Leute mit Gewehren und blutrünstigen Hunden herum.

Später werde ich von einem Geräusch geweckt und sehe eine schreckliche Fratze, die durch das Moskitonetz auf mich herabblickt. Ich schreie auf.

Es ist nur ein Opossum, nicht etwa das Kiwi-Gegenstück zu einem echten Appalachen-Irren, und das arme, harmlose Beuteltier kreischt mich völlig verängstigt an. Mein Gebrüll weckt Lisa auf, und auch sie schreit los, was das erschreckte Opossum veranlasst, wieder ein teuflisches Quietschen auszustoßen, bevor es sich verzieht.

»Das war vermutlich ein Opossum«, erkläre ich in der plötzlichen Stille.

»Nur ein Opossum?«, fragt sie ungläubig. »Das klang ja entsetzlich!« Ihr ist nicht klar, dass ich das Opossum mit meinen verängstigten Schreien nur noch mehr erschreckt habe.

»Ich glaube, es ist weg«, füge ich hinzu und erhole mich allmählich von meiner Panik.

Erschöpft schlafen wir bis nach Tagesanbruch. Im Morgenlicht sieht Lisa aus, als sei sie schlimm verprügelt worden, weil der Schnitt wegen der Schwellung unter ihrem Auge gar nicht zu sehen ist. Wir packen unser Zelt und die Schlafsäcke zusammen und wandern aus dem Wald zur Straße, wo wir geduldig mit hochgerecktem Daumen dastehen. Zwei Jungen kommen auf Fahrrädern angeradelt, sie halten an, setzen sich auf das obere Rahmenrohr und starren unverhohlen auf Lisas mitgenommenes Gesicht.

»Was ist passiert?«, fragt einer von ihnen.

Sie schaut nur mit einem angedeuteten Lächeln zu mir herüber. »Frag ihn.«

»Wir sind mitten in der Nacht von einem Opossum angegriffen worden.«

»Das tun Opossums nicht«, ruft der Gesprächigere der beiden aus.

»Na ja, sie ist gegen die Zelttür gestoßen. Wie wäre es damit?«

Er verzieht das Gesicht und weiß nicht, was er mit der absurden Erklärung anfangen soll.

Ein Auto mit einem Anhänger, auf dem ein Motorrad befestigt ist, hält an, um uns mitzunehmen, wodurch wir zum Glück vor weiteren Fragen der Jungen verschont bleiben. Wir laden unsere Ausrüstung ein und werden ein paar Stunden später an einer Lagune abgesetzt, in der die Ebbe eine weite Wattfläche mit Mangroven freigegeben hat. Da wir einen Schatz gigantischer Austernmuscheln entdecken, rutschen Lisa und ich durch das glitschige, ölige Watt auf die Stelle zu, wo sich die Austern an junge Mangrovenstämme klammern. Ich breche eine davon mit meinem Schweizer Taschenmesser auf und reiche sie Lisa. Wir lösen ein halbes Dutzend Austern aus der Schale, jede von der Größe und Konsistenz eines ungekochten Eidotters, und schlürfen sie mit Genuss.

Unsere Hände bluten von den scharfen Muschelkanten, als wir durch das Watt zur Straße zurückstapfen. Unsere Sandalen und

Beine sind schlammverschmiert, sodass es aussieht, als hätten wir Gummistiefel an. Weil der Schlamm in der tropischen Hitze trocknet, bekommt er Risse, während wir auf eine zwischen den Bäumen verborgene Hütte für Rucksacktouristen zusteuern.

Phil, der Besitzer, stammt aus Australien. Er führt uns in seiner Hütte herum, die wie ein Baumhaus erbaut ist. Sie könnte geradezu als Abbildung in *Pu, der Bär* dienen.

Ich frage ihn: »Wie gefällt Ihnen das Leben in Neuseeland?«

Er gerät ins Schwärmen: »Hier ist alles so unberührt, und die Maori sind ein wunderbares Volk. Es gibt so vieles, was wir Pakeha von den Maori lernen können.«

»Zum Beispiel?«, frage ich, während er uns stolz seine Bibliothek voller Bücher über Neuseeland zeigt.

»Na ja, das *tangihanga*, ihr Respekt gegenüber den Toten. Das ist sehr ergreifend. Die Bestattungszeremonie zieht sich über drei Tage hin. Der Tote liegt in einem offenen Sarg im *marae*-Gebäude. Die Besucher begrüßen den Verstorbenen mit dem *hongi*, als Zeichen, dass es ein Leben nach dem Tod gibt. Dann werden Begrüßungen ausgetauscht, und ein Mahl aus gebratenem Schwein, Rind oder Lamm eröffnet die *whakanoa*-Feier, die Befreiung des Geistes. Nacheinander ergreifen sie einen heiligen Stock und halten eine Ansprache. Am Ende übernachten alle in dem *marae*. Die Familie muss für gar nichts aufkommen: Sämtliche Kosten werden von Freunden übernommen, die von weither anreisen, um an der Bestattung teilzunehmen und dem Verstorbenen die letzte Ehre zu erweisen. Bis die drei Tage vorüber sind, haben die Leute Zeit gehabt, sich mit dem Tod abzufinden. Am dritten Tag klingen viele der Ansprachen schon wesentlich humorvoller.« Er macht eine Pause. »Das Problem ist, dass sie sich, solange sie noch am Leben sind, nicht mit so viel Respekt begegnen. Die körperliche und psychische Misshandlung von Frauen und Kindern ist schrecklich. Ich habe zehn Jahre als freiwilliger Sanitäter gearbeitet, dann habe ich es frustriert aufgegeben. Ihr könnt euch gar nicht vorstellen, wie viel Gewalt es hier gibt. Und das zweite große Problem sind die internen Machtkämpfe. Habt ihr schon einmal von dem Angeber-Syndrom gehört? Das beschreibt den Maori, wenn einer von ihnen Erfolg hat.«

Lisa beschließt, in ihrem Zelt auf einer Weide zu übernachten, um meinen knochigen Knien oder möglicher aphrodisierender Wirkungen der Austern zu entfliehen, behauptet allerdings, dass es ihr darum gehe, Geld zu sparen. Ich entscheide mich für ein komfortableres Bett, und Phil führt mich in ein blitzblankes Zimmer mit Ausblick auf den Hafen.

Er redet weiter, während er auf die Sehenswürdigkeiten hinweist. »Hier lebte ein junger Maori, der ein Unternehmen aufgebaut hatte, europäische Touristen in Kajaks durch den Hafen, zu den Mangroven und den alten Maori-Stätten zu fahren.« Phil zeigt jeweils in die Richtung. »Er hat alles richtig gemacht, hat sich mit den Maori-Ältesten abgesprochen, die Zustimmung des DOC eingeholt. Er hatte sich gründlich informiert und wusste wirklich Bescheid. Den Touristen hat es sehr gefallen, und er hatte Erfolg. Dann hat das grünäugige Monster des Neids seinen hässlichen Kopf erhoben. Die hiesigen *marae* ließen ihn wissen, dass sie einen Teil seines Gewinns beanspruchten. Er weigerte sich zu zahlen. Sie sagten ihm, dass er nicht aus ihrer Gegend stamme, dass er ein Maori von East Cape sei, einem anderen Stamm angehöre und sie seine Geschäfte unterbinden wollten. Er antwortete, dass er immerhin Maori sei. Sie haben sein Unternehmen dennoch gestoppt.

Im darauf folgenden Jahr kamen ein paar hoch bezahlte Berater, die auf den Gehaltslisten der Regierung stehen, von Auckland, um die Gegend zu begutachten und die arbeitslosen Maori über Arbeitsmöglichkeiten zu beraten. Sie führten ihre Erkundungen durch, dann trafen sie sich mit den Leuten und erläuterten ihnen, dass die

Gegend ideal für Ökotouren sei. Zum Beispiel für Kajakfahrten zu den alten Maori-Stätten. In der Halle herrschte verlegenes Schweigen. Der Maori von East Cape saß nämlich unter den Zuhörern.« Phil schüttelt den Kopf, als er daran zurückdenkt. Er stellt die rhetorische Frage: »Wie soll man nur mit so einer Eifersucht umgehen?«

Mit einer ausladenden Handbewegung deutet er auf eine andere Stelle. »Jetzt bietet ein Weißer mehr oder weniger die gleichen Touren mit großem Erfolg an, aber er fährt nicht in die Maori-Gebiete, und er bezahlt ihnen nichts. Das ist es, was ich meine. Da kämpft sich ein Maori aus dem Morast von 80 Prozent Arbeitslosigkeit, und die anderen sitzen da und warten nur darauf, ihn wieder auf ihre Ebene herunterzuziehen. Ein Jammer, aber so ist es. Wenn die Maori es nur endlich schafften, sich zu organisieren, dann könnten sie ein *pa* aufbauen, Führungen für Touristen anbieten, die hier in die Gegend kommen, vor allem für Europäer, die offenbar am meisten Interesse an der Maori-Kultur haben. Aber allem Anschein nach gelingt es ihnen nicht, aus ihrer Apathie auszubrechen, deshalb sitzen sie da, kassieren die Arbeitslosenunterstützung, verlieren jedes Selbstwertgefühl, saufen und misshandeln sich gegenseitig.«

Er zeigt mir das Haus. »Verstehen Sie mich nicht falsch. Ich liebe die Maori. Ich verbringe viel Zeit mit ihnen. Es ist nur jammerschade zuzusehen, dass so viele Möglichkeiten ungenutzt bleiben, nur weil sie ständig untereinander streiten. Es ist so frustrierend, das mitanzuschauen. Touristen, die Interesse an der Geschichte und Kultur Neuseelands haben, haben wir nichts zu bieten, und deshalb locken wir nur solche Besucher an, denen all das egal ist.« Wir steigen die Stufen des Baumhauses hinunter zum Hauptgebäude.

»Manchmal sehe ich die jungen Besucher in den Rucksacktouristenbussen. Sie kommen mit der Fähre durch den Hafen, wo man einen schönen Blick auf die Hügel, die Kirche und die historischen

Gebäude hat. Man kann sich leicht vorstellen, wie es vor 100 Jahren war, als hier 30 Schoner vor Anker lagen und darauf warteten, mit Kauri-Harz oder Kauri-Holz beladen zu werden. Und heute sieht man all die jungen Leute in den Bussen, wie sie Karten spielen oder ihren Rausch ausschlafen, an dem, was um sie herum vorgeht, haben sie keinen Funken Interesse. Wenn es uns nicht gelingt, die für Ökologie und Kultur empfänglichere Reisenden anzusprechen, haben wir es schließlich nur noch mit Touristen zu tun, die zum Saufen, Bungeespringen und Jetbootfahren hierher kommen. Aber das ist nichts Spezifisches, und unsere Chance wäre vertan, eine Touristikindustrie aufzubauen, welche die Kiwis ermuntert, sich mit ihren eigenen Traditionen auseinanderzusetzen.«

Morgen werden Lisa und ich weiterziehen zum Cape Reinga, wo Te Moana-a-Rehua, das männliche Meer der Maori, das kältere und rauere Tasmanische Meer, auf das weibliche Meer, Te Tai-o-Whitirea, den Pazifischen Ozean, trifft. Ich sitze in Phils Bibliothek und lese in einem Buch über das Northland. Die Maori bezeichnen Cape Reinga als Te Rerenger Wairua, den Ort, von dem aus die Seelen sich auf die Reise begeben. Genau hier, glaubten die Maori, verlassen die Toten die Insel, um zu ihren Ahnen auf die halbmythische Insel Hawaiki zu gelangen. Die Bücher in der Bibliothek wecken mein Interesse, zu der Landspitze zu wandern, an der meine Reise zu Ende geht. Ich werde ganz sentimental, wenn ich an meine Abreise denke. Obwohl ich nun vier Monate unterwegs bin und fast jede Nacht in einem anderen Bett geschlafen habe, bin ich weder müde, noch habe ich es irgendwie satt. Ich finde immer mehr Geschmack an Neuseeland.

In Windeseile sind wir nach Kaitaia getrampt, unserem Stützpunkt am Ninety Mile Beach. Während wir die Straße entlangsausen, halten wir vergeblich nach dem Briten Ausschau, der sich unermüdlich nach Norden kämpft. Lisa und ich kaufen im Supermarkt ein paar Lebensmittel und gehen mit unseren Vorräten beladen zur Unterkunft für Rucksacktouristen. Am Nachmittag ziehen wir in der Lounge die Vorhänge zu und schauen uns *Once Were Warriors* auf Video an.

Abends schlägt Lisa vor: »Wollen wir in eins der hiesigen Maori-Pubs gehen und selbst herausfinden, wie es da ist?«

Wir machen uns zu einem Pub in Kaitaia auf, in dem die meisten Gäste Maori sind. Zwei Männer versuchen sich an einem Stehtisch im Armdrücken. Der eine hat einen Schädel als Tattoo auf seinem Nacken, sein Gegner hat sich »Maori« auf die Stirn tätowieren lassen. Mit ihren aufgepumpten Muskeln à la Popeye sehen sie eindrucksvoll aus. Doch alle begrüßen uns herzlich und lächeln uns freundlich an.

Die brutalen Bilder des Films, den wir gerade gesehen haben, scheinen auf diese netten Leute kaum übertragbar zu sein. Mehrere Maori-Frauen gesellen sich an den Tisch der Armdrücker. Während die Männer durch den jahrelangen Bierkonsum aufgedunsen sind, wirken viele Frauen ausgemergelt und ausgezehrt und erscheinen dadurch älter, als sie in Wahrheit sind. Eine hat eine wüst gebrochene Nase. Bei mir regen sich Schuldgefühle, als mir klar wird, dass Lisa mit ihrem geschwollenen, dunkel unterlaufenen Auge und dem zerschnittenen Gesicht hier gut hereinpasst. Sie lächelt den Leuten ringsum zu, und ein Mann kommt herüber und baggert sie an.

Ein Schrank von einem Mann Ende 50 betritt das Lokal und stellt sich neben mich. »Ich kenne die dort nicht«, sagt er und deutet auf die übrigen Maori in der Bar, von denen die meisten wohl betrunken sind. »Aber wenn sie mir sagen, sie sind arbeitslos, habe ich kein Mitleid mit ihnen. Wer zwei Arme und zwei Beine hat«, er streckt die Hände aus, denen man die harte Arbeit ansieht, »und einen Kopf auf den Schultern, der soll mich mit dem Scheißgerede, dass die ganze Welt gegen ihn ist, in Frieden lassen. Jeder hat irgendwelche Hindernisse vor sich auf seinem Weg. Du überwindest sie«, er gestikuliert heftig, »oder weichst ihnen aus, aber du sitzt nicht mit der Arbeitslosenunterstützung da und ergehst dich in Selbstmitleid ...« Er lässt den Satz wirken, dann fährt er fort: »Es heißt, 90 Prozent der Leute im Gefängnis sind Maori. Außerdem heißt es mit Blick auf die Landrechte, dass es in Neuseeland heute gar keine reinrassigen Maori mehr gibt. Na, ich kann denen sagen, wie man diese Statistiken mit einem Federstrich ändert.«

»Wie denn?«, frage ich ihn. Auf der einen Seite werde ich von seinen Schultern überragt, die so breit wie ein Bügelbrett sind, auf der anderen von dem riesigen Maori, der Lisa anbaggert.

»Die Pakeha behaupten, es gibt keine reinrassigen Maori mehr. Wieso geben sie dann nicht zu, dass die meisten Strafgefangenen zur Hälfte Engländer, viele zur Hälfte Schotten oder Iren oder Dalmatier sind, statt immer wieder zu verbreiten, dass die Gefängnisse überquellen mit verdammten Maori?«

Ninety Mile Beach – Cape Maria van Diemen – Cape Reinga

Während wir am Straßenrand stehen und darauf warten, dass uns jemand zum Ninety Mile Beach mitnimmt, lesen wir eine DOC-Broschüre, die Lisa gekauft hat.

An der gesamten Nordspitze der Nordinsel spielt die Maori-Tradition eine große Rolle. Sie ist die spirituell bedeutsamste Region des Landes, denn alle Maori-Geister kommen nach dem Tod zum Pohutukawa-Baum an der Landzunge von Cape Reinga und tauchen in die Unterwelt (Reinga) ein, indem sie an einer Wurzel hinab in das darunter liegende Meer gleiten. Auf Ohaua, dem höchsten

Punkt der Three Kings Island, steigen sie wieder aus dem Wasser und nehmen endgültig Abschied, bevor sie in das Land ihrer Vorfahren zurückkehren.

Drei Maori-Holzfäller nehmen uns in ihrem Lastwagen mit. Sie sind erschöpft und reden kein Wort. Selbst der Fahrer scheint eingeschlafen zu sein, denn er hat die Augen nur einen winzigen Spalt geöffnet. Sie setzen uns bei einer Tankstelle ab, wo wir von einer Amerikanerin mitgenommen werden. Während der 45 Minuten, die wir mit ihr zusammen sind, erzählt sie in ununterbrochener Folge auch noch die kleinsten Details aus ihrem Leben. Ich höre ihren autobiografischen Auslassungen gar nicht richtig zu, sondern halte nach dem britischen Kneipenbesitzer Ausschau. Ich glaube, am Ende schlage ich ihn doch noch, auch wenn wir beide von der Südspitze der Südinsel vier Monate gebraucht haben, um hier anzukommen.

Als wir beim Te-Paki-Fluss abgesetzt werden, ist schon mehr als die Hälfte der Strecke zum Ninety Mile Beach geschafft. Lisa meint: »Auf der Fahrt haben wir kein einziges Wort gesagt, bis auf unser Dankeschön am Schluss. Sie hat keine Ahnung, woher wir kommen und wer wir sind. Wir dagegen könnten eine Kurzbiographie über sie verfassen. Wir kennen die Namen ihrer Kinder, ihres Ehemanns, warum sie sechs Monate Urlaub von der Familie genommen hat und durch Neuseeland gewandert ist, in welchem Beruf sie arbeitet und warum sie ihre Stelle gekündigt hat.«

»Sie braucht einfach ein bisschen Zeit und Freiraum und jemanden, der ihr zuhört. Sie bringt das schon alles wieder in Ordnung, und bald geht es ihr bestimmt wieder gut.«

Es nieselt, und der Regen ist fast wie dichter Nebel, der sich über das grelle Licht und die Hitze der Sonne legt. An einem klaren Tag wandert man vermutlich bei unerträglich hohen Temperaturen über die Dünenberge. Der Sand ist ein wenig feucht, was ihn fester macht, sodass es leichter ist hinaufzusteigen. Die Feuchtigkeit verstärkt die Farbe der dunkleren Sandkörner, wodurch die Dünen wie schön gemasertes Holz von Mustern durchzogen sind. Von der Spitze einer Düne können wir durch den Nebel und über die Sandhügel kaum das verschwommene graue Meer dahinter erspähen. Südöstlich des Te-aki-Flusses schlängelt sich, sogar aus großer Entfernung sichtbar, eine Linie grüner Vegetation, die als Barriere gegen das Vordringen der Dünen ins Landesinnere fungiert. Wir kehren dem Landesinneren den Rücken, den grünen Weiden mit vereinzelten großen Bäume, die einen eigenartigen Kontrast zu den kargen, bis zu 150 Meter hohen Küstendünen bilden. Oben auf einer Düne warte ich auf Lisa. Wie eine Figur in einem Filmklassiker taucht sie aus dem Nebel und der Trostlosigkeit auf.

Als Lisa mich gefragt hatte, ob ich mich ihr auf dem Weg zum Ninety Mile Beach hinauf anschließen wolle, war ich mir unsicher gewesen. Bei genauerer Überlegung sprach vieles dafür, die letzte Tour mit einem anderen Wanderer zusammen zu unternehmen. Die ganzen Monate bin ich aber allein gewandert und habe am Abend andere Wanderer getroffen. Daher erscheint es nun angebracht, dass ich meine Odyssee auf die gleiche Weise zu Ende bringe.

»Wir sind uns also einig, in Sichtweite zum andern zu bleiben, bis wir eine Mittagsrast einlegen und dann das Zelt aufschlagen?«, frage ich. Ich mache mir Sorgen, sie könnte sich an ihr geschwollenes Auge erinnern und mich einfach den Elementen, meiner Fantasie und den Opossums überlassen. Sie hat zwar das Zelt, aber ich habe die Kochausrüstung und einen Großteil der Lebensmittel.

»Ja«, antwortet sie. »Ich möchte vorausgehen. Sollen wir geradewegs auf den Ozean zusteuern?«

»Sobald wir zum Ninety Mile Beach kommen, wandern wir an der Küste entlang nach Norden. Das dürfte nicht so schwierig sein.« Ich blicke mich um. Die vagen Formen der Dünen wirken wie Traumbilder, sie tragen zur Atmosphäre bei und verstärken meine nostalgischen Gefühle. Nach vier Monaten der Wanderung durch Neuseeland bin ich mit meiner Reise nun fast am Ende. »Am besten, wir lassen uns Zeit, damit wir es genießen können. Wir können anhalten, wann und wo wir wollen. Wir haben ja alles dabei, was wir brauchen.«

Sie stimmt mir zu, geht den Dünenhang hinunter und in den Nebel hinein, und ich folge ihr langsam. Die Wüstenlandschaft ist ohne Besonderheiten mit Ausnahme der Dünenkämme, hinter denen Lisa verschwindet. Der wogende Nebel und der Nieselregen vermitteln ein Gefühl des Übergangs, des Wechsels in eine andere Welt. Im Sand gibt es kein Leben, und das Meer verströmt einen Geruch, den ich als jenen des Todes interpretiere: eine Art Modergeruch. Man kann sich leicht vorstellen, warum die Maori auf den Gedanken kamen, dass ihre Seelen diese trostlose Küste hinaufwandern, bevor sie in ein Leben nach dem Tod übergehen.

Ich verliere Lisa aus den Augen und kann ihre Fußspuren im feuchten Sand nirgends finden. Es liegt nicht etwa daran, dass es schwierig wäre, ihrer Spur zu folgen. Die Ursache ist vielmehr, dass ich mich nicht konzentriert habe, weil ich so in meiner eigenen Gedankenwelt versunken war. Das Gefühl der Einsamkeit ist urplötzlich dahin, als ich auf die letzte kleine Düne steige, von der man den Ninety Mile Beach überblickt. Lisa steht am Strand und blickt mir mit offenem Mund und vor Erstaunen aufgerissenen Augen entgegen. Überall am flachen Strand parken hunderte von Pick-ups. Fischer stehen zu Tausenden weit draußen in der Brandung und werfen lange Angelschnüre in die Ozeanwellen aus. Lisa lacht, als sie meinen ungläubigen Gesichtsausdruck sieht. Wir hatten gedacht, uns erwarte hier ein besonderes Erlebnis der Einsamkeit, der Wildnis und Spiritualität, doch in Wahrheit sind wir in einem Sandkasten angekommen, umgeben von Massen glücklicher Kiwi-Angler.

Ich rutsche von der Düne auf den Ninety Mile Beach. Ein Fischer tritt unter einer Plane hervor, die er hinten an seinen Pick-up gespannt hat, und starrt mich an. Die Heckklappe ist heruntergelassen, und auf der Ladefläche steht ein Gaskocher mit mehreren Kochplatten, die von einem großen Gasbehälter befeuert werden. Vor Fett triefendes Essen kocht laut brutzelnd auf den Platten.

In seiner Pfanne braten Eier, die wie kleine Flöße auf einem Meer von Fett schwimmen, daneben verkohlte Speckscheiben, die sich wie verzweifelte Überlebende an den Pfannenrand klammern. »Steak, Eier und Schinken. Wollt ihr etwas?«, fragt er mit einem prüfenden Blick auf unsere schmalen Rucksäcke.

»Nein, danke. Warum sind hier so viele Fischer? Das müssen ja tausende sein!«

»Schnappbarsch-Angelwettkampf«, antwortet er und wendet die Eier. Trotz des regnerischen Wetters hat er Farbe im Gesicht, es ist sogar gerötet. Die Vorderseite des Pick-ups zeigt zum Meer und bietet so Schutz vor dem starken Wind. Hinter dem Fahrzeug hat er eine Grube ausgehoben, sodass er die Heckklappe als Tisch nutzen kann. Es ist fast ein mobiles »bach«.

»Campt ihr hier?«, frage ich.

»Nein, wir angeln jeden Tag an anderen Abschnitten.«

»Sieht nach einer Menge Arbeit aus, das alles nur für einen Tag aufzubauen«, sagt Lisa.

»Ja, aber im Meer ist es kalt, deshalb lohnt es sich«, erklärt er. Einer der Angler kommt durch die Brandung gewatet und zieht an den Trägern seines Tauchanzugs. Er mustert uns mit unseren Rucksäcken und Wanderstiefeln, als wären wir Außerirdische. Er zieht das Oberteil seines Anzugs aus und schlüpft in ein T-Shirt, das die Aufschrift »Bin Profi-Grapscher« auf dem Rücken trägt.

Wir wollen vorankommen und schlängeln uns zwischen den Fahrzeugen hindurch. Ein beachtlicher Rochen und ein kleiner Hai sind entweder auf dem Sand gestrandet oder, was wahrscheinlicher ist, dort unsanft hingeworfen worden. Wir gehen bis zum Ende des offiziellen Angelgeländes, das von einem Landrover markiert wird. An seiner Antenne flattert eine Flagge mit Bierwerbung.

»Ist das hier das Ende des Angelabschnitts?«, frage ich einen langhaarigen Maori, der auf der Motorhaube des Fahrzeugs Köder schneidet.

»Yeah«, antwortet er und macht sich nicht einmal die Mühe aufzublicken.

»Hat den Anschein, als seien viele Angler sehr weit draußen«, meint Lisa.

Er schaut auf und zu den Wellen hinaus, von denen manche Fischer, die ihre Angelschnüre in die Brandung auswerfen, fast verschlungen werden. »Yeah, musste gestern gleich fünf von denen retten. Die sind von der Kabbelung hinausgezogen worden.«

»Und wie haben Sie die gerettet?«

»Rettungsteams fahren mit ihren Booten die Küste auf und ab. Wenn jemand hinausgespült wird, funken wir sie an, und sie kommen und holen ihn.«

»Muss gefährlich sein«, meint Lisa.

»Yeah.«

»Das Ganze nur für einen Schnappbarsch von der Größe eines Schuhs«, sagt sie, eine Bemerkung, die mehr für sie selbst als für jemand anderen gedacht war.

»Da ist auch schon mal ein größerer darunter«, sagt der Maori.

Wir laufen bis zum Ende des Strandes, zum Scott Point, einer felsigen Halbinsel. Es ist Ebbe, wodurch an der vorspringenden Felsküste ein Muschelteppich freiliegt, so dick, dass man den Fels darunter gar nicht mehr sieht.

»Komm, wir bereiten uns das Mittagessen«, schlage ich vor. »Eins von den Nudelgerichten mit den auf der Packung abgebildeten Meeresfrüchten. Wir können die Muscheln kochen und sie unter die Nudeln mischen.«

Wir klettern über die felsige Landzunge, um uns die größten und dicksten Muscheln zu holen. Nach wenigen Minuten haben wir mehr als genug in unsere zwei Töpfe gesammelt. Wir füllen diese mit Wasser auf und suchen uns eine Höhle, die Schutz vor dem starken auflandigen Wind bietet. Sie ist etwa 20 Meter tief und zehn Meter hoch.

»Ich hoffe, dass dies keine der Höhlen ist, in denen die Maori ihre Toten gelassen haben«, überlegt Lisa sorgenvoll. »Sieht ganz danach aus.« Wir schauen uns in dem natürlichen Hohlraum um, aber die einzigen Lebewesen sind Krabben und riesige Spinnen in silbernen Netzen, die von der Decke hängen. Es riecht nach Tod, der gleiche Geruch, den das Meer verströmt.

Lisa sagt: »Es ist unheimlich, komm, wir gehen raus. Mir gefällt es hier nicht. Ich glaube, in der Höhle leben Geister.«

Wir sind beruhigt, als wir wieder ins Freie gelangen, und befestigen die Gaskartuschen an unseren beiden Kochern, um das Wasser für die Nudeln und Muscheln zu erhitzen. In dem siedenden Wasser öffnen sich die Muscheln und geben das saftige aprikosenfarbene Fleisch frei. Wir nehmen es aus den Schalen und mischen es zusammen mit der Würzmischung in Pulverform unter die Nudeln. Mit einem Kilo frischer Muscheln vermengt, schmecken die Nudeln erstmals tatsächlich nach Meeresfrüchten.

Wir spülen unsere Töpfe, schrubben sie mit Sand, packen wieder zusammen und steigen die felsige Halbinsel hinauf. Sie ist halb verdeckt von Wanderdünen, und wir folgen einem Weg durch den Manuka-Busch. Schon bald hängt Lisa mich ab. Oben auf der Erhebung werfe ich einen Blick zurück zum langen, hellen Abschnitt des Ninety Mile Beach, der beinahe in dem Nebel, dem leichten Nieselregen und dem vom Wind aufgepeitschten Meeresgischt verschwindet. Obwohl der Tag so grau ist, ist der Ozean türkisfarben, in Küstennähe gepunktet. Das sind die Angler in ihren Taucheranzügen, die so weit draußen in der Brandung stehen, wie sie es nur wagen. Ich gehe weiter in Richtung Norden, wähle willkürlich einen der Pfade und komme schließlich an dessen Ende direkt über einem Kliff an, unter dem der Ozean brandet. Da ich mich nicht wie ein Lemming von der Klippe stürzen möchte, trete ich ein paar Schritte zurück.

In der Ferne erkenne ich Lisa, die wieder zurückkommt, um mich zu holen. Als sie mich erblickt, bleibt sie stehen und wartet kurz, dann dreht sie sich um und setzt ihren Weg fort. Dieses Mal konzentriere ich mich, bin fest entschlossen, so zu wandern, dass ich sie bei jeder Weggabelung vor mir sehe.

Von den Felsen führt der Pfad zum Twilight Beach hinunter. Weit vor mir erblicke ich Lisas einsame Gestalt. Ihre Fußspuren verschwinden sogleich, wenn die heranrollenden Wellen fächerförmig über den Strand schwappen. Ihre Gestalt verschwimmt in der sandigen Nässe wie Tinte auf einem Löschblatt. Der Wind weht stark und äfft das Flüstern der Maori-Geister nach, die uns vorantreiben, dem Ende unserer Reise entgegen. Schwarze Austernfischer stolzieren mit der Autorität kleiner Bestattungsunternehmer über den Strand. Unaufhörlich brandet Wellenreihe um Wellenreihe heran, während sich die Ozeanwogen heben und dann als schäumende Blasen zusammenstürzen. Die Umgebung und das gedämpfte Licht verleihen diesem schönen Land eine melancholische Atmosphäre.

Lisa wartet am Ende des Strandes auf mich, dann steigen wir einen Sandhügel hinauf in eine weitere Dünenwüste. Oben angekommen, blicken wir auf die Halbinsel Cape Maria van Diemen, die sich im Westen in das Tasmanische Meer erstreckt. Im Nordosten, beim Cape Reinga, trifft der Pazifik auf das Tasmanische Meer, erkennbar an gewaltigen Strudeln. Das Wasser tost, riesige Schaumberge steigen aus der Tiefe auf und imitieren in flüssiger Form die Falten der Sanddünen. Übernatürliche Kräfte scheinen diese wogenden Gewässer anzuheben, und auch hier ist es nachvollziehbar, warum die Maori meinten, die Geister der Toten würden Aotearoa am Cape Reinga verlassen und durch die Wurzeln des Geisterbaumes in den Ozean hinabgleiten. Ich will Lisa, die mir ein paar Schritte voraus ist, auf die tosenden Wellen aufmerksam machen. Ich brülle ihr »Lisa, Lisa!« zu, aber der Wind wirft meine Schreie auf mich zurück.

Sie wartet auf mich, und gemeinsam überqueren wir die schmale Sandbank, die Cape Maria van Diemen mit dem Festland verbindet, dann bauen wir unser Zelt auf der Halbinsel im Windschatten eines grasbewachsenen Hügels auf. Die kurzen Heringe halten im lockeren Sand nicht, deshalb sammle ich trockene Stöcke, um die Ecken des Zeltes zu befestigen. Das Licht des Himmels mit der getupften untergehenden Sonne wird von den Dünen aufgesogen, und sie erstrahlen sie in Pastelltönen.

Wir laufen zum Strand hinunter. Es ist Flut, und die Wellen sind gefährlich hoch. Steile Wasserwände brechen in hässlichen Bögen zusammen. Das Blau der heranrollenden Wogen verwandelt sich in ein schmutziges Beige, wenn die Wellen heranstürzen und die Kabbelung heftig über das sandige Ufer zurückfließt. Ich ziehe mich aus und stürze mich in die sich zurückziehende Brandung, aber sogleich höre ich Lisa schreien: »Bitte, geh bloß nicht schwimmen!«

Obwohl ich nur bis zu den Knien im Wasser stehe, spüre ich den Sog, der mich hinauszieht, als würden kräftige Hände meine Knöchel umklammern. Der Sand verschwindet mit der sich zurückziehenden Welle unter meinen Füßen. Der nächste Brecher droht mich fortzureißen, und ich renne wie ein Kind vor der Gefahr davon. Es wird zu einem Spiel, der zurückweichenden Welle zu folgen, mich ins abfließende Wasser zu hocken und nass spritzen zu lassen, dann aber schnell zum Strand zurückzurennen, bevor mich die nächste Riesenwoge einholt. Schließlich macht Lisa mit, und wir spielen mit den Tentakeln des Ozeans Fangen.

Erschöpft und allmählich fröstelnd laufen wir den Strand hinauf zum Zelt. Unterwegs finden wir eine Holzkiste und eine schwere, ramponierte Planke. Wir schleppen das erbeutete Feuerholz mit uns hinauf. Während Lisa das Essen zubereitet, suche ich ein paar Steine, um die Planke darauf zu legen und so eine Bank zu bauen. Dann breche ich die kleine Kiste auseinander und entzünde damit ein Feuer. Es ist so windig, dass wir uns aneinander schmiegen auf unserer Bank. Sie steht auf der dem Wind zugewandten Seite des Feuers, damit es nicht ausgeblasen wird. Obwohl der Wind stürmt, der die Stechmücken und Sandfliegen in Schach hält, ist der Abend nicht kalt.

Unsere leeren Mägen füllen wir mit heißen Nudeln vermischt mit Tunfisch aus der Dose. Endlich gesättigt, sitzen wir schweigend da, fasziniert von Flammen und Glut. Das Feuer prasselt laut. Der dunkle Himmel über uns ist mit unzähligen Sternen übersät. Keiner von uns sagt ein Wort. Es ist unsere letzte Nacht, die wir im Freien kampieren, bevor wir in Richtung Auckland aufbrechen, um unsere jeweiligen Flüge in die Heimat zu erreichen.

»Bist du traurig, Neuseeland zu verlassen?«, frage ich schließlich und breche die angenehme Stille.

»Ja. Ich könnte mir ohne weiteres vorstellen, immer hier zu leben.«

Ich nutze einen Stock, um die letzten brennenden Holzstücke zu einem Haufen zusammenzuschieben, damit sie weiterlodern.

»Und du?«, fragt sie.

Ich lasse mir mit meiner Antwort Zeit. Es ist nicht leicht, meine Gedanken, die sich im Laufe dieser Monate auf meinen Wanderungen durch den Regenwald Neuseelands herauskristallisiert haben, in Worte zu fassen. Ich konzentriere mich auf die wenigen brennenden Holzreste, die durch einen Windstoß vom Ozean her hell auflodern. »Ich mag dieses Land und seine Leute. Ich habe aber auch Bindungen an eine andere Welt, zwar nicht viele, doch es wäre schwierig, sie aufzugeben, wenn ich so weit wegziehen würde. Es wäre möglich. Diese Reise hat mir vor allem Zeit zum Nachdenken gegeben, ein Luxus, den nur wenige Leute aus dem Westen haben.« Lisa nickt einmal, gerade genug, um mich zum Weiterreden zu ermuntern. »Wir sind so sehr damit beschäftigt, Geld zu verdienen, uns ein angenehmes Leben zu ermöglichen, dass wir gar keine Zeit mehr haben, einfach zu leben.«

Ein Stück Holz flammt kurz auf, dann verwandelt es sich in einen Brocken schwarzer Kohle. Ich untersuche das Innere des Kohlestücks, in dem die letzten Flammen noch immer purpurrot züngeln. Eine ganze Weile rühren wir uns nicht, sitzen noch immer aneinander gekauert da und schützen unsere Feuerstelle vor dem Wind, bis der letzte Rest der orangefarbenen Wärme des Feuers verglommen ist. Als die Flammen verlöschen, breitet sich ein überwältigendes Gefühl der Einsamkeit aus. Fast 360 Grad um uns herum erstreckt sich der schwarze Ozean. Nur durch ein schmales Stück Sand sind wir mit der Nordinsel verbunden. Wir sind wahrlich weit, weit vom Rest der Welt entfernt.

Nur widerwillig vergraben wir das schwarz verkohlte Holz im Sand, dann kriechen wir in das winzige Zelt. Wir liegen auf unseren Schlafsäcken, die Köpfe zum offenen Eingang hin, und starren auf die Dünen und den mondlosen tiefschwarzen, aber von Sternen übersäten Himmel. Ich erkenne das Kreuz des Südens und den Oriongürtel. Obwohl nur die Sterne leuchten, scheint genügend silberfarbenes Licht, um Schatten zu werfen. Die Zeltklappe ist offen, es ist nicht nötig, das Moskitonetz zuzuziehen.

Dies ist unsere letzte Nacht auf den Tracks Neuseelands. Morgen werden wir nach Cape Reinga aufbrechen.

Mitten in der Nacht wache ich auf. Wir beide schlafen auf der Seite, dem anderen zugewandt. In dem Zelt ist so wenig Platz, dass wir uns mit der Stirn berühren und Lisas Hand auf meinem Arm liegt. Es fühlt sich gut an. Ohne mich zu bewegen, schlafe ich wieder ein.

Das Zischen der Gaskartusche weckt mich. Lisa ist schon auf und kocht Wasser für den Tee. Ich habe so tief geschlafen, dass ich nicht gemerkt habe, wie sie aus dem Zelt gekrochen ist. Die Sonne ist noch nicht aufgegangen, und die Farben der Morgendämmerung sind gedämpft.

Wir brechen das Zelt ab. »Ist alles klar?«, frage ich, als wir uns die Rucksäcke aufladen.

»Ich bin traurig«, antwortet sie.

Ich schaue mich um, um mich zu vergewissern, dass wir nichts vergessen haben. »Weil du diesen Ort verlassen musst?«

»Überhaupt«, sagt sie und blickt auf die Strudel, dort, wo die beiden Meere aufeinander treffen. Sie redet leise, fast als sei sie in Trance. »In der Nacht bin ich aufgewacht. Wir lagen so nahe aneinander. Es fühlte sich nicht schlecht an.«

Ich kann ihre Augen nicht sehen, kann nicht lesen, was sie zwischen den Worten sagt. Ich blicke über den menschenleeren Strand, spüre den Wind, der vom Ozean heraufweht.

Wir gehen nebeneinander her, überqueren den schmalen Sandstreifen von Cape Maria van Diemen auf einem Weg, der eine Düne hinaufführt, die den Strand von dem letzten offenen Stück vor dem Kap trennt. Wir folgen derselben Route, welche die Maori-Seelen auf ihrem Weg nach Cape Reinga nehmen. Von einem Sandhügel können wir eine lange Linie geschwungener Dünen sehen, dann eine leuchtend grüne, saftige Weide und dahinter dunkle, bewaldete Hügel. Es ist eine seltsame Landschaft, dieser Gegensatz von Leben und Tod, von üppig Gedeihendem und Unfruchtbarem.

Wir kommen wieder zu einem Strand, dem letzten Stück sandiger Küstenlinie vor dem felsigen Cape Reinga. Im Gegensatz zu dem trübsinnigen Wetter von gestern ist es heute schön. Die schäumenden Wellenkronen fangen das helle Licht ein.

»Lisa?«

»Ja.«

»Sollen wir zusammen nach Auckland hinuntertrampen?«

Im Gehen legt sie mir die Hand auf die Schulter.

Die Morgensonne taucht hinter einer weißen bauschigen Wolke auf, ihr Licht fällt auf die sich am Strand brechenden Wellen. Die Brandung überschlägt sich rhythmisch. Der Tag bricht mit lodernden Farben an. Als wir auf das Ende des Strands zusteuern, erblicken wir einen merkwürdig aussehenden Typen in Gummistiefeln, der am Rand des Wassers entlangläuft und sich hin und wieder bückt, um etwas aufzuheben. Er ist so beschäftigt, dass er uns nicht bemerkt. Als wir näher kommen, sehe ich, dass er einen traditionell geschnitzten Maori-Spazierstock bei sich hat und einen Lederhut mit breiter Krempe trägt. Auf dem Rücken hat er etwas, was wie ein selbst gemachter Rucksack aus Flachs aussieht.

»Wonach suchen Sie?«, frage ich ihn zur Begrüßung und schrecke ihn damit auf.

»Nach Opfergaben«, antwortet der Maori. Seine langen schwarzen Haare sind zu einem Pferdeschwanz zusammengebunden.

»Opfergaben?«, fragt Lisa nach.

»Yeah. Geschenke.« Er schmunzelt.

»Was für Geschenke?«

»Na ja, Paua-Muscheln, Federn, Katzenaugen, solche Sachen.«

Er streckt uns einen abgenutzten, verkalkten Knopf hin. Lisa betrachtet das kleine weiße Objekt. »Was ist das?«

»Ein Katzenauge. Aus einer Muschel. Das ist wie ein Deckel. Wenn das Fleisch in der Muschel wächst, wird es von diesem Verschluss geschützt. Seht ihr?«, er hält es hoch, damit wir es anschauen können, und deutet mit seinem rissigen, schmutzigen Daumennagel auf die spiralförmigen Rillen. »Das ist der Samen des Lebens. Es erwächst in der Mitte aus dem Nichts und breitet sich kreisförmig aus, bis es hier herauskommt. Genau wie das Leben. Ist Unmengen wert, wenn man welche findet.«

»Für wen?«, will Lisa wissen.

»Für die Geister«, antwortet er und steckt es wieder in die Tasche.

»Die Geister?«

»Yeah, die Geister. Die Geister unserer toten Vorfahren.« Er blickt auf den Ozean, wo sich die Wellenberge dramatisch türmen.

»Und was machen Sie mit Ihren Geschenken?«

»Ich bringe sie zum Geisterbaum.« Er richtet den Blick auf das Kap. »Lege die Opfergabe an seine Wurzeln.«

»Der da am Ende von Cape Reinga?«

»Genau der.«

»Warum?«, fragt Lisa.

»Der Geisterbaum ist krank.« Sein Lächeln ist verschwunden.

»Woher wissen Sie das?«, frage ich.

»Ganz viele Geister können nicht entkommen«, antwortet er und zieht noch mehr Katzenaugen aus seinen prall gefüllten Taschen. Lisa beugt sich vor, um sie zu betrachten.

»Wo sind sie?«

»Warten in den Höhlen entlang der Küste.«

Sie wirft mir einen Blick zu, und ich weiß, dass sie an das Mittagessen denkt, das wir beinahe in der unheimlichen Höhle eingenommen hätten. »Sie entkommen durch die Wurzeln des Geisterbaums?«

»Yeah.« Er nickt.

»Und das können sie jetzt nicht, weil er krank ist?«, fragt sie und schaut ihn an.

»Yeah.«

»Das verstehe ich nicht.«

Ich denke an die letzten Monate zurück und stimme ihr zu. Für mich hatte es den Anschein gehabt, als wären die Regenwälder und die trostlose Küste voller Geister der Maori und anderer Bewohner der Unterwelt. Mir war nicht klar, dass sie zu entkommen versuchen, ich hatte vielmehr gedacht, sie lebten dort.

»Ich heiße Wayne, Wayne Running Boots.« Er streckt die Rechte aus, sein Händedruck ist kräftig. Er lächelt über das ganze Gesicht. In seinem Mund fehlen mehrere Zähne.

»Running Boots klingt wie der Name eines nordamerikanischen Indianers«, stelle ich fest.

»Yeah, ich habe viele nordamerikanische Indianer als Freunde. Hab sie bei einer Konferenz von Ureinwohnern kennen gelernt. Woher kommst du?«, fragt er mich.

»Aus Kanada.«

»Yeah.«

»Und woher kommst du?«, frage ich neugierig.

Er lacht, nimmt sich den verbeulten Hut vom Kopf und kratzt sich den Schädel, dann zuckt er die Achseln und setzt den Hut wieder auf. »Von nirgendwo. Ich schlafe im Freien. Wo ich schlafe, da ist mein Zuhause.« Klingt irgendwie vertraut. »Bin jetzt gerade von Bluff nach Cape Reinga gelaufen. Das habe ich schon drei-, viermal gemacht. Bin überall herumgewandert.« Auch das ist mir nichts Neues.

»Und heißt du deshalb Running Boot?«

»Yeah.« Er lacht schüchtern und hebt ein Bein, um uns die Sohle seines Gummistiefels zu zeigen. Das Profil ist völlig abgelaufen.

»Hast du einen Engländer getroffen, der von Invercarcill hierher läuft? Auch er durchwandert Neuseeland von Süd nach Nord.«

Running Boots schüttelt den Kopf. »Hab sonst niemanden gesehen.«

»Du hast die ganze Zeit im Freien übernachtet?«, fragt Lisa.

»Yeah. Bin auf der anderen Seite die Spirits Bay heraufgekommen, dann hab ich am Tapotupotu-Strand geschlafen.«

Er verabschiedet sich und steigt den steilen Weg hinauf, der vom Strand auf die Landzunge von Cape Reinga führt. Lisa und ich stellen unsere Rucksäcke im Schatten der überhängenden Felsen am Ende des Strands ab. Die Ebbe hat eingesetzt. Wir ziehen uns aus und waten ins Meer, wobei wir hin und wieder nach Wayne Running Boots schauen, der den Hang hinaufsteigt.

Hier ist keine Kabbelung, und das Strandschelf erstreckt sich weit in die lange Linie der heranrollenden Wellen. Wir wagen uns weiter hinaus und lassen uns von den Brechern in flacheres Wasser zurücktragen. Mehrmals schwimmen wir hinaus und ducken uns unter den hereinkommenden Wellen. Jedes Mal, wenn wir untertauchen, ist es, als würden wir rituell gereinigt. Wellen brechen über uns zusammen, wir tauchen unter ihnen hindurch, um in flacheres Wasser zu schwimmen, und surfen dann von neuem. Die Sonne strahlt und scheint warm, das Meer leuchtet türkisfarben. Einige Delfine reiten auf den Wellen und verschwinden dann wieder. Ihre Anwesenheit erinnert uns an all das Wunderbare in Neuseeland.

Wayne Running Boots' Fußspuren folgend, verlassen wir den Strand. An der Spitze der Halbinsel stehen mehrere Betonbauten. Einer davon ist ein winziger Laden, in dem Souvenirs, Postkarten, Eiskrem und Limonade verkauft werden. Auf dem Parkplatz stehen mehrere Reisebusse, weitere fahren gerade vor. Touristen drängeln sich im Laden, die meisten tragen ein Namensschild auf der Brust. Ich bin versucht, sie alle namentlich zu begrüßen. »He, Joe!« oder »Sayonara, Hashimoto!« Viele haben Picknickdosen bei sich, deren Inhalt sie, auf Bänken sitzend, mampfen. Andere wandern herum, machen Fotos oder kaufen Souvenirs. Ein Japaner schlendert umher und spricht laut Kommentare in seine Videokamera, die sowohl seine Stimme als auch das Bild seiner Frau aufnimmt, das er auf dem Miniaturbildschirm genau betrachtet. Sie sehen sauber und bunt aus. In unseren schmutzigen Kleidern, mit unseren schweren Rucksäcken und Wanderstiefeln sind Lisa und ich hier fehl am Platze.

Wir folgen der Touristenmenge die kurze Strecke über einen ebenen Asphaltweg zu einem kleinen Leuchtturm. Ein Wegweiser deutet in verschiedene Richtungen und gibt verschiedene Entfernungen an: Tokio, Los Angeles, Sydney, Vancouver und London. Drei Touristen stehen neben dem Wegweiser und tun für den Fotografen so, als läsen sie die Entfernungsangaben.

Ich halte nach dem englischen Kneipenwirt Ausschau, erwarte fast, ihn hier irgendwo allein sitzen zu sehen, über das nachdenkend, was immer ihn zu diesem Marsch durch ganz Neuseeland veranlasst hat. Er ist nirgends zu erblicken.

Weit draußen auf See fährt ein Kreuzfahrtschiff langsam an der Nordspitze Neuseelands vorbei, sein schlanker Rumpf hebt sich dunkel vor der Sonne ab, die sich im schimmernden Ozean spiegelt. Etwas näher stoßen die Wellen des Pazifiks und des Tasmanischen Meers zusammen. Direkt vor uns befindet sich Cape Reinga, aber die Touristen merken nichts davon. Im Gegensatz zu dem Leuchtturm, der mit einer Informationstafel versehen ist, findet sich nirgendwo ein Hinweis auf die heiligste Stätte der Maori.

Ich starre die zerklüfteten Spalten hinab und entdecke einen Pohutukawa-Baum, der sich wie durch ein Wunder auf den kahlen Felsen hält. Wellen schäumen um seine Wurzeln. Obwohl es unmöglich ist, dass hier ein Baum auf den Felsen existiert, gegen die das Meer gnadenlos brandet, hat er überlebt, nicht nur einen Tag, sondern Jahrhunderte. Dann entdecke ich zwischen dem verschlungenen Gewirr von Felsen und Wurzeln die Gestalt von Wayne Running Boots. Er ist auf die Knie gegangen und bringt dem Geisterbaum ehrfürchtig Muscheln, edern und Katzenaugen dar.

Dank

Mein Dank gilt allen Kiwis. In den vier Monaten haben sie das Trampen durch Neuseeland zu einer so wunderbaren Erfahrung für mich gemacht, dass ich bestimmt wiederkomme.

Meine Anerkennung den Freunden, die gezwungen wurden, mehrere Fassungen dieses Buches zu lesen, und die manchmal deutliche, aber hilfreiche Kommentare abgaben: Kirsten Badenduck, Valerie Beatts, Sacha Blackburne, Than Butterfield, Wenche Fosslien, Sue Holland, Kerry Mahony, Sue Mills, Elisabeth Montgomery, Jennifer Schelter, Tania Stafford und Ingrid Zondervan. Sehr verbunden bin ich Lucy Sussex für die letzte Überarbeitung des Textes. Für alle noch verbliebenen Fehler trage selbstverständlich ich die Verantwortung. Dank auch an die Belegschaft des Kathmandu Guest House für die familiäre Atmosphäre, in der mir das Schreiben leicht fiel, und an Valerie Beatts dafür, dass sie mir Per Ketet zur Seite stellte.

Verpflichtet bin ich Susan Keogh von Lonely Planet. Sie nahm eine staubige Diskette von einem einfachen Rucksacktouristen an, der zu diesem Zeitpunkt gerade durch Australien wanderte.

Und schließlich gilt mein Dank meiner Mutter. Sie hat uns das Selbstvertrauen gegeben, dass wir alles tun können, was wir wollen, und wenn es uns doch nicht gelang, hat sie die Scherben stets wieder gekittet.